马列著作编译论坛丛书

国际马克思研究的
历史和现状

[德] 罗尔夫·黑克尔 著

本书编译组 译

中央编译出版社
Central Compilation & Translation Press

图书在版编目（CIP）数据

国际马克思研究的历史和现状 ／（德）罗尔夫·黑克尔著；本书编译组译. -- 北京 ： 中央编译出版社，2025. 6. -- ISBN 978-7-5117-4908-6

Ⅰ. A811-53

中国国家版本馆CIP数据核字第20251XJ675号

国际马克思研究的历史和现状

选题策划	张远航	
责任编辑	郑菲菲	
责任印制	李　颖	
出版发行	中央编译出版社	
网　　址	www. cctpcm. com	
地　　址	北京市海淀区北四环西路 69 号（100080）	
电　　话	（010）55627391（总编室）　（010）55627392（编辑室） （010）55627320（发行部）　（010）55627377（新技术部）	
经　　销	全国新华书店	
印　　刷	北京文昌阁彩色印刷有限责任公司	
开　　本	889 毫米 × 1194 毫米　1/32	
字　　数	247 千字	
印　　张	12. 875	
版　　次	2025 年 6 月第 1 版	
印　　次	2025 年 6 月第 1 次印刷	
定　　价	128. 00 元	

新浪微博：@中央编译出版社　**微　信：**中央编译出版社（ID: cctphome）
淘宝店铺：中央编译出版社直销店（http://shop108367160. taobao. com）
　　　　　　（010）55627331

本社常年法律顾问：北京市吴栾赵阎律师事务所律师　闫军　梁勤
凡有印装质量问题，本社负责调换。电话：（010）55627320

作者序

本书是过去 15 年间我在中华人民共和国讲学活动的成果集。其实，中德学者和编辑人员在出版马克思恩格斯著作方面的合作可以追溯到更久远的历史时期。让我们从头说起。

2002 年，我应中共中央编译局（CCTB）的邀请第一次来到北京，参加中国编辑人员与日本和韩国同行的研讨会，中心议题是如何更好地将马克思恩格斯的著作翻译成各自的语言，以及如何加强这些著作在亚洲的传播。与会者一致认为，在德国出版的《马克思恩格斯全集》历史考证版（以下简称 MEGA）为此提供了最佳基础，因此翻译 MEGA 将成为重要的工作。现在，计划出版 70 卷的中文第 2 版已经出版了 36 卷。

后来我的中国同事邀请我定期到访中央编译局，一方面帮助他们翻译马克思恩格斯文本中的疑难段落，另一方面举办讲座谈谈马克思恩格斯遗著的出版史和《资本论》《反杜林论》等马克思恩格斯的主要著作。于是，从 2010 年起，我每年到中央编译局工作一段时间。令我没有想到的是，除了举办系列讲座外，中国大学的博士生也会来敲我的门，甚至到柏林拜访我，为他们的论文寻求建议和专业指导，有一次我甚至加入了北京一所大学的答辩委员会。此外，不仅北京的大学，南京、武汉、西安和广州的大学也邀请我去讲课。

正如我前面提到的，德国和中国的马克思恩格斯著作编辑人员之间有着悠久的合作传统。1949 年 10 月 1 日，中华人民共和国成立；同年 10 月 7 日，德意志民主共和国成立。两国都在其建国纲领中将马克思恩格斯的理论即马克思主义作为政治行动的基础。德意志民主共和国于 1953 年决定出版《马克思恩格斯著作集》（MEW），1956—1968 年共出版了 39 卷。中国也开始翻译《马克思恩格斯全集》。因此，中国的同事在 20 世纪 50 年代去柏林进修，与德国同行交流。后来这一合作中断了 20 多年，直到 20 世纪 80 年代末才得以恢复，一名德国同事作为专家被派往北京。这一传统至今已延续了近 40 年，并取得了丰硕的成果。

我于 1953 年出生在莱比锡，这是一座国际知名的展会和图书之城；时至今日，每年春季都会在这座萨克森大学城举办国际图书博览会。直到 1913 年，《资本论》三卷的所有德文版本都是在莱比锡印刷的。卡尔·马克思也曾到访莱比锡，1874 年 9 月 24 日，他在这里会见了威廉·李卜克内西。1863 年，斐迪南·拉萨尔等人在莱比锡创建了全德工人联合会。因此，莱比锡是组织起来的德国社会民主党的摇篮。在这座城市上完中学后，我于 1972 年开始在莫斯科罗蒙诺索夫大学经济系学习。1975 年，在完成《资本论》专题研讨班后，我决定继续研究马克思的价值理论和资本理论。我的教授是当时著名的苏联政治经济学家弗拉基米尔·P. 施克列多夫（1925—1996）。由此开始了我对马克思的《资本论》及经济学手稿和经济学研究近 50 年的研究和编辑工作。

本书主要收录了我在新冠疫情前的一些年为中央编译局的同事所做的讲座，这些讲座的主题可分为：马克思恩格斯遗著总的出版和接受史，以及《资本论》和马克思留下的研究材料（摘录笔记）的专项出版和接受史。近几十年来，我在阿姆斯特丹国际社会史研究所、俄罗斯国家社会政治史档案馆以及德国各档案馆中找到了大量新的档案资料。通过这些资料，我们可以对马克思恩格斯著作的各种版本，对编辑人员及其编辑实践进行批判性的审视。我相信，对于中国读者而言，了解这段历史将使马克思恩格斯著作新中文版的基础和背景更加鲜活生动。

2018 年是卡尔·马克思诞辰 200 周年，这为国际马克思研究注入了新的活力。世界各地出版了关于这位伟大的德国哲学家的生平和事业的新书。他的诞辰也成为对当今世界的全球化及其矛盾和挑战进行新分析的契机。马克思作为 19 世纪的社会批判家获得关注，并作为资本主义批判者而重新受到青睐。出版马克思——还有恩格斯——的著作有助于他们的思想在未来依然保持活力。

借出版这些讲稿的机会，我要向马列著作编译部主任沈红文和前任主任柴方国表示衷心感谢，感谢他们邀请我到中央编译局工作，并在北京提供了良好的工作和生活条件。讲座能够得到友好的讨论得益于部门集体的氛围。同事们所提的问题常常也促使我反思和改进我的报告中的表达。他们扎实的马克思主义理论知识和德语水平让我有理由相信，他们能够为中国读者提供最接近马克思恩格斯原著的中文译本。最后，我要感谢所有参与完成整个书稿的中国同事，特别是徐洋、张凤凤、曹浩瀚、张红山和金建，感谢他们对译文做了全面检查和规范。我还要感谢中央编译出版社在中国出版本书。

罗尔夫·黑克尔

2025 年 3 月 14 日

目 录
CONTENTS

第一部分

马克思恩格斯遗著的历史、出版和接受

关于马克思和恩格斯的传记材料以及
马克思恩格斯遗著流传史 *

一、马克思和恩格斯传记的几个新视角

　　每年有数千人到伦敦海格特公墓的马克思墓朝圣。虽然墓碑上的铭文不再闪闪发光，但墓地被保护得很好，不断有人敬献鲜花。2007 年 11 月 11 日的《星期日法兰克福汇报》用两页的篇幅刊登了一篇描写著名哲学家和作家、伦敦大学教授安东尼·克利福德·格雷林秋季到马克思墓

---

　　* 本文是黑克尔教授 2010 年在中央编译局所做"马克思恩格斯遗著的历史、出版和接受"系列报告的第一讲和 2016 年在中央编译局所做关于马克思恩格斯遗著编辑简史报告的文字稿，张红山、金建译，徐洋校，部分译文曾以《马克思恩格斯生平遗著流传史》为题发表在《国外理论动态》2010 年第 10 期，以《马克思恩格斯遗著的命运及其编辑简史》为题发表于《马克思主义与现实》2017 年第 5 期。

漫步的文章，文中一方面提到马克思的长眠之处附近还有比如南非和伊拉克的共产主义政党的代表的墓地，另一方面讲述了马克思和他的家庭以及他在伦敦流亡期间的生活境况。格雷林提到，现在的墓穴修建于1956年，当时一方面冷战加剧，另一方面英国保守派当政。他写道：

> 两者并没有影响人们的信仰，即马克思作为伟大的思想家和世界历史人物理应得到承认，也许这正能说明英国人的某些特点。而且他在一个欢迎他前来流亡、他在其中度过了他一生的一大半并且写出了他最伟大的著作的国家获得这种承认，这是恰如其分的。

在此三年前，马克思在英国广播公司（BBC）的一次问卷调查中入选"最伟大的哲学家"，所以他在此才有可能获得这些肯定的评语。

卡尔·马克思于1818年出生于特里尔——一座经历了罗马、法国和德国统治的两千年古城。1801年特里尔的市民获得了法国国籍，后来民主主义的《拿破仑法典》在此施行。在所谓的解放战争过程中，特里尔于1814年被普鲁士军队占领。信仰天主教的市民敌视新教。当时这座城市有1万居民，现在超过了10万。

马克思出身于一个拉比世家，也就是信仰犹太教的家庭。特里尔的普鲁士统治对他的童年有直接影响。他的父亲亨利希·马克思在拿破仑统治之下成为一名司法参事，而在普鲁士统治下他要想保住这个职位就只能从犹太教信仰转变为新教信仰，于是他于 1816 年皈依了新教。卡尔·马克思和家里的其他孩子在 1824 年皈依了新教。然而马克思很早就与宗教脱离了关系，他称宗教为"人民的鸦片"①。

每年也有几万人来到特里尔这座摩泽尔河畔的德国名城朝圣，其中上万人来自中国，许多人还在马克思诞生的房屋（不要将它和黑门附近马克思家的住宅混淆）前拍照留念。特里尔的卡尔·马克思故居在 2005 年 6 月 9 日以全新的面貌重新开馆——在莫斯科的马克思博物馆于 1991 年关闭之后，它成为全世界唯一专门纪念马克思的博物馆。在这里须做一简要回顾。1928 年，德国社会民主党购得这座建筑，并计划于 1933 年开始举办展览。后来纳粹占领了这座房子，直到二战结束后的 1947 年，它才首次举办展览。在 1968 年和 1983 年分别举办了新的马克思生平和著作展览。在最近一次展览开幕式上，时任德国社会民主党主席弗兰茨·明特费林第一次来到这里，他说，他在联邦德国长大，因此对他而言"马克思不是导师"。他还说：

> 如今，在卡尔·马克思和德国社会民主党之间横亘着《哥德斯堡纲领》和 142 年的政治实践。社会民主党和这位过去的工人运动的思想领袖之间的关系一

---

① 《马克思恩格斯文集》第 1 卷，北京：人民出版社 2009 年版，第 4 页。

直很复杂，也很有启发性，但不具有决定性影响。

许多德国城市都有以马克思命名的街道，纪念碑也随处可见，比如著名的开姆尼茨马克思头像和德国首都市中心的马克思恩格斯广场。几年前电视观众在投票选出谁是最伟大的德国人时，马克思排名第三。

马克思和他的朋友恩格斯的人生历程被人们研究得很透彻。一位重要的德国社会民主党人弗兰茨·梅林在一战刚结束时就出版了一本马克思主义的马克思传记。从那以后出版了大量描述马克思生平和事业的材料。不过几十年来在马克思的支持者那里也出现了一些关于他和恩格斯的老生常谈，一些对马克思毕生事业的评价盲目地夸大其词，在马克思列宁主义那里马克思的著作成了教条。几十年来，马克思的反对者也没有改变自己的立场，他们咒骂马克思和他的学说，一再宣称马克思已死。（在合适的地方我还会谈到关于马克思对资本主义的批评和他对未来无剥削社会的预言的问题。）

当今马克思恩格斯研究的任务在于，将马克思和恩格斯放到19世纪科学发展和政治发展的历史背景中，将他们纳入学术经典作家名单之中，同等对待马克思、恩格斯和其他思想巨人——比如莱布尼茨、歌德和康德，并且历史地、批判地评价他们对于有组织的工人运动发展的意义。虽然莱布尼茨也在全世界受到热捧，但无论在这个世界的大都市还是小地方，马克思都比这"最后一个全才的德国学者"更加有名。马克思和恩格斯是亲密的朋友和战友（尽管恩格斯终其一生，用他自己的话说，只是"第二小提琴手"），然而他们却并不是"同卵双胞胎"，而是有着不同的兴趣。因此我们应该历史地、批判地审视他们之间的关系。

《马克思恩格斯全集》历史考证版（MEGA）的出版始于 1975 年，计划出版的 114 卷至今已出版一半，这极大地推动了上面提到的马克思恩格斯研究任务的进程。在讲座中我将逐步表明，马克思和恩格斯的文献遗产在其流传史中是如何被处理和接受的。尽管到马克思诞辰 200 周年时也肯定不能出齐所有卷次——要完成这个版本也许要靠第三代人了，但是在已出版的各卷中有不计其数的有关马克思和恩格斯的著作、文章、摘录本、笔记本和信件的起源和流传史的新研究成果。同时这个版本还有一个重要的贡献：它使马克思和恩格斯研究过或引用过（有时甚至是间接引用）的作者摆脱了"被遗忘"状态，令他们的著作和生平再次引起注意。而这个版本也让人们重新审视马克思恩格斯生平中的一些在文献中有时容易忽略的要点。

近年来在国际上很出名的一部马克思传记是英国记者弗朗西斯·惠恩写的（德文版出版于 2001 年）。该书作者对德国马克思恩格斯研究的上述成果的无知显得很"英国"。这尤其体现在对马克思一些研究的无知上：这些研究写在马克思的摘录本上，不仅为主要著作《资本论》理清了思路，也为报刊文章、著作和纲领性文件等做了准备。问题同样还体现在作者对马克思的一些个人细节的无知上。

我有幸于 2005 年和一位俄罗斯同事及两位日本同事共同出版了一本名为《马克思的家庭私事》的书。这本书不仅刊印了马克思女儿劳拉的相册中的全部照片，而且第一次将女儿燕妮相册中的照片全部公之于众，这使我们对马克思家和他的两个大女儿的朋友之间的关系有了新的认识。《法兰克福评论》上有一篇评论表扬了这本书，说读它"是一种享受，读起来很有趣，提供了很多信息，甚至对研究马克思的专家也是一个宝库"（延斯·格兰特）；而《新苏黎世报》上一位女评论家乌尔苏拉·皮亚·尧赫则将这本书放到政治背景中进行考察：

> 迄今为止的马克思研究都批评说，几乎没有关于《资本论》作者的个人信息。事实上并非如此。只不过一个过着非常资产阶级化的生活、穿着燕尾服的大胡子男人怎么也不像无产阶级的英雄。因此很明显，这两本相册——从纯粹审美的角度，它们对于后来的鉴赏者来说就像来自长毛绒和塞夫勒瓷器①时代的古董——不适合当作马克思主义个人崇拜的招牌。

---

① 长毛绒（或天鹅绒）和塞夫勒瓷器是欧洲 19 世纪前后上层社会奢华生活中常见的物品。——编者注

从编者的角度，我们既不想用这本书来描述马克思的"理想形象"，纵容马克思主义的个人崇拜，也不想将马克思贬低为"资产者"。对我们来说，重要的是在历史环境和各种私人关系往来中呈现马克思的家庭。因此我们在书中首次将马克思女儿的许多朋友公之于众。还有，我们小心地核对了所有照片及其摄影师，并有一些惊人的发现。

在开篇时我已经提到了英国哲学家格雷林和他在《星期日法兰克福汇报》上的文章。他在文中还提到了一张大家熟悉的马克思和他的夫人燕妮·冯·威斯特华伦的照片，照片中燕妮站在马克思右边，手搭在他的肩膀上。

这张照片中的马克思跟海格特纪念碑上的一模一样：浓密的胡子，向后梳的头发和深邃的目光。这张照片肯定出自樱草丘时期①，因为它将马克思描绘成一个被人们熟知的人。

这位作者甚至懒得去查阅常识，即这张照片上是马克思和他的女儿燕妮，她戴着波兰十字纪念章。这张照片由格尔曼·费伦巴赫于1869年拍摄于哈弗斯托克小山，它并不是新发现的，但照片有两个版本，其中一张马克思看向照相机后面，另一张他直视照相机。

---

① 马克思流亡伦敦后多次搬家，他后来的几个住所都在樱草丘附近。——编者注

马克思和女儿燕妮（1869 年摄于伦敦），
图中马克思看向照相机后面

马克思和女儿燕妮（**1869** 年摄于伦敦），
图中马克思直视照相机

但注意照片！首先必须对流传下来的马克思家庭的照片抱着怀疑的态度进行整理。总是有一些据说是马克思夫人和女儿燕妮的照片被翻印。据说这些照片拍摄于汉诺威，而她们从未去过那里。实际上照片上的两个人是盖尔特鲁

盖尔特鲁黛·库格曼和女儿弗兰契斯卡（摄于汉诺威），
曾被误认为是马克思夫人燕妮和大女儿燕妮

黛·库格曼和她的女儿弗兰契斯卡。照片原件自 1963 年起被保存于莫斯科，但却没有人注意到拍照者弗里德里希·文德尔曾经就住在汉诺威。1990 年，这个错误被悄悄地纠正了。当我们扫描劳拉相册中所有的照片时，才发现一张被认为是海伦·德穆特的照片上面根本不是她，而是后来和罗

恩格斯内侄女玛丽·埃伦·白恩士（摄于海德堡），
曾被误认为是海伦·德穆特

舍结婚的恩格斯的内侄女玛丽·埃伦·白恩士（婚后改姓罗舍）。马克思的女管家从未到过这张照片的拍摄地海德堡。另外，根本就没有拍摄于 19 世纪 50 年代的马克思家庭照片。

除了照片的故事，1990 年以来还仔细研究了一系列马克思生平的其他重要细节，或者确切地说，新的细节得以被发现。还应提到的是对马克思的家庭关系和他在波恩的学生时代的详细研究，以及关于他 1858—1860/1861 年打算迁居柏林的研究。特别是后面的研究显示出《马克思恩格斯全集》历史考证版书信部分的巨大意义，这部分刊印的往来书信也开辟了新的研究领域。

而且总有一些马克思的文献得以发现，同样其中也有一些与恩格斯有关，比如马尔库斯·比尔吉最近报道了新发现的涉及恩格斯和他在苏黎世的亲戚博伊斯特的书信和材料。不久前（2008 年），柏林一家旧书店以 52 000 欧元的价格拍卖了马克思 1864 年 10 月 16 日写给索菲娅·冯·哈茨费尔特的一封信①。马克思在信中赞扬了死于一次决斗的全德工人联合会的创建人斐迪南·拉萨尔。

由于政治周刊《明镜》（2007 年第 51 期）的报道，现在我们得知了使马克思备受折磨的痼病的更准确描述。一名英国医生以《身体上的新生力量》为标题在报道中证实，这些症状是典型的化脓性汗腺炎的表现。虽然这名皮肤病医生猜测，这种对马克思自身形象的损害或许会在文体上

---

① 迄今人们只见到过这封信的四分之一内容，见《马克思恩格斯全集》中文第 1 版第 31 卷，北京：人民出版社 1972 年版，第 425—426 页。

留下痕迹，但他未能对马克思的作品做出新的阐释。下面是原文引用："倒不如说马克思这个符号或将作为某种至今仍被低估的健康损伤的活招牌而迎来第二春。"不过我倒是不希望任何人会遭遇这种事。

二、马克思和恩格斯的文献遗产

现在我们来看马克思和恩格斯的文献遗产。在谈到事实之前，让我们先回顾一下遗嘱方面的内容。在马克思1883年3月18日去世前，他没有对他的文献遗产做出明确规定。他的自然继承人是两个女儿：生活在巴黎附近的劳拉·拉法格和在伦敦的爱琳娜·马克思。在恩格斯的询问之下，爱琳娜（以下称为杜西）在马克思去世后不久告诉恩格斯，她的父亲"对她说，要她和我（恩格斯）处理他的全部文稿，并关心出版那些应该出版的东西"①。几个月后恩格斯给劳拉的信中就是这么写的。恩格斯和女管家海伦·德穆特一起粗略翻阅了马克思的遗著。他迫切需要找到《资本论》（第1卷在1883年已经必须准备出版第3版）的后续手稿。这是因为，正如他向拉甫罗夫写的，马克思"总是瞒着我们不讲他的工作情况"②。因此当他在朋友的遗

---

① 恩格斯1883年6月24日致劳拉·拉法格的信，《马克思恩格斯全集》中文第1版第36卷，北京：人民出版社1974年版，第42页。

② 恩格斯1883年4月2日致彼得·拉甫罗维奇·拉甫罗夫的信，《马克思恩格斯全集》中文第1版第36卷，北京：人民出版社1974年版，第3页。

著中找到《资本论》第 2 卷和第 3 卷的手稿时非常高兴。他松了一口气，宣布说："今天尼姆①在摩尔的手稿里找到了一个大包，里面是《资本论》第二卷，即使不是全部，也是大部分，共有五百多页对开纸。"② 而他和拉甫罗夫说的是"约一千页对开纸"③。由此他清楚地意识到，他可以从这一大捆手稿中搜集材料编辑剩余的两卷《资本论》，两卷书分别出版于 1885 年和 1894 年。

全部手稿材料都被搬到了恩格斯的住处。信件的情况则有所不同。恩格斯当然保留了自己同马克思的往来信件，此外还有那些马克思同朋友和战友往来的信。他亲自请求马克思的几个熟悉的朋友和通信人将他写的信寄回来。而所有的家庭书信在他浏览后都移交给了马克思的两个女儿。一些特殊的私人的信件在当时和之后被分拣出来销毁掉。因此书信往来只是有选择地流传了下来。

马克思逝世的时候，恩格斯没有能力接收他这位朋友的全部藏书。在征得杜西同意后，他对藏书进行了拆分④：其中一部分书籍寄给了保尔·拉法格，俄文书给了拉甫罗夫⑤，

---

① 海伦·德穆特。

② 恩格斯 1883 年 3 月 25 日致劳拉·拉法格的信，《马克思恩格斯全集》中文第 1 版第 35 卷，北京：人民出版社 1971 年版，第 463 页。

③ 恩格斯 1883 年 4 月 2 日致彼得·拉甫罗维奇·拉甫罗夫的信，《马克思恩格斯全集》中文第 1 版第 36 卷，北京：人民出版社 1974 年版，第 3 页。

④ 恩格斯 1884 年 2 月 5 日致劳拉·拉法格的信，《马克思恩格斯全集》中文第 1 版第 36 卷，北京：人民出版社 1974 年版，第 104—105 页。

⑤ 这部分书籍后来归属于俄国社会革命党图书馆，到 1939 年又和戈奇及拉扎列夫的藏书一起卖给了阿姆斯特丹国际社会史研究所。

复本书籍寄往苏黎世，送给了德国社会民主党档案馆，许多所谓的"通俗"著作移交给了伦敦的工人教育协会。自然，恩格斯留下了所有那些对计划出版的《资本论》第2卷和第3卷必不可少的书籍。

恩格斯当然为自己的离世做了更充分的准备。他1895年8月5日去世前留下了如下的遗嘱：1893年7月29日的一份遗嘱，1894年11月14日给他的遗嘱执行人的一份指示，还有1895年7月26日的一份遗嘱补充①。我们只关心其中涉及文献遗产处置的内容。遗嘱规定：所有文献性质的手稿和所有马克思写的或寄给马克思的家书都应该移交给爱琳娜·马克思-艾威林，所有书籍都交给作为德国社会民主党代表的奥古斯特·倍倍尔和保尔·辛格尔，家中所有其他手稿和书信（上面提到的除外）移交给奥古斯特·倍倍尔和爱德华·伯恩施坦。在对遗嘱的补充中恩格斯取消了关于马克思的家书的规定，将其扩展到马克思所写或所收到的书信，除了恩格斯的书信外，所有书信都应归还给本人。总的情况如下：

1. 笔记本和日历本

马克思留下了超过250本摘录本、笔记本和日历本，出版它们需要用到MEGA第4部分40个卷次，每卷约40个印张。在几十年里，其中的笔记本和日历本一直归龙格的后人所

① 《马克思恩格斯全集》中文第1版第39卷，北京：人民出版社1974年版，第483—489页。

有，后来一部分逐渐移交给了莫斯科马克思恩格斯研究院或马列主义研究院，如今保存于俄罗斯国家社会政治史档案馆（RGASPI）。当然国际社会史研究所也存有少量这种笔记本。

2. 手稿和摘录本

许多著作手稿和摘录本交给了爱琳娜·马克思–艾威林，在她1898年自杀后又交给了住在德拉韦伊的劳拉·拉法格和保尔·拉法格。其中有直接作为《资本论》准备工作的几大捆手稿，还有并非为直接出版而写的手稿（《德意志意识形态》《巴黎笔记》及《数学手稿》）。

手稿和摘录笔记本的大部分（约2/3）如今保存于阿姆斯特丹国际社会史研究所，《资本论》手稿和其他摘录本（约占1/3）被俄罗斯国家社会政治史档案馆收藏。

3. 书信

马克思和恩格斯的书信往来包括约4200封他们所写的信和约10 000封他们收到的信。到目前为止，MEGA书信部分已经进展到1865年（第1—11卷，第13卷），还有20卷需要编辑，该部分计划出版35卷。

4. 书籍

马克思是个孜孜不倦的读者，他自己说"啃书本"是他最喜欢做的事。马克思是伦敦英国博物馆图书馆的常客。他不仅阅读德文书籍，同样也阅读法文和英文书籍，后来也读过俄文书籍。他的私人图书馆至少收集了2100种、3200册书籍[1]，

---

① MEGA第4部分第32卷，第23页。

其中 1450 种流传了下来。这些书籍现在有 693 种在柏林，617 种在莫斯科，81 种在阿姆斯特丹，世界上其他地方有 59 种。马克思如饥似渴地搜寻每一本自己可以找到的书，他的许多书上面都写了批注。

三、截至 1945 年的马克思恩格斯遗著的流传史

正如已经提到的，马克思恩格斯文字遗物的一部分，即遗留下来的藏书，在 1895 年直接被寄往柏林德国社会民主党党部。10 月底寄给两位党主席的 27 个箱子抵达柏林。然而民主党的办公场所具有很大的临时性，地方还不够大。因此，执委会很高兴看到他们总计约 4000 册藏书能被一家公共图书馆单独保存。直到 1901 年，第一个全部馆藏目录才被编制出来，它包括大约 8000 种书籍（马克思和恩格斯的藏书被编入其中）。

但那些手写遗著情况如何？上面已经提到，根据恩格斯的遗嘱，它们被寄给了劳拉·拉法格，但不是全部。爱德华·伯恩施坦是三个遗嘱执行人之一，他当时住在伦敦。他非常仔细地通读了遗著，肯定也为自己后来的出版工作保留了这部或那部手稿。除此之外，奥古斯特·倍倍尔、弗兰茨·梅林和卡尔·考茨基也都能接触到遗著。这也是考虑出版著作集的最初的社会民主党人的圈子。

俄国人达维德·梁赞诺夫在马克思恩格斯遗著的流传

史中起了重要作用①，我会在第三讲②开始时较为详细地介绍他的生平。梁赞诺夫 1907—1917 年在西欧生活，和社会民主党人有各种接触。他在 1910 年利用机会在巴黎拉法格处"通读了所有材料，编制了一份清单"。他不仅将马克思给丹尼尔逊的信收集起来，而且还收集了马克思给夫人和女儿的几封信，这些信"为马克思特别是 1881 年和 1882 年这段时间的生平传记提供了有意思的内容"。上面是梁赞诺夫向卡尔·考茨基介绍的情况。③ 1911 年，保尔·拉法格和劳拉·拉法格结束了自己的生命。受德国社会民主党执行委员会委托，梁赞诺夫赴巴黎郊区的德拉韦伊取到马克思恩格斯遗著并带回柏林。这样一来虽然计划出版著作集的基础有了改善，但要在第一次世界大战之前实现这个计划仍然面临其他问题。下一讲将介绍有关情况。

于是，在 20 世纪 20 年代初期，马克思恩格斯遗著的主要部分就保存于柏林的社会民主党档案馆。当然马克思的女儿燕妮和她的丈夫沙尔·龙格的大儿子让·龙格占有一部分私人遗著（拉法格夫妇的孩子们在他们夫妇在世时就

① Rolf Hecker：Dawid B. Rjasanow. In：*Bewahren-Verbreiten-Aufklären. Archivare，Bibliothekare und Sammler der Quellen der deutschsprachigen Arbeiterbewegung*，hrsg. von Günter Benser，Michael Schneider，Bonn，Bad Godesberg 2009，S. 258–267.

② 即本部分第 IV 篇文章。——编者注

③ 在 1910 年 6 月 16 日之前。这些信件在阿姆斯特丹国际社会历史研究所的考茨基文献中（编号：D XIX）。见 Jürgen Rojahn：Aus der Frühzeit der Marx-Engels-Forschung：Rjazanovs Studien in den Jahren 1907–1917 im Licht seiner Briefwechsel im IISG. In：*MEGA-Studien* 1996/1，Berlin 1996，S. 3–65.

夭折了）。与此同时，20 世纪 20 年代初期形势发生了变化：之前的各项出版计划搁浅，而且变化了的德国社会民主党不可能再考虑出版马恩著作集。此外工人运动发生了分裂：在德国社会民主党之外成立了共产党。国际形势也发生了很大的变化：随着第一次世界大战结束，俄国革命取得了胜利，建立了新的苏维埃政府。1921 年，俄国革命领袖列宁委托梁赞诺夫建立马克思恩格斯博物馆，搜集马克思和恩格斯的原始材料。梁赞诺夫和列宁在瑞士流亡时期就已经认识。

实际上直到 1922 年梁赞诺夫才开始担任马克思恩格斯研究院的领导职务。俄国政府授权他去创造所有前提条件，并提供资金，以实现出版一部大型马克思恩格斯著作集的计划。最重要的前提条件是搜集马恩遗著的复本或原件，招募胜任工作的人员。梁赞诺夫打算和法兰克福新近成立的社会研究所联手实现这些条件。当维也纳的教授卡尔·格律恩贝格被任命为社会研究所的所长时——梁赞诺夫在 20 世纪初，也就是 1905 年革命前第一次流亡时曾跟随他学习过——梁赞诺夫有了一个内行的商谈对象。

莫斯科研究院和法兰克福研究所之间、法兰克福研究所和德国社会民主党执行委员会之间签订了有关协议，这使得复制全部马克思恩格斯遗著成为可能。于是从 1924 年到 1928 年，对现有材料的整理和复制工作得以系统展开。俄国流亡者波里斯·尼古拉耶夫斯基作为莫斯科马克思恩格斯研究院的柏林通讯员开展工作。

此外梁赞诺夫还建立了一个国际通讯员网络。在科隆、特里尔、巴黎、布鲁塞尔和伦敦，都有专业人员在收集国际工人运动的文件和材料。他们成功地在各个档案馆和图书馆中大量购得或复制了这类材料。另外，他们还参加各种书籍和手稿的拍卖会，以收购其他材料。而且在 20 世纪 20 年代初期恶性通胀的情况下，有些工人运动史文献的收藏者被迫出售他们的藏品以换得金卢布。这样一来，梁赞诺夫就有条件在莫斯科创立一家独特的大型图书馆。

梁赞诺夫自己也再度和住在巴黎的让·龙格进行接触，从他那里获得若干私人材料。让·龙格出于个人原因拒绝访问莫斯科的邀请，以怀疑的态度关注着俄国的政治进程。

弗兰茨·席勒是马克思恩格斯研究院档案馆的负责人，他在有关该院的一篇文章中——这篇文章同时也是值梁赞诺夫 60 岁生日之际对他工作的一种称赞——总结了研究院在国外的通讯员的调查研究和复制工作：

> 如今档案馆拥有 15 000 份原件和 175 000 份复制件，它们被分为五个部分：1. 马克思和恩格斯；2. 关于第一国际和第二国际的历史；3. 有关日耳曼语族国家的社会主义和工人运动的历史；4. 有关罗曼语族国家的社会主义和工人运动的历史；5. 有关斯拉夫语族国家的社会主义和工人运动的历史。……马克思和恩格斯部分集中了二人的全部遗著（复制件），有 55 000 张照片。

　　我们回到德国社会民主党档案馆这个马恩遗著的宝库。目录编制和照相复制的工作带来的结果是，伯恩施坦和考茨基私人手里的材料也被收入档案馆。此外，尼古拉耶夫斯基还负责将马克思恩格斯的藏书，特别是带有批注的，再从普通馆藏中分拣出来（共确定了1130种图书）。当然不能不注意到，档案馆负责人有时对于自己的馆藏是相当慷慨的。流传下来的查阅者登记册记录了哪些国际友人探访档案馆，其中有几个日本教授。他们当中还有人得到了有马克思题词和批注的书籍作为礼物。因此毫不奇怪，一些日本的大学如今也拥有这样的珍品。

　　此外还要提到，莫斯科研究院的复制工作中断以后（这里由于时间关系我不能分析原因），还有其他人利用档案馆来出版一些手稿。编目工作也在继续。据说波兰籍历史学家马雷克·克里格在从事这种工作的过程中获得了马克思的几个手稿笔记本作为"报酬"。

　　当纳粹于1933年在德国掌权后，手稿亟须得到保护以免落入他们之手。人们果断地将马克思恩格斯遗著装进两个箱子，暂时存放于一位社会民主党负责人那里，直到他的儿子看到有可能非法地将箱子越过边境运往丹麦为止。到那以后在丹麦社会民主党人的帮助下，箱子被存进银行保管箱。在柏林，1933年6月，纳粹分子——在德国社会民主党被禁之后——查封了该党的图书馆，将馆藏转移到柏林的普鲁士国家秘密档案馆和其他图书馆。自然后来也查明了，马克思恩格斯遗著有所缺失，而且纳粹后来专门追查过此事。

20 世纪 30 年代中期，德国社会民主党面临资金严重不足的问题。许多党员或被关押在德国的集中营中，或者流亡国外。流亡中的党的执行委员会在布拉格遥控着处于纳粹统治下的党的运转。在这种困境之下，该执行委员会决定出售马克思恩格斯遗著。为此巴黎的一个专门工作小组和莫斯科的马克思恩格斯列宁研究院进行了谈判。1935 年谈判启动，马克思恩格斯列宁研究院方面参与谈判的除院长弗·维·阿多拉茨基外，还有著名的领袖之一尼·伊·布哈林。在此次行程中，代表团还借机在哥本哈根对遗著进行鉴定，发现其中缺少经济学手稿的笔记本。谈判最终在 1936 年破裂，原因不仅是德国社会民主党开价过高、斯大林没有批准这个数额，而且还因为社会民主党的代表鉴于莫斯科的政治决定（公审）而不再相信自己是在和正确的伙伴谈判。比如 1938 年对布哈林的公审这样描述他直接受斯大林委托的巴黎之行：似乎他和孟什维克/托洛茨基分子一起编织了一个密谋反对斯大林的国际网络。

不过 1936 年马克思恩格斯列宁研究院的一个行动还是成功了，几十年来人们对此一直讳莫如深。早在 1935 年，上面提到的马雷克·克里格就从维也纳通过苏联使馆向马克思恩格斯列宁研究院求助。他承认自己拥有马克思的手稿，愿意将其卖给莫斯科的研究院。作为"证明"，他附上了德国社会民主党档案馆管理人员 1933 年 12 月出具的"补充凭证"。他将一大一小两束经济学手稿（《1857—1858 年经济学手稿》《1861—1863 年经济学手稿》）以及其他一些手稿以 18 000 美元（开价 2 万美元）的价格转让给了马克思恩格斯列宁研究院。在某种程度上，该研究院的领导层对这份合同非常满意，因为他们现在拥有了两部著名手稿的原件。当然他们有全部遗著的复制件。

在和马克思恩格斯列宁研究院的谈判破裂以后，德国社会民主党执行委员会把目光转向了 1935 年成立的阿姆斯特丹国际社会史研究所，有意向其出售德国社会民主党档案馆的马克思恩格斯遗著和其他材料（不过售价远低于向马克思恩格斯列宁研究院开出的价格）。1938 年 5 月，在有一家荷兰银行参与的情况下，出售合同得以签订，此后不久，档案馆的藏品运抵阿姆斯特丹。工作人员对收到的材料和书籍进行了编目和分类。

但到 1940 年夏天，遗著再次面临危险。德国占领荷兰以后，纳粹一支专门的行动队搜查了研究所大楼。不过他们没有发现马克思恩格斯遗著。遗著已经又被及时地运往英国，受到牛津一位历史学家的保护。接着第二次世界大战开始了。

四、1945 年以后对马克思恩格斯遗著的保护和利用

在德国纳粹专政时期拯救马克思恩格斯遗著惊心动魄的历史和遗著被卖给阿姆斯特丹国际社会史研究所以后，战后处于不同政治阵营的两个研究机构——阿姆斯特丹国

际社会史研究所和莫斯科苏共中央马克思恩格斯列宁研究院（后来改称马克思恩格斯列宁斯大林研究院，然后又改称苏共中央马列主义研究院）对马克思恩格斯遗著的保存、保护和利用产生了影响。

我们先简单了解一下阿姆斯特丹国际社会史研究所。1945 年之后该研究所重新获得位于阿姆斯特丹老城区的办公场所，转移他处的收藏资料包括马克思恩格斯遗著被运回。1946 年春天，收藏多达 16 万册书籍的图书馆中的绝大部分图书在温德海姆（明登以北）附近的威悉河（一条在不来梅港附近注入北海的小河）上的两只驳船上被人们发现。收集和重新编目工作进行了 10 余年。研究所作为私人机构无法获得大笔资金支持，工作人员也很少。直到 1979 年，研究所才隶属于荷兰皇家科学院。

西欧的马克思恩格斯研究者——大部分是个人研究者——可以使用国际社会史研究所的藏书。他们为各种出版物做准备工作，特别是欧洲工人运动代表人物书信的出版。东欧学者直到《马克思恩格斯全集》历史考证版开始准备出版才能使用这些藏书。最开始仅仅是莫斯科的工作人员在阿姆斯特丹开展工作：两家研究所达成协议交换马克思恩格斯遗著的复本。直到莫斯科和柏林的研究院作为编者同国际社会史研究所签订了支持新的《马克思恩格斯全集》历史考证版的协议（1970 年），以及荷兰在外交上承认德意志民主共和国（1972—1973）以后，民主德国的学者才获得了使用权。这一点尤其对于能够利用原件进行文本比较和原本描述是必不可少的。在二十世纪七八十年代，柏林的马克思恩格斯部的许多工作人员都得以前往阿姆斯特丹（我也是 1986 年第一次到了那里）。

阿姆斯特丹国际社会史研究所如今是一家受人尊敬的学术机构，是全世界历史学家和社会科学研究者的天堂。这家研究所出版了大大小小各种版本的著作集、专著和文集，还出版着一本杂志。如今的研究所位于阿姆斯特丹东部海港一个昔日的仓库里，工作条件非常好。馆藏目录已经被数字化处理，可以在互联网上进行检索。

第二次世界大战后莫斯科研究院也很难重新开始工作。战争期间被转移到乌法的藏书从 1944 年中起又被运回莫斯科。在这里也是过了一段时间，甚至是过了几年以后，才可以考虑开展连续的编辑工作。

1945—1946 年，马恩列研究院利用苏联占领东欧以及东德的机会，获取档案和图书馆的藏书。研究院委派一名代表前往柏林，让他和苏联军管会的文化官员专门搜寻德国工人运动的有关藏书。于是有超过 1000 本原德国社会民主党图书馆的藏书（其中 243 册盖有"特里尔卡尔·马克思故居"印章），还有一些文献资料比如拉萨尔遗留的著作和藏书等都被运往莫斯科。此外他们还在英国占领区内联系上了恩格斯家族的一位后人，并从他那里获得了一捆恩格斯的文献资料。

从 20 世纪 50 年代初期开始，新成立的德国统一社会党中央委员会马克思列宁主义研究院开始在柏林专门搜寻原马克思和恩格斯的藏书。有出自德国社会民主党图书馆的另外 600 种图书被找到。根据德国统一社会党中央委员会的决议，这些书籍分别在 1953 年和 1961 年作为礼物被运往莫斯科的苏共档案馆。后来柏林的研究院图书馆增添了另外 300 册图书，其中 122 种出自恩格斯收藏的军事图书。

此外，20 世纪 40 年代末期，莫斯科研究院又与龙格家族取得了联系。前面提到的让·龙格于 1938 年去世。之后他的弟弟埃德加·龙格接手，在 1948 年就已经移交了家族遗留文献中的部分材料，龙格家族的下一代又交出了其他文献材料：马塞尔·沙尔和弗雷德里克·龙格分别 1960 年和 1963 年在访问莫斯科时交出了一些材料。这条线索也许还可继续下去，但莫斯科档案馆的工作人员也到巴黎拜访龙格一家，并浏览了尚存的材料。迄今还有 22 本原马克思和恩格斯的藏书在西蒙·龙格的手里。所有其他东西——书信（包括马克思和威廉·李卜克内西的通信）、笔记本和日历本，都在当时交给了莫斯科方面。

所有的马克思恩格斯文献资料都保存在如今的俄罗斯国家社会政治史档案馆的 1 号藏室中。它占据了 8000 多个架号。自然，各种版本马克思恩格斯著作的原始文献资料占基础地位。不过国外学者使用该档案馆的馆藏并不总是很容易，甚至柏林的"兄弟研究院"也得不到编目的副本，因此来自柏林的同志只能费力地编写手工目录，甚至编纂德文版著作集《马克思恩格斯全集》也只能"一点一点地"获得那些必要的文献资料的复本。直到开始编辑 MEGA，使用馆藏材料才"比较自由了"，也就是说，不仅是柏林中心的同志拿到了原件，民主德国大学中的合作者也能看到他们编辑 MEGA 各卷需要的原件了。现在由于日本方面的倡议，全部马克思恩格斯藏品都进行了数字化处理，莫斯科的同事还制作了一个书信数据库。

这样我就结束了第一讲，下一讲我将仔细考察编辑原则的演变。

参考文献

Beatrix Bouvier: Die Neueröffnung des Karl-Marx-Hauses Trier. In: *Marx-Engels-Jahrbuch 2005*, S. 227 – 232.

Markus Bürgi: Friedrich Engels und seine Verwandten Beust in Zürich. Neu aufgefundene Briefe und Materialien zu einer bisher unbekannten Beziehung. In: *Marx-Engels-Jahrbuch 2006*, S. 171 – 213.

Rolf Dlubek: Auf der Suche nach neuen politischen Wirkungsmöglichkeiten. Marx 1861 in Berlin. In: *Marx-Engels-Jahrbuch 2004*, S. 142 – 175.

Rolf Dlubek: Marx' Hinwendung zu Berlin 1858 – 1860/61. In: *Beiträge zur Marx-Engels-Forschung. Neue Folge 2006*, S. 231 – 270.

Familie Marx privat. Die Foto-und Fragebogen-Alben von Marx' Töchtern Laura und Jenny. Hrsg. von I. Omura, V. Fomicev, R. Hecker, S. Kubo. Mit einem einf. Essay von I. Fetscher, Berlin 2005.

Heinrich Gemkow: Edgar v. Westphalen. Der ungewöhnliche Lebensweg des Schwagers von Karl Marx. In: *Jahrbuch für westdeutsche Landesgeschichte*, 25. Jg. , Koblenz 1999, S. 401 – 511.

Heinrich Gemkow, Rolf Hecker: Unbekannte Dokumente über Marx' Sohn Frederick Demuth. In: *Beiträge zur Geschichte der Arbeiterbewegung*, Berlin, 4/1994, S. 43 – 59.

[Hans-Peter Harstick, Manfred Neuhaus:] Einführung. In: *MEGA*[2] *IV/32*, Berlin 1999, S. 23 – 84.

Rolf Hecker: Die Verhandlungen über den Marx-Engels-Nachlaß 1935/ 36. Bisher unbekannte Dokumente aus Moskauer Archiven. In: *MEGA-Studien*, 1995/2, S. 3 – 25.

Rolf Hecker: Marx/Engels-Dokumente dem "IMEL zugeführt". Zur Requirierungsaktion des Moskauer Marx-Engels-Lenin-Instituts 1945/46. In: *Beiträge zur Geschichte der Arbeiterbewegung*, Berlin, 3/1997, S. 68 – 81.

Rolf Hecker, Martine Dalmas: Marx-Dokumente aus dem Longuet-Nachlass in Moskau. In: *Die Marx-Engels-Werkausgaben in der UdSSR und DDR (1945 – 1968)*, Hamburg 2006 (*Beiträge zur Marx-Engels-Forschung. Neue Folge. Sonderband 5*), S. 171 – 206.

Jürgen Herres: *Das Karl Marx Haus in Trier, 1727 bis heute. Bürgerliches Wohnhaus-Politisches Symbol-Historisches Museum.* Trier 1993.

Maria Hunink: *De papieren van de revolutie. Het Internationaal Instituut voor Sociale Geschiedenis. 1935 – 1947*, Amsterdam 1986.

Franz Schiller: Das Marx-Engels-Institut in Moskau. In: *Grünberg-Archiv, XV. Jg.*, 1930, S. 416 – 435.

Manfred Schöncke: *Karl und Heinrich Marx und ihre Geschwister. Lebenszeugnisse-Briefe-Dokumente*, Bonn 1993.

Manfred Schöncke: Unbekannte Dokumente über Marx aus der Zeit seines zweiten Bonner Aufenthalts 1841 – 1842. In: *Beiträge zur Marx-Engels-Forschung. Neue Folge 2002*, S. 278 – 286.

几种马克思恩格斯著作集的编辑原则的演变——从恩格斯到《马克思恩格斯全集》历史考证版（MEGA）第1版[*]

一、恩格斯重新发表马克思的著作和编辑《资本论》的原则

马克思逝世后，恩格斯利用生命最后 12 年中的大部分时间来重新发表他和马克思共同撰写或马克思撰写的著作（从《共产党宣言》开始），并发表《资本论》未完成的第 2 卷和第 3 卷，他把这些看作是不可推卸的责任。这方面的

---

[*] 本文是黑克尔教授 2010 年在中央编译局所做"马克思恩格斯遗著的历史、出版和接受"系列报告的第二讲，张红山译、蒋仁祥校，译文发表在《国外理论动态》2010 年第 11 期。

工作还包括译本，比如重要著作《哲学的贫困》（1847 年）的德译本（1885 年）、《资本论》第 1 卷（1883 年）的英译本（1887 年）。这些工作的基础是两位著作家几十年的共同创作。关于他们的共同创作有三个方面需要强调。

1. 他们在哲学世界观、对现存社会制度的评价、关于这些制度的形成和前景，以及从中得出的任务和目标上的高度一致。当然他们之间在某些理论方面、在探讨方法上以及在叙述方式上肯定存在差异和区别。

2. 恩格斯始终承认马克思是杰出的天才，只愿意在他身边充当第二小提琴手："至于马克思所做到的，我却做不到。马克思比我们大家都站得高些，看得远些，观察得多些和快些。马克思是天才，我们至多是能手。"①

3. 幸运的是，两位伙伴的性情非常相似，因此结成了很深厚的私人友谊。

马克思著作的新版或新译本的特点是，恩格斯保留了文本的原貌，大多在新写的序言中提醒大家注意著作的历史背景，比如 1890 年 5 月 1 日为《宣言》德文第 4 版写的序言和为《法兰西内战》（1871 年）德文第 3 版写的导言（1891 年）。恩格斯总计为马克思或二人共同撰写的著作发表了约 10 篇序言。如果绝对必要，他还会加上这样或那样的注释，表明自己的观点。但在编辑《资本论》时，他的做法有所不同。

---

① 《马克思恩格斯文集》第 4 卷，北京：人民出版社 2009 年版，第 297 页。

尽管如上所述他们之间协调一致，但恩格斯并不能确切地知道马克思写作《资本论》的具体情况。当他在朋友的遗著中找到这部著作的第 2 卷和第 3 卷手稿时，他非常高兴。他出版了第 1 卷的另外两个德文版（1883 年和 1890年）和一个英文版（1887 年），他必须作为编者从马克思遗留的手稿中编辑第 2 卷和第 3 卷。

恩格斯在《资本论》第 2 卷序言中描述了他在编辑过程中遇到的问题：

> 材料的主要部分，虽然在实质上已经大体完成，但是在文字上没有经过推敲，使用的是马克思写摘要惯用的语句：不讲究文体，有随便的、往往是粗鲁而诙谐的措辞和用语，夹杂英法两种文字的术语，常常出现整句甚至整页的英文。这是按照作者当时头脑中发挥的思想的原样写下来的。有些部分做了详细的论述，而另一些同样重要的部分只是做了一些提示。用作例解的事实材料搜集了，可是几乎没有分类，更谈不上加工整理了。在有些章的结尾，由于急于要转入下一章，往往只写下几个不连贯的句子，表示这里的阐述不完全。最后，还有大家知道的、连作者自己有时也辨认不出的字体。[①]

---

① 《马克思恩格斯文集》第 6 卷，北京：人民出版社 2009 年版，第 3 页。

恩格斯认为自己的任务在于，从马克思遗留的手稿中整理出完整的符合发表要求的文字，用我们今天的话来说，也就是编辑一个适合尽可能大的读者群阅读和研究的版本。其他形式，比如学术考证版，则不予考虑。恩格斯的编辑工作可以说遵循了以下"准则"：使本书"既成为一部连贯的、尽可能完整的著作，又成为一部只是作者的而不是编者的著作"①。为了达到这个目的，他认为重要的是将自己的工作"限制在单纯选择各种文稿方面"。标准是"把最后的文稿作为根据，并参照了以前的文稿"。如果在编辑过程中遇到内容上的、不完全是技术性的困难，那么，用他的话说，就"完全根据作者的精神"解决这些困难。当然这里也有一些可以酌情决定的余地，既有可能"根据作者的精神"进行解释，也有可能"根据编者的精神"进行解释。②

事实上，完成这个任务要比预想的复杂得多，困难得多。编辑时需要对原文进行大幅度改动，比如改变结构、修改和增补某些段落、统一术语等。恩格斯的编辑工作由一名秘书协助，恩格斯将原文口授给他。这位秘书是奥斯卡尔·艾森加尔滕，原是莱比锡的排字工人，因"反社会党人非常法"被驱逐出德国，流亡伦敦。恩格斯不仅在口

---

① 《马克思恩格斯文集》第 6 卷，北京：人民出版社 2009 年版，第 3 页。

② 同上，第 9 页。

授过程中自己做了修改，而且他每天晚上还都修改口授的部分。他的增删和改动遍布于第 2 卷那份流传下来的整个编辑稿中。如上所述，在编辑《资本论》第 2 卷时，恩格斯总是采用最后写成的手稿，同时参考较早的手稿——毕竟有 10 个稿本或片断！

我不想不加研究就去评判恩格斯的编辑改动，但可以强调特别涉及上面所提及的作者和编者关系的两个方面。

首先，我们不能从恩格斯编辑的文本和马克思的文本之间有差异这个事实就简单得出结论认为，恩格斯草率甚至故意改变了马克思的文本。更确切地说，大量差异只说明改善了原文中的缺陷。在这种情况下，恩格斯订正了马克思手稿中的明显错误，或者补充了简化的段落。

其次，应该考虑到马克思的手稿并不是成品。恩格斯编辑的文本和原文之间有据可查的差异证明，已引用的恩格斯的评价——"材料的主要部分"虽然在"文字上没有经过推敲"，但"实质上已经大体完成"——并不是完全符合事实。更确切地说，恩格斯做这么大量的改动，恰恰是因为马克思在手稿中论述许多问题时刚开始尝试表述新的认识，并没有得出最终的结论。

在 100 多年的时间里，人们只知道有恩格斯编辑的版本；今天，历史考证版又按原来的行文发表了马克思的基础文稿，对于恩格斯对《资本论》第 2 卷和第 3 卷所做的认真负责、紧张努力、耗费时日的编辑和出版工作，只有这样，才能用真正的专业知识来加以衡量并作出不同的评价。

这项编辑学方面的重大成就为这个领域的学术研究提供了各种新的可能性。

二、"维也纳编辑计划"和 1919 年以前出版的马恩遗著

1895 年初，恩格斯在一封信中表达了自己的想法，"把马克思和我的小文章以全集形式重新献给读者"①。然而这个计划没有实现。不过我们从恩格斯的说法中可以看出未来的全集版框架的大致"轮廓"：马克思和恩格斯的著作作为"两人的全集"出版。在用于发表的手稿中的大部分和马克思恩格斯的藏书移交给遗嘱中指定的德国社会民主党方面的遗著管理人奥·倍倍尔、保·辛格尔和爱·伯恩施坦以后，在世纪之交前就已考虑了各种方案。早在 1898 年，伯恩施坦、倍倍尔和弗·梅林就与出版商约·亨·威·狄茨进行了关于出版著作全集的谈判。结果梅林受托编辑著作，考茨基编辑《剩余价值理论》，倍倍尔和伯恩施坦编辑马克思和恩格斯之间的通信。1919 年以前出版的所有马克思恩格斯著作集的版本都因编辑手法不同而各具特色。书信部分在编辑时由于相互照顾个人情面而删去了一些内容，却未做说明。这种做法在 20 世纪 20 年代党内形势发生变化后导致互相推卸责任。

---

① 恩格斯 1895 年 4 月 15 日致理·费舍的信，见《马克思恩格斯文集》第 10 卷，北京：人民出版社 2009 年版，第 702 页。

俄国人达维德·梁赞诺夫在 20 世纪初流亡德国和奥地利期间，潜心研究了马克思恩格斯的著作和 19 世纪的工人运动。他与德国社会民主党的主要代表人物建立了联系，而后者负责保管并发表大部分马恩遗著。他在这里很快就得到了广泛支持和友好接待，因为他那种勤奋的、以学术要求为取向的马克思恩格斯研究在党内树立了新的标准。除了查阅德国社会民主党档案馆中的材料外，梁赞诺夫还在柏林、巴黎、布鲁塞尔和伦敦的图书馆进行了卓有成效的研究。除此之外，他还和劳拉·拉法格、保尔·拉法格建立了紧密联系，他曾多次到德拉韦伊拜访他们，从那里的马恩遗著中带回了一些重要的文献，这一点上一讲中已经提到。他热心而专业的活动逐渐使他成为德国社会民主党执委会在马恩遗著问题上的"可信赖的人"。比如卡尔·考茨基早在 1909 年就建议梁赞诺夫做《马克思恩格斯关于东方问题和国际工人协会前史的文选》的编者。从此，马克思和恩格斯在国际工人协会的活动日益成为梁赞诺夫研究的中心。他仔细准备了一部《国际的文献集》，即总委员会会议记录的选编。

社会民主党领导人就统一的编辑计划反复进行了讨论。特别紧迫的是，1913 年马克思逝世 30 周年之际知识产权保护期限即将到期。于是，在 1911 年 1 月 1 日，麦克斯·阿德勒、奥托·鲍威尔、阿道夫·布劳恩、鲁道夫·希法亭、卡尔·伦纳和梁赞诺夫签署了编辑原则，为此党内曾展开激烈的争论，而梁赞诺夫在维也纳马克思派和德国的理想合作伙伴之间充当中间人的角色。这个编辑原则后来以"维也纳编辑计划"著称，上面明显有梁赞诺夫的手迹。随后便启动了"历史考证版的工作，这个版本符合所有学术要求，收文绝对完整，编排有序，与马克思的手稿和各种版本进行过核对，附有导言和内容丰富的索引"。与此同时，他们还完全按照恩格斯的设想，考虑到"由于马克思和恩格斯之间私人方面的、党史上和学术上的联系十分紧密"，共同出版他们的著作。然而由于第一次世界大战的爆发和德国变化了的政党政治条件，这个计划未能实现。

梁赞诺夫和考茨基起草完成这个编辑计划后不久，立即就后者准备的《资本论》第 1 卷的"普及版"的编辑原则交换了意见。他们都认为注释和索引极其重要。梁赞诺夫在 1911 年 1 月 20 日给考茨基的信中说：

> 对这个普及版或许还需要做一些补充，比如文献说明，注明马克思引用的表明"当代"技术发展的水平的著作；增加关于工厂法、技术和大工业的历史的新数据；……以及写一篇导言，说明最好如何阅读《资本论》。

此外梁赞诺夫还主张增加一个应该"兼顾理论问题和实践问题的"名目索引以及一个人名索引。最后梁赞诺夫请求考茨基撰写前言，请他说明"《资本论》对于科学和工人运动的意义"。

后来考茨基受德国社会民主党执委会的委托出版的《资本论》第 1 卷"普及版"在几个方面并不符合梁赞诺夫的设想。考茨基在前言中总结了他的编辑方法。根据前言的说法，他认为，一个重要的"技术"任务就是保证文本的正确性，也就是首先订正前几版的所有印刷错误。考茨基选择的底本是马克思编辑过的德文第 2 版（1873 年），同时参考恩格斯在德文第 3 版和第 4 版中做的改动，并在一些文本的理解方面援引法文版作参照。考茨基没有拘泥于细节，即未做明显标记就收入了法文版中恩格斯没有考虑、但他认为很重要的补充内容。① 此外他还核对了引文及其出处，清除了外语表述，替换了部分外来词。在注释方面，他与梁赞诺夫建议的不一样，他的结论是，注解不能面面俱到，不能用最新的材料补充马克思的事实材料，因为这样会造成"各种各样的改动"。

对于普及版的使用来说，梁赞诺夫首次编制的人名索引和名目索引是一个优点。然而，考茨基提醒读者，不要只借助这些索引，挑"精华"阅读，省下"通读全书的力气"。

梁赞诺夫希望考茨基写一篇全面评价《资本论》的前言的愿望也没有实现。考茨基只是向"一般读者"提了几条如何克服一开始遇到的困难的建议。因此这次交换意见

———————

① 1980 年初，根据《资本论》第 1 卷几个德文版之间的差异、法文版的特殊意义和恩格斯参与翻译的英文版的独立价值，MEGA² 的总编辑委员会决定，重新发表这几个卷次的各个刊印稿，原文的差异在专门的索引中加以说明（见 MEGA² 第 2 部分第 5—10 卷）。

和这个普及版的出版，同时也是一种编辑形式在精神上的诞生时刻，《资本论》后来的版本也可以用它来做参考。

三、《马克思恩格斯全集》历史考证版第 1 版的编辑原则

MEGA 的编辑原则在 1927 年出版的第 1 卷中得到了如下论证：“只有将他们全部的思想遗产再现并汇集在一个考证性的全集版本中，才有可能对他们毕生的工作进行全面的科学研究。”① 经过多年讨论后得出的如下原则是编辑的基础：忠实于文本，文本的考证，文章写作过程的描述，用原文发表，完整性（根据流传情况），以及原文的考证性注释（详细说明出处等）。MEGA 第 1 版不仅要收入著作和文章，还要收入全部手稿（收集的材料、提纲和草稿等），不仅要收入马克思和恩格斯的全部书信，还要收入第三者给他们的书信。

在第 1 卷中贯彻上述原则时，大家对注释的篇幅存在争议。1926 年 10 月 25 日梁赞诺夫收到的一封信保存了下来，这封信是由德国编者签名的。他们主张这一卷出版时附上相应的编辑说明，因为“第 1 卷中发表的材料的独特性要求注释实际上同时出版，因为没有这些注释，这一卷的内容充其量只能供极小的专业学术圈子使用。没有注释最多只有一些纯粹理论的部分会有人感兴趣，而马克思的这些反映在

---

① 《马克思恩格斯研究》第 21 期（1995 年），第 50—51 页。

时事文章中的历史性成就恰恰体现得极不完善"。显然梁赞诺夫已经决定不带注释出版第 1 卷，同时将它视为前半卷。德国编者要求附加注释的其他论据是，这个版本的学术质量不应落后于梅林的评注，以及编辑科学的严格要求。他们指出，注释部分"几乎可以付印"。越来越清楚的是，吸纳了高水平工作人员以后，编辑上的新观念得以产生，可梁赞诺夫在这一卷的编辑工作开始以前没有制定专门的编辑原则。

然而，梁赞诺夫没有改变自己的看法。第 1 卷前半卷出版时附有他在 1927 年 4 月签名的一篇前言，没有注释。梁赞诺夫说他这样做的理由是：

> 各卷导言一般说明各部著作的写作原因和产生背景，介绍研究的成果，并就编辑上的处理做出说明。历史方面和理论方面的引言和介绍、详细的注解没有纳入这个版本的考虑：上面已经强调指出，这个版本最主要的使命是，为全面研究马克思、恩格斯这一目的奠定第一个而且是最重要的客观基础，也就是说，以学术上无可指摘的形式和顺序再现两位经典作家著述方面的全部业绩。因此第一部分各卷的注释和其他附件应该基本限于介绍与正文直接相关的当时材料中最重要的东西——如果它们不容易获取的话，并且通过提供丰富的原始资料和文献上的证据使读者易于找到历史人物、背景和事件的更详细的说明。①

---

① 《马克思恩格斯研究》第 21 期（1995 年），第 69 页。

准确再现原则适用于文本的制作（特别是在彻底核查辨认以后），不过正字法做了现代化处理。明显的印刷和书写错误得到了订正，但未做说明，而存疑的情况在脚注或注释中加以说明。

围绕第 1 卷前半卷讨论的结果是：形成了编写说明和索引的某些"准则"，也就是实际上形成了第一批编辑指南。于是 1927 年初制定了《马克思恩格斯通信集索引编制指南》。其中规定，索引应收录人名、文献（图书、杂志和报纸）、协会、党派、社会组织，以及有选择地收录部分历史事件、政治地理概念和理论概念。编者当时清楚地意识到，这种选择可能只是"非常随意的"。大部分关键词是预先定好的，当时预先规定了历史唯物主义、自然科学、政治经济学、哲学和政治学的词条。这些规定在马克思恩格斯书信部分最后一卷（MEGA 第 3 部分第 4 卷，1931 年）很大程度上得到了体现（MEGA 第 3 部分第 4 卷，第 592 页）。

对于完成索引编制这项任务来说，在马克思恩格斯研究院内设立一个由梁赞诺夫直接领导、恩斯特·佐拜尔主持的"学术信息处"（WISSA）是非常重要的："主要目标是……为马克思恩格斯百科辞典和支持日常的编辑工作收集传记和文献学材料。"在很短的时间内，这个处就根据社会主义和工人运动史的重要资料编制完成一个附有传记和目录学说明的卡片索引、一个报刊索引、一个文献索引和一个剪报集。1931 年 2 月以前，它还出版了一份内部信息通报（共 11 期）。

随着 MEGA 第 1 卷后半卷的出版（1929 年），在注释方面积累了最初的实际经验。这里所收的第 1 卷正文的注释远没有反映编辑们查证的全部有关正文的事实（MEGA 第 1 部分第 1 卷后半卷第 327—334 页，1929 年），因为这是严格按照梁赞诺夫的规定处理的，在注释中只考虑重要的东西。

在为 MEGA 第 1 部分第 5 卷编辑《德意志意识形态》手稿时，人们曾讨论了几个编辑方案。应该严格按照手稿再现原文。特别困难的是对手稿中异文的描述。应该遵循的原则是，将删掉的有关段落收入附录，并详细说明它们所在的位置。一些被删掉的词语和句子成分在正文下面的脚注中加以说明。于是形成了对研究具有相当启发意义的资料部分——"异文"（MEGA 第 1 部分第 5 卷，第 565—640 页，1933 年）。

在编辑完成书信部分第一卷（MEGA 第 3 部分第 1 卷：马克思恩格斯 1844—1853 年的通信）的时候，人们归纳整理了再现原文的"准则"，这些"准则"在导言中做了介绍（MEGA 第 3 部分第 1 卷第 45 页及后几页）。

梁赞诺夫的 MEGA 第 1 版取得了当时独一无二的编辑成果。MEGA 的最初几卷体现了新的编辑水平，因为吸取了到当时为止发表马克思恩格斯文献的经验——以世纪之交以来就此展开的各种讨论为基础。它们符合国际通行的编辑标准，在某些原文再现和注释问题上甚至有所超越。MEGA 吸收了历史考证性地编辑近代文献领域的积极成果和有益经验。这是第一个专门为学术目的而设计和编排的版本；特殊地讲，它为马克思恩格斯著作的编辑确立了新的传统；一般地讲，它为苏联年轻的文献科学确立了新的传统。来自斯大林和其他政治局成员的阻力是不可小视的，他们不承认这件事情的价值和用处，梁赞诺夫在编辑中有时不得不向他们妥协。

编辑工作的新标准首先体现在以下几个方面：MEGA 追求可靠性和完整性，原文的刊印要标明手稿和刊印稿中的重要异文，提出了辨认和确认作者身份的严格标准，第一次引入了"存疑"这个范畴，将手稿和摘录笔记本纳入本版，在尊重原文的同时采用现代正字法。

然而，即使不考虑如下情况——不是所有材料都已被研究和整理、编者也尚未掌握大部分手稿原件，还是有一些问题对编辑产生了影响。其中包括：第一，MEGA 对于各卷的结构没有形成固定的、有约束力的体系。比如在某些卷次中，有些信息和注释的位置不同。第二，在原文中，正字法和标点符号的现代化和统一化的程度有差别。第三，一些手稿段落的辨认不够精确，作者身份的确定不够仔细。第四，手稿和刊印稿的异文的处理不够统一，选择的标准不明确。第五，为了将按年代顺序编排和按逻辑内容分类相结合，放弃了严格的编年顺序。第六，注释部分仅限于文本考证和目录学的注解，几乎完全放弃了名目注释。这一切清楚地表明，当时非常需要制定有约束力的编辑标准。

梁赞诺夫被逐出研究院一年后的 1932 年，在阿多拉茨基的主持下，MEGA 编者就 MEGA 编辑技术准备工作进行了讨论。讨论结果是，制定了"原文再现指南"、"关于 MEGA 第 1 部分各卷的结构和附录的指南"、第 2 部分付排《资本论》的专门指南，以及第 1 部分第 7 卷（《新莱茵报》）的专门指南。在这些指南中，当时的编辑实践在很大程度上得到了系统化的规范，即 MEGA 各卷的原文再现、附录和结构应当统一。

从编辑的角度看，还应该提到 1935—1936 年进行的讨论，这次讨论的主题是在最初几卷中对马克思摘录笔记的"描述"。这些描述并不统一，不能给 MEGA 使用者提供马克思的工作方法的真实情况。一份报告的作者（保·韦勒、W. 黑尼施和 W. 璐曼）当时建议，再设立一个部分，即 MEGA 第 4 部分，完整发表摘录，同时给第 1 部分和第 2 部分各卷附一个马克思和恩格斯摘录过的著作的索引。从 1936 年 3 月的编辑计划可以看出，这个"摘录和笔记"部分将包括 25 卷。给马恩列研究院领导的报告指出：

> 委员会认为，MEGA 第 1 部分迄今描述摘录和摘录笔记本的方法在各卷不尽相同，不应再继续使用。仅仅从形式上列举摘录，大多纯粹是外在的描述而不管摘录与本卷内容是否有关，这是不合适的。它既不能给读者提供摘录的真实情况，也不能向他们展示马克思的工作方法，或者为他们研究相关卷次提供方便。

韦勒亲笔签字的一份详细分析报告写道：

> 如果研究院不想陷入不断自我否定的困境，那么，在第 1 部分设置"摘录描述"和"笔记本描述"（迄今为止这些描述都是肤浅的、漏洞百出的），并且随意刊印或不刊印个别摘录的原文而不顾及它们在第 2 部分刊印的可能性，这些做法不能再继续了。

然而，这些使这个版本增加到 85 卷的新设想由于斯大林关于 MEGA 的裁决而落空了，下一讲①将详细介绍这方面的情况。

四、俄文第 1 版和《马克思恩格斯文库》的出版

1924 年苏联共产党（布）第 13 次代表大会做出决议，出版俄文版《马克思恩格斯全集》。俄文第 1 版自 1928 年起由梁赞诺夫编辑，自 1931 年起由阿多拉茨基编辑。到 1947 年，总计出版了 28 卷 33 册（第 20 卷没有出版）。各卷出版相对于原来的计划都有所推迟。梁赞诺夫开始设想这一版三年就能出齐，后来发现这根本是不可能的。这一版本总共收入马克思和恩格斯的 1247 篇论著、著作和文章，以及 3298 封书信。因此它是当时收文最全的版本。这个版

---

① 即本部分第 IV 篇文章。——编者注

本与 MEGA 一样，分为三个部分，其中第一部分（著作、文章和时事评论）包括第 1—16 卷；第二部分（《资本论》）包括第 17—19 卷（第 20 卷预计为《剩余价值理论》，但没有出版）；第三部分（书信）包括第 21—29 卷。

马克思和恩格斯的著作按照年代顺序编排。但有些卷次偏离了这个原则，选择了按主题编排。总共约 640 部文稿首次以俄文发表，其中包括以前从未发表过的 30 部手稿，如恩格斯的《论日耳曼人的古代历史》，因而这个版本十分重要。首次发表的文稿主要是马克思和恩格斯在报刊上发表过的文章，如发表在《德意志—布鲁塞尔报》《新莱茵报》《新奥得报》《蜂房报》《工人旗帜报》或《纽约每日论坛报》上的文章。此外，还有一系列首次发表的完整手稿，如《德意志意识形态》手稿。

第三部分首先是马克思和恩格斯之间的通信（第 21—24 卷），其次是他们给他人的书信。以 20 世纪 20 年代完成的影印本为基础，第一次完整地、不加删节地刊印了当时保存的全部书信。与倍倍尔和伯恩施坦的版本相比，多了200 多封信。在给他人的信中，约有 600 封（1/3）是第一次发表。

然而原文的编辑存在明显缺陷。不是所有马克思和恩格斯提到的资料和事实都得到了核实，不是所有文本原本都得以认真细致的选择，遗著中手稿的日期标注和编排顺序没得到充分的论证。比如，《1844 年经济学哲学手稿》是作为《神圣家族》的准备材料发表的（第 3 卷）。许多卷次偏离了按时间顺序再现原文的原则。尤其严重的问题是翻译错误，同一概念和名称使用了不同的俄文术语。因此，有必要对某些卷次进行彻底加工，出版新的版本。总而言之，产生这些缺陷是由于工作人员的经验不足，然而这明显降低了这个版本的学术价值。

各卷的资料部分由导言和索引（人名索引、名目索引和文献索引）组成。导言的问题最多，因为在导言中一方面要介绍各卷所收著作的历史背景和意义，另一方面还要在 20 世纪 20 年代末期和整个 20 世纪 30 年代意识形态争论的背景下做出学术评价。

所有卷次（除了第 1 卷和《资本论》各卷）都编制了附人物简介的人名索引，但只有 14 卷（18 册）附有名目索引，只有 2 卷附有文献索引，只有 2 卷附有地名索引。这个版本的最大缺陷就是没有注释。这给各卷的使用带来极大的不便，因为马克思和恩格斯提到的许多大家不熟悉的历史事实和事件没有加以注释。

作为对全集的补充，从 1931 年起以不同的方式开始出版俄文版《马克思恩格斯文库》。由梁赞诺夫编辑的前 5 卷收入了文章、评论和首次发表的马克思恩格斯遗著；而在阿多拉茨基主持下，《马克思恩格斯文库》只发表马克思恩格斯的遗著。《马克思恩格斯文库》中有一部分内容是用双语发表的。当然，尽管编辑工作在 1945 年得以继续（至 1982 年），并且在总共 16 卷的《马克思恩格斯文库》中单独以俄文发表了马克思恩格斯的许多手稿，但未能保证连续出版。

作为用德文和俄文双语首次发表的例子，应当特别强调的是马克思没有在《资本论》第 1 卷中使用的手稿《直接生产过程的结果》[第 II（VII）卷，1933 年]，以及《〈法兰西内战〉摘录和草稿》[第 III（VIII）卷，1934 年]。

参考文献

David Borisovic Rjazanov und die erste MEGA., Hamburg 1997 (*Beiträge zur Marx-Engels-Forschung. Neue Folge. Sonderband 1*).

David Rjasanow-Marx-Engels-Forscher, *Humanist*, *Dissident.* Hrsg. und mit einem biographischen Essay versehen von Volker Külow und Andre Jaroslawski, Berlin 1993.

Erfolgreiche Kooperation: *Das Frankfurter Institut für Sozialforschung und das Moskauer Marx-Engels-Institut* (*1924 – 1928*), Hamburg 2000 (*Beiträge zur Marx-Engels-Forschung. Neue Folge. Sonderband 2*).

Rolf Hecker: Rjazanovs Herausgabe der MEGA und oder vs. Marxismus-Leninismus. In: *Der sich selbst entfremdete und wiedergefundene Marx*, hrsg. von Helmut Lethen u. a., München 2010, S. 131 – 141.

V. V. Krylov: D. B. Rjazanov und B. I. Nikolaevskij. In: *David Borisovic Rjazanov und die erste MEGA.*, Hamburg 1997 (*Beiträge zur Marx-Engels-Forschung. Neue Folge. Sonderband 1*), S. 49 – 53.

Götz Langkau: Kritik des Gothaer Programms? Bibliographische Beobachtungen zur Fernwirkung einer ideologischen Weichenstellung. In: *Das Spätwerk von Friedrich Engels. Zur Edition in der Marx-Engels-Gesamtausgabe*, Hrsg. und Red.: Carl-Erich Vollgraf, Richard Sperl und Rolf Hecker, Hamburg

2008（*Beiträge zur Marx-Engels-Forschung: Neue Folge 2008*），S. 60 – 93.

Vladimir Gavrilovic Mosolov: *IMEL-citadel' partijnoj ortodoksii: iz istorii Instituta marksizma-leninizma pri CK KPSS, 1921 – 1956*，Moskva 2010.

Stalinismus und das Ende der ersten Marx-Engels-Gesamtausgabe（1931 – 1941），Hamburg 2001（*Beiträge zur Marx-Engels-Forschung. Neue Folge. Sonderband 3*）.

20世纪20—30年代西欧马克思恩格斯文献的调查与收集情况及展望*

1895 年，弗里德里希·恩格斯去世后，马克思恩格斯文字遗物的一部分，即遗留下来的藏书，直接被寄往柏林德国社会民主党党部。10 月底，寄给两位党主席的 27 个箱子抵达柏林。然而党的办公场所具有很大的临时性，地方还不够大。因此执委会很高兴看到他们总计约 4000 册藏书能被一家公共图书馆单独保存。直到 1901 年，第一个全部馆藏目录才被编制出来，它包括大约 8000 种书籍（马克思和恩格斯的藏书被编入其中）。

但是关于手稿的情况怎样？按照恩格斯的遗嘱，它们

　＊ 本文是黑克尔教授 2011 年 11 月 15 日在中央编译局马克思主义文献典藏研究中心成立大会暨马克思主义文献典藏国际学术研讨会上所做的报告，部分内容取自本部分第一讲。本书此次所收中译文，与第一讲相同者取自该讲译文，余下部分由张芃爽译，曹浩瀚校。

被送到了劳拉·拉法格那里。然而，并非所有的都送去了。爱德华·伯恩施坦是三位遗嘱执行人之一，他当时住在伦敦。他非常仔细地查看了遗著，当然为了日后的出版工作，他把一些手稿留在手里。首先是《德意志意识形态》和《自然辩证法》的手稿。此外，奥古斯特·倍倍尔（他要与伯恩施坦一同编纂马克思和恩格斯之间的通信）、弗兰茨·梅林和卡尔·考茨基也能接触到文献遗产。这就是社会民主党人最初的小圈子，他们要负责出版马克思恩格斯的著作集。这样考茨基在恩格斯还活着的时候就熟悉了有关《剩余价值理论》的几个笔记本，所以他能够在 1905—1910 年承担马克思 1861—1863 年手稿的编辑工作。

俄国人达维德·梁赞诺夫在马克思恩格斯遗著的流传史中起了重要作用。梁赞诺夫 1907—1917 年在西欧生活，和社会民主党人有各种接触。他在 1910 年利用机会在巴黎拉法格处"通读了所有材料，编制了一份清单"。他不仅将马克思给丹尼尔逊的信收集起来，而且还收集了马克思给夫人和女儿的几封信，这些信"为马克思特别是 1881 年和 1882 年这段时间的生平传记提供了有意思的内容"。上面是梁赞诺夫向卡尔·考茨基介绍的情况。1911 年，保尔·拉法格和劳拉·拉法格结束了自己的生命。受德国社会民主党执行委员会委托，梁赞诺夫赴巴黎郊区的德拉韦伊取到马克思恩格斯遗著并带回柏林。后来，梁赞诺夫在不同场合介绍过马克思恩格斯遗著的早期流传史。[①]

于是，在 20 世纪 20 年代初期，马克思恩格斯遗著的主要部分就保存于柏林的社会民主党档案馆。[②] 当然马克思女儿燕妮和她的丈夫沙尔·龙格的大儿子让·龙格占有一部分私人遗著。1938 年，让·龙格去世后，又传给了他的弟弟埃德加·龙格和马塞尔·龙格（劳拉·拉法格和保尔·拉法格的孩子在他们生前已经去世）。

1921 年，俄国革命领袖列宁委托梁赞诺夫建立马克思恩格斯博物馆，搜集马克思和恩格斯的原始材料。1922 年，梁赞诺夫开始作为马克思恩格斯研究院的负责人开展工作。俄国政府授权他，并提供资金，去创造所有前提条件，以实现出版一部大型马克思恩格斯著作集的计划。出版马克思和恩格斯的著作、文章和信件的俄文版和德文版最重要的前提条件是搜集马恩遗著的复本或原件，招募胜任工作的人员。梁赞诺夫打算和法兰克福新近成立的社会研究所联手实现这些条件。当维也纳的教授卡尔·格律恩贝格被任命为社会研究所的所长时——梁赞诺夫在 20 世纪初，也就是 1905 年革命前第一次流亡时曾跟随他学习过——梁赞

---

① *MEGA*, *I. Abteilung*, *Band* 1, Erster Halbband, Frankfurt 1927, Vorwort, S. X.

② Paul Meyer: Die Geschichte des sozialdemokratischen Parteiarchivs und das Schicksal des Marx-Engels-Nachlasses. In: *Archiv für Sozialgeschichte*, *VI. / VII. Bd.*, 1966/67, Hannover 1966, S. 5 – 198; Siegfried Bahne: Zur Geschichte der ersten Marx-Engels-Gesamtausgabe. In: *Arbeiterbewegung und Geschichte* (Schriften aus dem Karl-Marx-Haus Trier, Nr. 29), hrsg. v. H.-P. Harstick u. a., Trier 1983, S. 146 – 165.

诺夫有了一个内行的商谈对象。

　　莫斯科研究院和法兰克福研究所之间、法兰克福研究所和德国社会民主党执行党委会之间签订了有关协议，这使得复制全部马克思恩格斯遗著成为可能。于是从 1924 年到 1928 年，对现有材料的整理和复制工作得以系统展开。

　　此外梁赞诺夫还建立了一个国际通讯员网络。其中一些人从 1924 年起至 20 世纪 30 年代初在莫斯科马克思恩格斯研究院获得了临时的职位，这些人包括波里斯·尼古拉耶夫斯基（柏林）①、汉斯·施泰因（科隆）、阿尔弗雷德·舒尔茨（汉堡）、吕克·佐默豪森（布鲁塞尔）、H. W. 李（伦敦）、阿利克斯·吉扬（巴黎）。

　　在大多数情况下，外部工作人员的任务是从梁赞诺夫的副手恩斯特·佐拜尔那里领受具体的搜寻要求，如果他不在，则由档案馆馆长弗兰茨·席勒告知搜寻要求。一些搜寻工作是在德国协调进行的，这项任务由尼古拉耶夫斯基或法兰克福社会研究所承担。席勒在 1930 年称赞了搜集到的成果，但没有提及具体的科学通讯员名字：

　　　　除了柏林社会民主党档案馆的藏品外，研究院还拍摄了如下材料：恩格斯基兴的恩格斯家庭档案馆的材料（恩格斯与亲属的通信、恩格斯早期作品）；特里尔中学档案馆的材料（马克思中学时期作品）；来自耶

----

① Rolf Hecker：Boris I. Nikolajewskij. In：*Bewahren-Verbreiten-Aufklären*，a. a. O.，S. 231–237.

拿大学哲学系系办公室的档案（关于马克思博士学位的文件）；来自纽约公共图书馆的材料（马克思、恩格斯、左尔格之间的书信往来）；来自英国博物馆的材料（马克思和恩格斯写给尼古拉·丹尼尔逊的信件）；来自日本京都大学的材料（马克思恩格斯的书信往来），此外还有一些私人收藏的文件和书信。①

汉斯·施泰因②对上述成就，特别是上面提到的前几种文献的调查，起到了决定性的作用。他主要在莱茵地区走访，因此能够完成莫斯科方面的以下委托：一是施泰因最初的调查工作涉及马克思在特里尔的少年时代、中学时代

---

① Franz Schiller: Das Marx-Engels-Institut in Moskau. In: Grünberg-Archiv, Bd. XV, 1930, S. 428.

② 汉斯·施泰因1894年12月7日出生在科隆，1941年7月22日在伦敦去世。他的父亲是一名律师。他于1914年通过高中毕业考试，并从1914年8月起作为志愿兵服役。1918年以中尉军衔退役。1918—1921年在波恩大学和科隆大学学习，1921年以对科隆工人协会的研究获得博士学位。1921—1922年在科隆的莱茵-威斯特伐利亚经济档案馆担任助理；1922—1924年接受莱茵-贝尔吉施消费合作社的研究任务，研究合作社史。施泰因于1923年加入德国共产党，1924—1925年他处于失业状态。1925—1928年，成为马克思恩格斯研究院的研究人员和驻莱茵地区的通讯员，在莫斯科参与《马克思恩格斯全集》历史考证版第1版（MEGA¹）第I/1卷的工作，收集有关工人运动史的材料并复制文件。1928—1933年，施泰因在科隆的西德意志广播电台（WDR）播出部工作；1933年因"政治活动以及参与马克思恩格斯研究院的工作"而被解雇；同年移居法国；1933年12月移居阿姆斯特丹；1933—1935年从事自由研究；1935年6月被任命为新成立的阿姆斯特丹国际社会史研究所德国部负责人；从1937年夏天起与古斯塔夫·迈尔和波·伊·尼古拉耶夫斯基共同开展关于第一国际历史的项目；1938年被剥夺德国国籍；1939年移居伦敦，继续在阿姆斯特丹国际社会史研究所分部工作。

以及在波恩的大学生涯。他成功地收集了关于马克思的祖辈，以及关于马克思儿时玩伴、中学朋友和大学朋友的陈述；二是在恩格斯基兴拜访了弗里德里希·恩格斯的后辈埃米尔·恩格斯，后者给了他信件和其他文件让他复制；三是在杜塞尔多夫找到了罗兰特·丹尼尔斯的后人，他们保存有两卷马克思的诗歌①，直到 1971 年才由家族成员移交给特里尔的卡尔·马克思故居；四是在格奥尔格·维尔特的后代那里也有类似收获——在荷兰代特莫尔德的卡尔·维尔特（Karl Weerth）那里他发现一份重要的遗著。他不仅得以复制所有现存文件——还不止这些——卡尔·维尔特还将格奥尔格·维尔特母亲一半的信件原件提供给莫斯科研究院；此外，他还出售了弗莱里格拉特和卡尔·维尔特（Carl Weerth）的 7 封书信。施泰因不仅取得了这些成果，还在德国各档案馆中查阅到许多有价值的文件，这些文件对于《马克思恩格斯全集》历史考证版的编辑出版是不可或缺的②。

此外，马克思恩格斯研究院的代表还参加各种书籍和手稿的拍卖会收购其他材料。这样的活动得到诸如爱德

---

① *MEGA I/1*, 2. Halbband, Berlin 1929, S. X – XII, *MEGA² I/1*, Berlin 1975, S. 615ff. , 773ff.

② Rolf Hecker: Hans Stein-wissenschaftlicher Mitarbeiter und Korrespondent des Moskauer Marx-Engels-Instituts（1925 – 1929）. Teil I: Zur Mitarbeit an der MEGA¹. In: *BzMEF. NF 1993*, S. 17 – 40, Teil II: Die Entdeckung von unbekannten Marx-Dokumenten. In: *BzMEF. NF 1994*, S. 150 – 173.

华·富克斯等人的支持①。此外，在 20 世纪 20 年代初期恶性通胀的情况下，有些工人运动史文献的收藏者被迫出售他们的藏品以换得金卢布，其中包括格律恩贝格、特奥多尔·莫特纳和威廉·帕彭海姆②。这样一来，梁赞诺夫就能够为在莫斯科创立一家独特的大型图书馆奠定基础。

梁赞诺夫自己也再度和住在巴黎的让·龙格进行接触，从他那里获得若干私人材料。出于个人原因，让·龙格拒绝了访问莫斯科的邀请，以怀疑的态度关注着俄国的政治进程。直到第二次世界大战后，他的弟弟们（前面提到过）才将留在身边的文件和纪念物品交给了莫斯科研究院③。

弗兰茨·席勒是马克思恩格斯研究院档案馆的负责人，他在有关该院的一篇文章中——这篇文章同时也是值梁赞诺夫 60 岁生日之际对他工作的一种称赞——总结了研究院在国外的通讯员的调查研究和复制工作：

如今档案馆拥有 15 000 份原件和 175 000 份复制件，它们被分为五个部分：1. 马克思和恩格斯；2. 关

---

① 爱德华·富克斯（1870—1940）是一位社会主义者，记者、作家和艺术收藏家。他管理着弗兰茨·梅林的遗著。

② Gerhard Oberkofler: Theodor Mauthner / Wilhelm Pappenheim. In: *Bewahren-Verbreiten-Aufklären*, a. a. O., S. 180 – 184.

③ Martine Dalmas, Rolf Hecker: Marx-Dokumente aus dem Longuet-Nachlass in Moskau. In: *Die Marx-Engels-Werkausgaben in der UdSSR und DDR* (*1945 – 1968*), Hamburg 2006 (*Beiträge zur Marx-Engels-Forschung. Neue Folge. Sonderband 5*), S. 171 –206.

于第一国际和第二国际的历史；3. 有关日耳曼语族国家的社会主义和工人运动的历史；4. 有关罗曼语族国家的社会主义和工人运动的历史；5. 有关斯拉夫语族国家的社会主义和工人运动的历史。……马克思和恩格斯部分集中了二人的全部遗著（复制件），有 55 000 张照片。[1]

我们回到德国社会民主党档案馆这个马恩遗著的宝库。目录编制和照相复制的工作带来的结果是，伯恩施坦和考茨基私人手里的材料也被收入档案馆。此外，尼古拉耶夫斯基还负责将马克思恩格斯的藏书，特别是带有批注的，再从普通馆藏中分拣出来（共确定了 1130 种图书，但在 1933 年之后有些丢失了，例如黑格尔的重要著作）[2]。当然不能不注意到，档案馆负责人有时对于自己的馆藏是相当慷慨的。流传下来的查阅者登记册记录了哪些国际友人探访了档案馆，其中有几个日本教授。一些访客如栉田民藏[3]收到带有马克思献词或批注的书籍作为礼物。因此毫不奇怪，一些日本的大学如今也拥有这样的珍品。

---

[1]　Franz Schiller: Das Marx-Engels-Institut in Moskau. In: *Grünberg-Archiv*, Bd. XV, 1930, S. 427/428.

[2]　第 548、549、552、553 号，其所在地不得而知（MEGA² IV/32, Berlin 1999）。

[3]　Rolf Hecker: Zu den Beziehungen zwischen dem Moskauer Marx-Engels-Institut und dem Ohara-Institut für Sozialforschung in Osaka. In: *David Borisovič Rjazanov und die erste MEGA*, Hamburg 1997 (*Beiträge zur Marx-Engels-Forschung. Neue Folge. Sonderband 1*), S. 85 – 107.

此外还要提到，莫斯科研究院的复制工作中断以后
（这里由于时间关系我不能分析原因），还有其他人利用档
案馆来出版一些手稿，例如齐格弗里德·兰茨胡特和雅各
布·迈尔对《德意志意识形态》和《1844 年经济学哲学手
稿》的出版①。编目工作也在继续②。据说波兰籍历史学家
马雷克·克里格在从事这种工作过程中获得了马克思的几

---

① 在 MEGA 书信卷第 1 卷的序言中，梁赞诺夫指责伯恩施坦从未想
过完整地出版《德意志意识形态》，因为在后者看来，（这一著作）"作为
一部主要是论战性的作品是无用的"（MEGA III/1，第 X 页）。随后开始了
争夺首版的比赛。最初，在澄清了所有情况之后，雅各布·迈尔能够将他
准备的手稿部分作为第一批出版物出版，见 Neue Beiträge zur Biographie
von Karl Marx und Friedrich Engels. In: *Die Gesellschaft*，2. Bd. 1930，S. 84ff. ;
Dottore Graziano oder Doktor Arnold Ruge in Paris. Aus dem handschriftlichen
Nachlass von M. Heß herausgegeben. In: Ebd. ，1. Bd. 1930，S. 171ff. 特别是
后面这篇文章与《德意志意识形态》密切相关（迈尔所做的只是指出原
件在社会民主党档案中）。1932 年，莱比锡阿尔弗雷德·克勒纳出版社出
版了《卡尔·马克思：唯物主义的历史。早期著作》两卷本，编辑工作由
兰茨胡特和迈尔在 F. 萨洛蒙的协助下出版。随着第 2 卷（第 1—530 页）
中《德意志意识形态》其余手稿的出版，"所有部分……向公众提供"
（序言，第 V 页）。这篇序言签署的日期是 1931 年底，而莫斯科研究院院
长弗拉基米尔·阿多拉茨基在 MEGA 第 I/5 卷的引言的落款时间是 1932
年 6 月 15 日，这一卷刊有《德意志意识形态》的完整手稿，由保尔·韦
勒编辑处理，该卷在列宁格勒印刷并于 1933 年出版。两个版本的出版人
都声称"第一次完整地"出版了这部作品（兰茨胡特等，第 VII 页），或
"第一次全文"出版了这部作品（阿多拉茨基，第 IX 页）。见 Inge Taub-
ert: Die Überlieferungsgeschichte der Manuskripte der "Deutschen Ideologie"
und die Erstveröffentlichungen in der Originalsprache. In: *MEGA-Studien* 1997/
2，S. 32 – 48，hier S. 44 – 47。

② 有关马克思恩格斯遗著在阿姆斯特丹国际社会史研究所的经历，
见 Maria Hunink: *De Papieren van de Revolutie. Het Internationaal Instituut voor
Sociale Geschiedenis 1935 – 1947*，Amsterdam 1986。

个手稿笔记本作为"报酬"。1935 年，克里格从维也纳通过苏联使馆向马克思恩格斯列宁研究院求助。他承认自己拥有马克思的手稿，愿意将其卖给莫斯科的研究院。作为"证明"，他附上了德国社会民主党档案馆管理人员于 1933 年 12 月出具的"补充凭证"。他将一大一小两束经济学手稿（《1857—1858 年经济学手稿》《1861—1863 年经济学手稿》）以及其他一些手稿以 18 000 美元（开价 2 万美元）的价格转让给了马克思恩格斯列宁研究院。在某种程度上，马克思恩格斯列宁研究院的领导层对这份合同非常满意，因为他们现在拥有了两部著名手稿的原件，并有了所有遗著的复制件。

展望。第二次世界大战后，莫斯科马克思列宁主义研究院试图扩大其馆藏，最初是在苏联占领区征用档案馆藏①。然后，它还得到了柏林的兄弟研究院的支持，该研究院将马克思恩格斯的藏书作为礼物相赠。后来，出现了某种分工：莫斯科方面寻求马克思的文献，而柏林方面则寻找恩格斯的文献。然而，问题的关键并不是获取原件，而是收集复制件以扩充 MEGA 第 2 版的文献基础。1986 年，柏林马克思列宁主义研究院制定了"科学通讯员参加《马克思恩格斯全集》编辑的原则"，根据该原则，"调查和采购马克思和恩格斯使用过的原始资料特别是各国的出版物

---

① Rolf Hecker: Marx, Engels-Dokumente dem "IMEL zugeführt". Zur Requirierungsaktion des Moskauer Marx-Engels-Lenin-Instituts 1945/46. In: *Beiträge zur Geschichte der Arbeiterbewegung*, H. 3, Berlin 1997, S. 68 – 81.

和文件"成为一项重要工作。原件的购买频率越来越低，因为国际拍卖市场上的价格超过了财务能承受的范围。只有在迄今为止没有复制件的情况下，才会考虑购买原件。1989 年在莫斯科举行的 MEGA 旧编委会的最后一次会议上，决定"启动对马克思和恩格斯的文件以及准备 MEGA 第 2 版所需其他材料的搜索和收集工作，并协调两个研究院在这方面的工作"①。然而，东欧剧变令这一决议变成一纸空文。

那么问题来了：今天可以在哪里搜集到什么？首先，应该指出的是，"公开市场"上的原始文献数量是有限的，这就是为什么手迹收藏家在它们身上花费越来越多的钱。但是，可以想象，一些零散的书信或带有马克思和恩格斯献词的书籍为私人所有。因此，几年前恩格斯写给安娜和弗里德里希·博伊斯特的信件得以发现是幸运的②。因此，有必要专门进一步寻找与马克思和恩格斯有密切或不太密切联系的人（如卡尔·肖莱马、威廉·施特龙、托马斯·奥尔索普等人，还有在美国的如珀西和玛丽·罗舍③——他们踪迹全无）的遗物。2010 年 5 月拍卖的爱德华·比斯利的带有题词的《资本论》，以及马克思的一封信和照片，证明了

---

① 以上提到的文件为作者私人收藏。

② Markus Bürgi: Friedrich Engels und seine Verwandten Beust in Zürich. Neu aufgefundene Briefe und Materialien zu einer bisher unbekannten Beziehung. In: *Marx-Engels-Jahrbuch 2006*, Berlin 2007, S. 171 – 213.

③ Manfred Schöncke, Rolf Hecker: Eine Fotografie von Helena Demuth? Zu Engels' Reise nach Heidelberg 1875. In: *Marx-Engels-Jahrbuch 2004*, Berlin 2005, S. 218.

早期关于这种赠书可能存在的假设（早在 1994 年就列出了其他可能的、尚未流传出来的带有题词的《资本论》①）。

另外，在龙格的直系后裔那里却找不到什么，这在调查马克思和恩格斯的藏书时可以确定②。根据 MEGA² 第 4 部分第 32 卷的序言（第 47 页，注 100），爱琳娜·马克思–艾威林的藏书"可能落入爱德华·艾威林手中"，2011 年 10 月，在柏林拍卖的一包马克思恩格斯著作证明了这一点，其中包括恩格斯亲自题词献给爱琳娜的《反杜林论》。

还有手稿和笔记本或摘录本。众所周知，马克思在 1841 年提交给耶拿大学的博士论文没有任何下落，据推测，该论文可能被哲学系系主任或某位教授保留下来，并未留下档案记录——这个人很有远见③。此外，马克思的两本摘录，即 1850—1853 年伦敦笔记的第 I 笔记本和第 II 笔记本④ 的单页在公开市场上流传，它们显然被当作"养老小金库"，因为个别单页经常出现在拍卖会上。1863 年的补充笔记本 A（一些单页幸存下来）和 1880—1881 年的一个摘录笔记也尚未找到。所有这些笔记都有复制件，这些复制件

① Rolf Hecker, Larisa Mis'kevič: Das Kapital mit Widmungen von Marx und Engels. In: *MEGA-Studien*, hrsg. von der Internationalen Marx-Engels-Stiftung, 1/1994, S. 107–141.

② *MEGA² IV/31*, S. 73.

③ *Karl Marx. Jena 1841. Die Jenaer Universitäts-Dokumente zur Promotion von Karl Marx*, hrsg. im Auftrag des Rektors (…), Friedrich Schiller-Universität Jena, (1976), S. 30.

④ *MEGA² IV/7*, S. 672, 693.

都是在 20 世纪 20 年代制作的。

对于进一步有针对性地搜寻马克思恩格斯遗著中的文件而言，在 MEGA^2 第 1 部分和第 3 部分各卷中设置的"没有流传下来的作品索引"和"马克思/恩格斯的或第三者写给马克思/恩格斯的没有流传下来的书信索引"部分提供了重要信息。

马克思恩格斯文献的机构所有者——主要在西欧和日本，也越来越多地在中国，今天这个成立大会就证明了这一点——日益为人所知，并且总是非常愿意将他们的宝藏提供给 MEGA 参阅。在我看来，从 MEGA 编辑出版的角度而言，这至关重要。因此，这里我向所有的私人藏家呼吁，请将你们收藏的真迹提供给以科学为目的的人使用。

《马克思恩格斯全集》历史考证版第 1 版在列宁时期的兴盛和斯大林时期的衰败[*]

我们已经探讨了马克思恩格斯遗著的流传史和《马克思恩格斯全集》从开始到第二次世界大战之间的编辑原则这个有些枯燥的话题,下面我想谈谈第一个尝试编辑马克思恩格斯著作的系统、完整、接近历史考证性质的版本的机构。我已经多次提到过莫斯科的研究院。我本来应当在论述 MEGA 第 1 版的编辑原则之前,也谈谈它的工作,但是关于编辑问题的叙述不能是零零碎碎的。因此现在我们就来谈谈莫斯科马克思恩格斯研究院(1931 年起改名为马克思恩格斯列宁研究院),并谈谈它的历史和它的主要活动

---

　　* 本文是黑克尔教授 2010 年在中央编译局所做"马克思恩格斯遗著的历史、出版和接受"系列报告的第三讲,李莉娜译,蒋仁祥校,中译文发表于《国外理论动态》2010 年第 12 期。

家与共产国际和苏联共产党的发展之间的联系。

一、达维德·梁赞诺夫与莫斯科马恩研究院的组建

我们知道，MEGA 第 1 版的关键人物是达维德·波里索维奇·梁赞诺夫，他原来的姓氏是戈尔登达赫。用他自己的话说，他"论出身是犹太人，论国籍是俄国人"。只要我们认真读读他的传记，就会发现只有他才真的是"人得其位，位得其人"。他于 1870 年出生，与列宁是同龄人。据说，他在 10 岁的时候就已经读过弗·克·施洛塞尔的《供德国人民阅读的世界通史》。梁赞诺夫多年以后发现，马克思对这本著作做了详细的摘录。梁赞诺夫被敖德萨文科中学开除，官方原因是"他学不会希腊语"。但是，他在 19世纪 80 年代中期就已经参加革命青年团体的活动。1889年，他参加了第二国际成立大会，不过并不是因为他是大会代表，而是因为他当时就读于巴黎索邦大学，学校临近会址，所以就顺便过去看看。他回到俄国后就遭到逮捕。在彼得堡监狱，他读了《资本论》和其他经典作家的著作。

1900—1917 年，梁赞诺夫滞留西欧（1905—1907 年革命时期有间断），先住在巴黎，后来住在德国的柏林，也在维也纳住过，1915 年后还去过瑞士（上阿格利、苏黎世）。

从 1907 年起，梁赞诺夫潜心研究马克思和恩格斯的著作，从而能够在《新时代》和维也纳的《斗争》杂志上定期发表文章。1909 年，他受安东·门格尔图书馆基金会的

委托，搜集并编辑出版国际工人协会的文件和会议记录，他本人称之为"国际工人协会文件辑录"。为了完成这项任务，他曾到伦敦、巴黎、罗马、佛罗伦萨，以及德国和瑞士的图书馆查阅资料。1914 年第 1 卷付印，却因第一次世界大战的爆发而没有出版。

我在上一讲①中已经谈到，在这段时间梁赞诺夫成功地同欧洲社会民主党的主要代表人物，如卡尔·考茨基、奥·倍倍尔、维·阿德勒、奥·鲍威尔、爱·伯恩施坦、卡·伦纳和克·蔡特金建立了友好的联系。他得以进入柏林德国社会民主党档案馆进行研究，在档案馆中，他"第一个整理了馆藏马克思文献"。他编制了马克思恩格斯遗著目录，并对被编入普通馆藏的马克思和恩格斯藏书进行了整理。对梁赞诺夫来说特别重要的是能在维也纳的卡尔·格律恩贝格身边进行研究，并参与其主编的《社会主义与工人运动史文库》的工作。

1910 年夏，梁赞诺夫在德拉韦伊的拉法格夫妇的寓所工作了几个星期，爱琳娜·马克思-艾威林去世（1898 年）后，马克思遗留文献中与家人相关的都收藏在那里。1911 年 11 月，拉法格夫妇自杀身亡。1912 年底，梁赞诺夫受德国社会民主党执行委员会的委托，将这部分遗著运往柏林。在此之前，即在 1910 年与 1911 年的交替之际，由于马克思逝世 30 周年到来在即，梁赞诺夫参与制订了马克思恩格斯

---

① 即本部分第 II 篇文章。——编者注

著作集的"维也纳编辑计划"。

据弗里茨·布鲁普巴赫（瑞士医生和社会主义者，后为共产党员）回忆，梁赞诺夫会"为了考证马克思手稿中的一个逗号而乘坐没有供暖设备的四等车厢，连夜从维也纳赶往伦敦"①。除整理国际工人协会的文件这项工作外，梁赞诺夫还收集和甄别了马克思和恩格斯发表在《纽约每日论坛报》《人民报》和《新奥得报》上的通讯。1917 年，他将这些文章结集分两卷出版，书名为《马克思恩格斯著作集（1852—1862 年)》。到 1917 年，梁赞诺夫发表了 130 篇文章、书评和著作，其中许多是他进行马恩研究的成果。于是，在这几年中他获得了"书呆子"和"书虫"的绰号，其他人在相互通信时就曾经用它们来指代梁赞诺夫。

1917 年，二月革命后梁赞诺夫回到俄国，先是回到彼得格勒。他积极参加工会的工作。如同他在毕生的政治活动中一样，他在工会里也始终保持独立的态度，他在党的七大到十一大上的发言稿也体现了这一点。在会上，他尖锐地批评俄共（布）中央在工作中表现出的反民主的极权主义倾向和政府的暴力行动。他反对党"一手遮天"，干涉社会生活的各个领域，干涉经济、文学和艺术，反对迫害反对派，主张工会独立。1921 年 5 月，中央委员会做出决定，永远停止梁赞诺夫在工会的工作。

1918—1920 年，梁赞诺夫成为搭建苏俄新型科学结构

① 弗·布鲁普巴赫：《"我尽量不说谎话"。60 年的异端。自传》，1973 年苏黎世版，第 183 页。

的组织者之一。他先是担任人民教育委员会科学和档案管理处处长。1920年12月7日，俄共（布）中央通过创办马克思主义博物馆的决议，责成梁赞诺夫做成立筹备工作。仅仅一个月以后，即1921年1月11日，这项决议被修改，博物馆的名称被改为社会主义科学院所属的马克思恩格斯研究院。不久之后，即1921年2月，列宁致信梁赞诺夫，委托他搜集并在可能的条件下购买所有现存的马克思恩格斯文献，包括德国社会民主党收藏的马克思恩格斯文献。[①] 1922年7月，中央又进行了一次组织调整，将现有的马克思恩格斯博物馆改造成俄罗斯联邦中央执行委员会所属的科学研究院，并任命梁赞诺夫为院长。由此，一方面，该研究院属于国家机构，地位合适；另一方面，党的决议已确定其工作任务，而梁赞诺夫可以动用国家的财政完成这些任务。1923年6月1日，党中央组织部做出决定，由马恩研究院负责编辑出版《马克思恩格斯全集》俄文版。一年后，联共（布）十三大重申了这项决议。具有深远意义的是，1924年7月7日，共产国际第五次代表大会通过决议，编辑出版《马克思恩格斯全集》历史考证版和普及版。梁赞诺夫在这次共产国际代表大会上提出并得到一致通过的决议中写道，只有

收录了马克思恩格斯的著作和书信的完整版本并附上

---

① 列宁1921年2月2日给达·波·梁赞诺夫的信，见《列宁全集》中文第2版增订版第50卷，第105—106页。

历史考证性评注……才能称为科学共产主义奠基人当之无愧的纪念碑，才能成为大家全面学习革命的马克思主义的历史、理论和实践的基础。

于是，共产国际在这次代表大会上呼吁各国共产党协助"搜集有关马克思和恩格斯生平和活动的材料"①。与此有关的是，不久以后国家做出决定，搜集苏联境内所有的马克思和恩格斯的原始文献并存档。这项规定在 1991 年苏联解体以前一直有效。

苏联共产党和苏联政府随后做出的一系列决议都是旨在加强研究院的实力，在物力和人力上提供保障。同时产生了"革命的急躁情绪"，梁赞诺夫遭到批评，被指责编辑出版《马克思恩格斯全集》进展不够快。然而，梁赞诺夫在 60 周岁寿辰之际仍然荣获了红旗劳动勋章——这在苏联是很高的奖赏，并收到了来自世界各地的贺信贺电。

说到这里，我想谈谈梁赞诺夫同党和国家的领导人——列宁和斯大林的关系。关于梁赞诺夫同列宁以及斯大林的关系有几段小插曲，一会儿我分别跟大家讲一下。我想先简要地谈谈他们相互结识的过程。我在前面已经提到，梁赞诺夫多年间一直客居国外，而列宁在 1900 年也不得不离开俄国开始流亡生活。当时，有人打算出一份名为《黎明》的期刊和一份名为《火星报》的报纸，作为俄国社

---

① 《关于马恩研究院出版任务的决议》，载于《共产国际第五次代表大会议题和决议》，1924 年汉堡版，第 189 页。

会民主党流亡者的聚集平台。为此，梁赞诺夫和列宁第一次走到了一起，而且很快表明，两个人的合作不会很简单。列宁对梁赞诺夫就"劳工问题"发表的第一篇文章即做了删改，因而遭到梁赞诺夫极其强烈的抗议。列宁辩称自己的删改完全是"技术性"的。这里已经表明，他们二人的处事方式是不同的，而这种不同的处事方式对随后为筹备俄国社会民主工党第二次代表大会进行的纲领讨论就产生了影响，大会于1903年以"日内瓦大会"为名在伦敦召开。梁赞诺夫从西欧的社会民主党尤其是德国社会民主党的经验出发，建议召集党内的各种派别，在民主选举的党代表大会上确定党的方针。而列宁则迫切要求建立一个时刻准备点燃革命之火的革命者的政党。1901年5月23日，梁赞诺夫和列宁在慕尼黑第一次会面。1924年，梁赞诺夫曾回忆道，这次会面是在紧张的气氛中进行的。大家知道，俄国社会民主工党第二次代表大会并不是以党的重新创立、而是以党的分裂而结束的，而梁赞诺夫站在列宁的对立面。这种情况原则上不可能再改变，虽然列宁还以某种方式支持梁赞诺夫的马克思研究，有时还向他具体咨询。上面已经提到，1921年，列宁请梁赞诺夫尽可能多地搜集马恩文献，甚至可以向"谢德曼之流"（即德国社会民主党）购买。

至于梁赞诺夫同斯大林第一次结识是在什么时候，已经很难明确断定，但最迟应从1919年3月斯大林任苏维埃政府国家监察人民委员时起。1922年底列宁淡出政坛，围绕他的接班人问题的权力斗争爆发以后，列宁两次致信第十二次党代表大会，谈及斯大林的性格，说他"粗暴"。斯大林对待科学的态度也是如此，他虽然是职业革命家，但是没有接受过高等教育。有一张照片是梁赞诺夫同列宁和斯大林的合影：这张合影拍摄于 1920 年 4 月，当时梁赞诺夫是俄共（布）九大的代表。可以说，梁赞诺夫同斯大林之间的关系始终是冷淡和怀有敌意的。十月革命后，梁赞诺夫主要负责工会的工作。但是斯大林不满意，在 1921 年 5 月工会代表大会期间，经过一场围绕一项决议的激烈争论以后，梁赞诺夫在工会的活动被禁止。梁赞诺夫毫不掩饰自己对斯大林的理论素养和文化水平的怀疑。当斯大林试图干涉马恩研究院的工作时，梁赞诺夫公开表示："柯巴（斯大林作为革命者的绰号），你对此一窍不通！"斯大林对这件事一直耿耿于怀，于是两人尽量避免见面。我还可以举出其他例子。比如，1928 年，梁赞诺夫建议让已经被开除出党的托洛茨基参与《马克思恩格斯全集》俄文版的编译工作，这彻底激怒了斯大林。1931 年，清算的日子到了。2 月 12 日晚上，梁赞诺夫被叫到斯大林办公室，后者指责他在马恩研究院进行孟什维主义活动。尽管梁赞诺夫进行辩解并驳回了指责，但他仍然遭到逮捕和审前羁押。这样一来，斯大林就封住了梁赞诺夫的嘴巴。

二、马恩研究院在编辑 MEGA 第 1 版过程中的国际合作

梁赞诺夫凭借 MEGA 第 1 版取得了当时独一无二的编

辑业绩。从以往发表马克思恩格斯文献的经验来看，站在世纪之交以来围绕马恩文献展开的各种各样讨论的角度，1927年起陆续出版的 MEGA 的头几卷反映了编辑工作的新水平，这一点我在前面已经讲过。那么，编辑一个历史考证版的前提是什么呢？这些前提包括：

1. 国内和国际的合作，一方面，共产国际对这一项目给予支持；另一方面，与德国社会民主党执行委员会和档案馆、新成立的卡尔·格律恩贝格领导下的美因河畔法兰克福社会研究所进行合作。

2. 组建一个在特殊专业领域（历史、语言）掌握必要知识的内行工作小组，法兰克福社会研究所为物色相应的工作人员提供了大力支持。

3. 物质条件，包括将马恩研究院安置在莫斯科的多尔戈鲁基王宫，并进行必要的扩建，创办图书馆，特别是苏维埃政府拨出一笔数额足够的金卢布，用于外国通讯员的工作，购置必要的复印设备以及从国外购买书籍和档案资料。

4. 成立专业的资料室和学术咨询处，负责编辑有关的传记材料，编制文献的目录和相应的索引。

5. 梁赞诺夫还特别在"他的"研究院内制定了严格的工作人员纪律和制度。

我不可能面面俱到，不过我想详细地谈谈以下几点：成立法兰克福社会研究所的意义、内行的国际工作小组的组建和通讯员网络的搭建。

1922 年和 1923 年春，年轻的社会主义知识分子在图林根齐聚一堂，参加"马克思主义研讨周"活动。在活动期间，大家讨论了创建一个独立于政党之外、以马克思主义为指导的学术研究机构的理论和实践问题。创建这样一个学术研究机构不仅具备有利的政治条件，也具备有利的物质条件，因为一位成功的商人和百万富翁愿意资助创办这样的研究机构；当然，美因河畔法兰克福大学的大额资助也起了很大作用。当时有一个左派科学家小组愿意参加合作。一切组织上的准备工作——包括该所与法兰克福大学的挂靠事宜——完成之后，还要物色一位有威望的人物担任所长。

要实现这一计划需要一批非常具有创新意识的人。因此，这里介绍如下几位发起者：费利克斯·魏尔是上文中商人的儿子和活动能力很强的股东；作为德国共产党员，卡尔·科尔施教授曾一度任图林根州政府部长，同时也是日益远离德国共产党和德国社会民主党的马克思主义理论家，然而当时由于被认为太"赤色"而不能担任研究所所长；同样没有当选的还有格奥尔格·卢卡奇和贝拉·福格莱西两人，他们是 1919 年匈牙利苏维埃革命者和上述"马克思主义研讨周"的参加者；弗里德里希·波洛克后来任研究所秘书长。最终当选所长的是维也纳大学教授卡尔·格律恩贝格。梁赞诺夫非常赞同这一决定，不仅因为他于 1905 年以前在格律恩贝格身边进行研究工作，曾多次拜访过他，1921 年还为马恩研究院购买了格律恩贝格的私人藏书；而且还因为他于 1922 年在德国疗养的时候见过格律恩贝格，1923 年在维也纳又再次拜访过他。因此，梁赞诺夫是法兰克福社会研究所在政治上可以信赖的人，又是所长的朋友。这是双方在随后几年中进行卓有成效的合作的重要前提。

1924 年 6 月，卡尔·格律恩贝格在研究所成立典礼上说："首先我无须重申，我在这里讲到马克思主义的时候，不是在政党政治的意义上，而是在纯学术的意义上来理解的。马克思主义是一个完整的经济学体系、一种特定的世界观和一个清晰的研究方法。"

一个月后，梁赞诺夫抵达法兰克福，行李中装着共产国际第五次代表大会关于编辑出版 MEGA 的决议。对他来说，必须着手进行国际合作。在 8 月份就在莫斯科和法兰克福之间签订了一份相关的协议，首先，规定共同成立一家马克思恩格斯文献出版公司，9 月在法兰克福注册。

其次，法兰克福社会研究所同德国社会民主党执行委员会签订了一份在法兰克福影印马克思恩格斯遗著的合作协议，也就是说全部遗著，即所有的手稿、摘录、笔记和书信都要从柏林运到法兰克福，在那里采用最现代化的照相复制技术进行影印，购买设备的资金由莫斯科马恩研究院提供。影印完成后，一份寄往莫斯科，另一份在德国社会民主党档案馆存档。

为了完成这一任务，需要物色一位梁赞诺夫和法兰克福研究所以及社会民主党执行委员会都熟悉并信得过的人。

1924 年 12 月 1 日，波里斯·伊万诺维奇·尼古拉耶夫斯基任莫斯科马恩研究院驻柏林通讯员。除梁赞诺夫外，他是最熟悉马克思恩格斯遗著的人之一。我想简要介绍一下他的个人情况：他生于 1887 年，早年参加孟什维克青年团体的活动并被流放。1917 年后，他成为一家杂志的编辑，后来被梁赞诺夫调到中央档案管理处。1919—1921 年，他任莫斯科革命史档案馆馆长。1922 年初，他因担任俄国社会民主工党（孟什维克）中央委员会委员而被驱逐出苏俄。

1924—1931 年，尼古拉耶夫斯基是马恩研究院驻柏林通讯员，1933 年，他被迫离开柏林前往巴黎，1936—1940 年，在那里任国际社会史研究所分所所长，1940 年，被迫流亡美国。起初，他没找到工作，设法领到了洛克菲勒基金会发放的救济金；后来他在"美国之音"和"自由欧洲"这两家广播电台任技术顾问，在哥伦比亚大学任苏联历史研究特别委员会委员，20 世纪 50 年代末任纽约美国工党档案研究所所长。尼古拉耶夫斯基在 1966 年去世之前一直是他 1963 年转交给胡佛研究所的收藏品的监管人。因此直到今天，在这些收藏品中仍然包括马克思恩格斯遗著中若干文献的副本，这些文献的原件在第二次世界大战中遗失。

尼古拉耶夫斯基在 6 年的通讯工作中是一位不可或缺的合作者。他同参与马恩遗著影印工作的所有机构和个人都保持着联系，因此得以将马恩文献全部汇集到一起；他个人负责将马恩文献从柏林运到法兰克福去影印。但这仅仅是他工作的一部分。他还走访德国的各个档案馆搜寻有关

19 世纪工人运动发展的材料。此外，他还光顾旧书店及书籍和手稿拍卖会，为莫斯科马恩研究院购买必需的书籍和文献。他从德国社会民主党图书馆的藏书里找到并甄别了1000 多部马克思和恩格斯使用过的书籍，这同样是一项精细缜密的工作。

格律恩贝格和梁赞诺夫都明白，只有拥有一支高素质的工作人员队伍才能编辑出一套科学的历史考证版。梁赞诺夫认为组建这支队伍有两种途径：一是向共产国际德国人支部求助，根据决议，德国人支部应当对《马克思恩格斯全集》的编辑工作给予支持；二是请求法兰克福社会研究所提供帮助。他决定同格律恩贝格和波洛克一起在德国为 MEGA 的编辑物色合适的青年学者。

1925 年起，他们集中精力寻找合适的学者，不仅寻找社会科学家，同时也寻找自然科学家。1925 年底，第一批未来的工作人员按时报到。他们的年龄在 26 岁到 31 岁之间（只有一位女同志年龄超过 40 岁）。这批学者在历史学、哲学和政治学等领域都有较深的造诣，而且大都掌握一门外语（英语或法语）。我在这里不想——列举这大约十个德国人的名字，只打算介绍一下历史学家汉斯·施泰因博士。他在科隆大学通过了题为《1848—1849 年的科隆工人协会》的博士论文答辩。起初，他没有得到科隆大学的聘任。所以说，MEGA 的工作给了他一次很好的机会，他参与了第 1卷的编辑工作。后来虽然由于健康方面的原因他不得不回到德国，但是直到 20 世纪 20 年代末他一直担任马恩研究院驻科隆和比利时的通讯员。最后，我要说的是，MEGA 编辑工作的启动应当感谢这些热心人。遗憾的是，他们当中有几人后来在苏联受到迫害甚至被枪决。

三、1931 年马恩研究院的"大清洗"与 1941 年以前马克思恩格斯著作在弗·阿多拉茨基领导下的编辑出版

让我们先回到梁赞诺夫的生平。1931 年 2 月 15—16 日的夜里，梁赞诺夫被捕，他在研究院院内的花园寓所遭到搜查。1931 年 3 月 1—9 日，在莫斯科审理"孟什维克反革命组织"一案。最终，梁赞诺夫被政治隔离，关进苏兹达里监狱。4 月初，他在监狱收到《布尔什维克》杂志第 5 期，马克思恩格斯列宁研究院在新任院长阿多拉茨基领导下于这一期上发表了马克思 1881 年 4 月 11 日给他的女儿燕妮的信。[1] 编者指责梁赞诺夫说，他当初隐瞒了这封信，是因为信中对考茨基进行了毫不留情的批判。1931 年 4 月 10 日，梁赞诺夫致信编辑部解释说，他是从马尔托夫的妹妹那里得到马克思的这封信的，当时曾用名誉担保暂不发表。但是，他已经不能再对编辑实践施加影响了。

随着马恩研究院的"大清洗"及其同列宁研究院的合并，一个隶属于共产党、独立性大大受到限制的机构建立

---

① 马克思 1881 年 4 月 11 日致燕妮·龙格的信，见《马克思恩格斯全集》中文第 1 版第 35 卷，第 170—175 页。

起来。前面已经提到，主要问题是贯彻斯大林特色的意识形态教条。与此相关的是人事变动，也就是说，聘用了党务工作者，其中包括德国人和奥地利人。对研究院内部的组织结构重新做了安排，各部门的分量有所调整（苏共研究处居首位）。国际关系也得到重新调整：断绝同社会民主党的一切联系，解聘国际通讯员，一直维持到 1933 年的柏林马克思恩格斯出版社不得不关门停业（幸好 MEGA 各卷次的纸样和其他财产逃脱了纳粹的魔爪，被送到了列宁格勒）。1931 年，公布了研究院的这个"新方针"，当然在筹备 1933 年的"卡尔·马克思年"期间，"新方针"也为公众获悉。共产国际关于马克思年整个活动的口号是"马克思属于我们!"。为此撰写的 35 篇论文一版就发行了 20 万册。

接着，研究院的常规工作又无法持续进行了，因为在 1937 年，"大清洗"的浪潮再次席卷马克思恩格斯列宁研究院，结果又发生了人事和组织结构的变动。几乎所有的外籍工作人员都遭到逮捕，很多人被判处"枪决"。梁赞诺夫也于 1937 年 7 月 22 日在流放地萨拉托夫被捕。1938 年 1 月 21 日，苏联最高法院军事法庭外事委员会进行了不公开审理。15 分钟后宣判：执行枪决，没收个人财产。当天，梁赞诺夫在萨拉托夫被处决。

在这里，我想再详细地介绍一下梁赞诺夫的继任者弗·维·阿多拉茨基。阿多拉茨基出身贵族家庭，1897 年起就读喀山大学，先在物理数学系，后来转读法学系，1903 年毕业。之后，他留校任教，教授俄罗斯公法，同时了解马克思主义史。1900 年他参加革命运动，1904 年任俄国社会民主工党喀山党支部书记兼宣传员，并撰写了一份调研材料《关于马克思主义的基本问题》。在此期间，他潜心研究马克思主义哲学问题，研读黑格尔、费尔巴哈的著作和自然科学，调查俄国和西欧的经济情况，研究法国大革命以来的社会主义运动史。阿多拉茨基还试图回答社会发展历史进程的规律性这个问题。

1903 年 12 月—1904 年 5 月，阿多拉茨基第一次正式以学术目的访问柏林和日内瓦，然而也试图与党的中心和欧洲社会民主党建立联系。在此期间，他第一次同卡尔·考茨基建立通信联系，后者建议他研读马克思主义文献。1905 年 2—3 月，阿多拉茨基再度访问日内瓦并结识列宁，这非常有助于他追随列宁的观点。

1905 年 12 月 13 日，阿多拉茨基在喀山被捕，1906 年 3 月被释放。之后，他被流放到阿斯特拉罕州，刑期为 3 年。根据他本人的愿望和夫人的请求，他获准到国外居留两年医治肾病。1908 年 5 月，他同家人一起住在瑞士的苏黎世和日内瓦。1908—1910 年底，阿多拉茨基再次住在喀山。1911 年 1 月初，他前往柏林，在那里拜访了考茨基，接着又去了伦敦。1911 年秋至 1912 年春，他再度住在柏林。从 1914 年夏起，阿多拉茨基再次前往德国（赖兴哈尔、慕尼黑）。第一次世界大战爆发时，他被拘留。

1918 年 9 月，阿多拉茨基才重返俄国，先是担任人民委员会罗曼诺夫（末代沙皇家族）新档案馆馆长。1919—

1920 年，他在喀山党校任教。1920 年秋起，他任人民委员会中央档案馆副馆长；他还是社会主义学院，以及 1921 年 3 月由俄共（布）中央为红色教授学院——党的最高教育机构——开课而成立的委员会的创始成员，他在该学院的哲学系和经济学系任教。

1928 年秋至 1931 年 5 月，阿多拉茨基任列宁研究院副院长，参与了列宁传记的编写和《列宁全集》的编辑工作。1928 年 9 月，他是柏林苏维埃历史学家周和奥斯陆历史学家代表大会的参加者。

梁赞诺夫被撤职后，1931 年 2 月 20 日政治局通过决议，委任阿多拉茨基为两院合并后的同时直属联共（布）中央的马克思恩格斯列宁研究院院长（至 1938 年止）。此外，1931—1936 年，他还兼任共产主义学院哲学研究所所长。

1938—1941 年和 1944—1945 年，阿多拉茨基在马恩列研究院担任主编，主要负责马克思、恩格斯和列宁著作的编辑工作。他是《德意志意识形态》《资本论》《反杜林论》《自然辩证法》《唯物主义和经验批判主义》以及《哲学笔记》这些马克思、恩格斯和列宁著作的编者和注者。他于 1945 年 6 月 5 日去世。

应当强调，阿多拉茨基工作的两个方面对马恩研究产生了重大而深远的影响。一是他千方百计地购买马克思恩格斯遗著或其中的一部分。1935 年，他是在巴黎就购买合同与社会党国际的代表进行谈判的代表团成员，这一点我在第一次讲座中已经讲过。这次谈判虽然失败，但最终通过其他途径为马恩列研究院买到了经济学手稿。

阿多拉茨基是在艰难的政治时期主持马恩列研究院的工作的。编辑出版 MEGA 的整体条件越来越差，最终正常卷次的出版也不得不停止；1935 年，出版了最后一卷即第 1 部分第 7 卷。其实，1935 年还出了一卷，即恩格斯的《反杜林论》和他的《自然辩证法》手稿，原计划这是第 1 部分第 15 卷，后改为"纪念恩格斯逝世 40 周年专卷"出版。这里还要提一下分两册出版的另一卷，即马克思的《1857—1858 年经济学手稿》。这一卷是由在马恩研究院和马恩列研究院工作多年的俄籍德国人保尔·韦勒做了几年准备才分别于 1931 年和 1941 年出版的。尽管该卷与其他卷次一样，扉页上没有署上阿多拉茨基作为编者的名字，然而他费了很多心才使韦勒得以完成这一卷的编辑工作。韦勒为辨认、编排马克思的摘录手稿做了大量努力。他的名字用金色字母镌刻在莫斯科马列主义研究院前厅的牌匾上——因为德国侵略苏联的战争刚刚爆发，他就在反抗法西斯侵略者的斗争中献出了自己的生命。然而，《1857—1858 年经济学手稿》的编辑为他树立了一座真正的丰碑。

在之前的文章中我已经以马恩列研究院编辑出版《资本论》普及版为例，说明 20 世纪 30 年代的编辑实践发生的变化。而这在某种意义上也是阿多拉茨基作为马恩列研究院院长生平的一部分。下面我想再举一个例子，说明到底是谁为马克思 1875 年对德国社会民主主义者的哥达党代表大会要讨论的纲领草案所作的"批注""发明"了《哥达纲领批判》这个标题。

大家知道,马克思在给社会民主工党领导人之一威廉·白拉克的一封书信(1875 年 5 月 5 日)里曾附上了他所说的哥达纲领草案"批注"。在这份手稿中,马克思对纲领草案的内容进行了批判,首先与当时尚存的拉萨尔主义思想观点划清界限并驳斥了所谓的共产主义要求。同时,他提出几个论点阐明将以不同的分配原则为特点的共产主义社会的"第一阶段"和"高级阶段"①。

1891 年,恩格斯在爱尔福特代表大会筹备期间于卡尔·考茨基任编辑的《新时代》上发表了"批注",他用的标题是《哥达纲领批注》。本次代表大会通过了"反社会党人非常法"废除以后德国社会民主党的首个党纲。恩格斯认为,马克思表达的思想不仅对于德国社会民主党,而且对于国际工人运动都具有重要意义。这份"批注"发表之后,就马克思阐述的思想内容是否有效的问题展开了一场讨论。恩格斯则维护这份"批注"的发表,因为它体现了"唯一正确的政策"②。

马克思的这部著作单独发表以后长期无人问津,直到 20 世纪 20 年代,由于共产主义运动中对纲领问题的辩论,对这部著作的讨论才重新活跃起来。

1933 年出版的马列主义丛书中发表了马克思、恩格斯

---

① 《马克思恩格斯文集》第 3 卷,第 434—436 页。
② 《马克思恩格斯文集》第 10 卷,第 610 页。

和列宁最重要的著作，其中《哥达纲领批判》首次以这个标题出版。这一版本除"批注"之外，还收录了马克思和恩格斯关于哥达纲领的书信、提交哥达党代会的纲领草案及大会所通过的修改，同时还做了真正的创新，设有题为《列宁论〈哥达纲领批判〉》的一栏，这栏的内容是对列宁的《国家与革命》（写于 1917 年）的摘编。编辑新加《哥达纲领批判》这个标题所依据的是列宁的一份摘录，这份摘录的俄语标题为"Kritika Gotskoj Programmy"（哥达纲领批判）。马列主义丛书的出版时间是列宁作为与马克思和恩格斯并列的经典作家的"诞生时刻"。

这个新标题是经得住考验的。到 1941 年，1933 年出版的这本书又收入了另一栏，标题是《斯大林论无产阶级专政、社会主义和共产主义以及国家在社会主义和共产主义制度下的发展道路》。这一栏占全书 156 页的 49 页，也就是说占到 1/3！同时，在封面上出现了第四位"经典作家"——斯大林。斯大林的部分虽然在 1955 年之后被删去，但是马克思的纲领批判至今沿用《哥达纲领批判》这个标题，尽管不是马克思本人或恩格斯加的。同时纲领批判依然保留了 1941 年版的旧注释，这些注释是根据斯大林批准印发的《联共（布）党史简明教程》来反映党对马列主义路线的阐释的。

四、斯大林对 MEGA 第 1 版的处理

人们往往提出这样的问题：MEGA 究竟在什么时候夭折

的？为什么会夭折？至于在什么时候夭折，现在已不能说出具体的日期，虽然在 1935—1936 年苏联发生了一些对 MEGA 的夭折具有决定性意义的事件。然而，我们不应当仅仅从马恩列研究院做出的决定中寻找原因，而应当首先从斯大林推行的与"意识形态阵地的斗争""同步"（或对斯大林提出的马列主义教条顶礼膜拜）的学术政策中去寻找 MEGA 停止出版的原因。政治及意识形态的异己力量日益遭到镇压，并在 20 世纪 30 年代后半期的"公开审判"中达到了顶峰。

上面已经提到，MEGA 终结的原因还在于纳粹掌权以后马克思和恩格斯的著作已无法在德国传播，共产党人和社会民主党人遭到迫害，而接受马克思和恩格斯的思想会有生命危险。

于是，在 MEGA 的精神领袖被逮捕和政治上受排挤以及"不受欢迎的""机会主义者、布兰德勒尔派、调和派"在马恩列研究院遭到"大清洗"之后，MEGA 的编辑工作在政治和学术上举步维艰。研究院的领导层和工作人员日益被卷入揭发检举、污蔑诽谤和阴谋诡计的旋涡，人人自危，不能持续进行 MEGA 的编辑工作。学术、编辑和意识形态宣传工作凸显出其他重点：编辑"清洗过的"列宁著作的版本、《斯大林全集》、联共（布）和共产国际的历史、马克思与恩格斯的"通俗"著作、《资本论》"普及版"和"清洗"了梁赞诺夫撰写的说明的《马克思恩格斯全集》俄文版。

参考文献

David Borisovic Rjazanov und die erste MEGA. , Hamburg 1997
(*Beiträge zur Marx-Engels-Forschung. Neue Folge. Sonderband 1*).

David Rjasanow—Marx-Engels-Forscher, *Humanist*, *Dissident*. Hrsg.
und mit einem biographischen Essay versehen von Volker Külow und Andre
Jaroslawski, Berlin 1993.

Erfolgreiche Kooperation: *Das Frankfurter Institut für Sozialforschung
und das Moskauer Marx-Engels-Institut* (*1924 – 1928*), Hamburg 2000
(*Beiträge zur Marx-Engels-Forschung. Neue Folge. Sonderband 2*).

Rolf Hecker: Rjazanovs Herausgabe der MEGA und oder vs. Marxis-
mus-Leninismus. In: *Der sich selbst entfremdete und wiedergefundene Marx*,
hrsg. von Helmut Lethen u. a. , München 2010, S. 131 – 141.

V. V. Krylov: D. B. Rjazanov und B. I. Nikolaevskij. In: *David Borisov-
ic Rjazanov und die erste MEGA.* , Hamburg 1997 (*Beiträge zur Marx-En-
gels-Forschung. Neue Folge. Sonderband 1*), S. 49 – 53.

Götz Langkau: Kritik des Gothaer Programms? Bibliographische Beobacht-
ungen zur Fernwirkung einer ideologischen Weichenstellung. In: *Das
Spätwerk von Friedrich Engels. Zur Edition in der Marx-Engels-Gesamtaus-
gabe*, Hrsg. und Red. : Carl-Erich Vollgraf, Richard Sperl und Rolf Hec-
ker, Hamburg 2008 (*Beiträge zur Marx-Engels-Forschung: Neue Folge
2008*), S. 60 – 93.

Vladimir Gavrilovic Mosolov: *IMEL—citadel' partijnoj ortodoksii*: *iz is-
torii Instituta marksizma-leninizma pri CK KPSS*, *1921 – 1956*, Moskva
2010.

Stalinismus und das Ende der ersten Marx-Engels-Gesamtausgabe (*1931 – 1941*) , Hamburg 2001 (*Beiträge zur Marx-Engels-Forschung. Neue Folge. Sonderband 3*).

《马克思恩格斯著作集》（MEW）作为学习研究版的出版以及编辑出版历史考证版第 2 版的必要性[*]

一、苏联在编辑出版马克思恩格斯著作方面的遗产

1945 年，随着第二次世界大战的结束和苏联在德国占

* 本文是黑克尔教授 2010 年在中央编译局所做 "马克思恩格斯遗著的历史、出版和接受" 系列报告的第四讲，金建译，蒋仁祥校，中译文发表于《国外理论动态》2011 年第 1 期。本文中的《马克思恩格斯著作集》，系德文 Marx-Engels-Werke 的字面意思，缩写为 MEW，通译《马克思恩格斯全集》德文版。但因本文会将该版与真正的《马克思恩格斯全集》（Marx-Engels-Gesamtausgabe，MEGA）相比较，为避免语义混乱，本文将 MEW 译作《马克思恩格斯著作集》。至于《马克思恩格斯全集》俄文版（Sočinenija）、英文版（collected works）等，按其字面意思，也是《马克思恩格斯著作集》，但因基本不涉及与历史考证版相对比，本文一般仍将它们译作《马克思恩格斯全集》俄文版、英文版。

领区的建立，在苏联和苏占区/民主德国有了重新出版马克思和恩格斯著作和文章的机会。MEGA 第 1 版在 20 世纪 30 年代被迫中断，《马克思恩格斯全集》俄文版（Sočinenija）第 1 版一直没有完成，此时，莫斯科能够以新的力量开始实现已有的编纂《马克思恩格斯全集》俄文第 2 版的设想。同时，苏联的势力范围在德国东部的扩展使得有可能在马克思和恩格斯的祖国用他们的母语传播他们的著作。马克思恩格斯的著述是马克思列宁主义意识形态的重要组成部分，理应在苏占区（民主德国）作为德国共产党（德国统一社会党）的助手，为建设一个崭新的、反法西斯的、民主的社会制度服务。

在处理苏联在编辑马恩著作方面留下的遗产时，应考虑到总的政治形势，以及苏联驻德军管局的组织结构。在苏联驻德军管局的机构中，宣传部（情报部）对于政治文献的出版具有特别重要的意义。苏联驻德军管局出版社（SWA-Verlag）于 1945 年 9 月成立。到 1946 年 3 月，该出版社出版了 650 万册《联共（布）党史简明教程》和 400 万册列宁和斯大林的著作。该出版社在苏占区拥有 150 家印刷厂。此外，出版社主要面向苏联国内市场，比如，1947 年出版的 8700 万册书中，单单用赔款出版的俄语教材就达 6350 万册。直到 1949 年春，马列文献在该社的出版才受到限制，德国统一社会党直接受托负责出版。

马克思和恩格斯的著作，首先是《共产党宣言》《哥达纲领批判》《雇佣劳动与资本》和《社会主义从空想到科学的发展》，在截至 1946 年春的一年之内，由不同的出版社（比如柏林新道路出版股份有限公司）出版，总印数达 200 多万册，在德国广为传播。

1946 年 6 月 18 日，受德国统一社会党委托，狄茨出版社宣告成立。1951—1990 年，德国统一社会党中央有权在狄茨出版社出版的框架内进行出版活动。狄茨出版社以莫斯科马克思恩格斯列宁研究院 20 世纪 30 年代出版的著作为蓝本出版一些马克思恩格斯著作。其中包括《资本论》（根据 1932 年、1933 年的"普及版"再版，删去了前言，未做其他改动）、两卷本的《马克思恩格斯选集》和四卷本的《马克思恩格斯通信集》，这些著作都是在 1947—1948 年出版的。此外，还再版了 MEGA[1] 的三卷，即 1932 年出版的包含恩格斯的《英国工人阶级状况》的第 1 部分第 4 卷（1947）、1935 年出版的《反杜林论》（1948）和 1939—1941 年第一次发表的《政治经济学批判大纲》（1953）。

在马克思恩格斯最重要的著作出版或者准备付印以后，从 1948 年开始，有一个问题日益凸显：为了进一步开发利用马恩著作、传播马列主义，如何在苏占区出版那些已有俄文版而尚未有德文版的文集和著作。在这个问题上，一方面存在权限之争，另一方面存在究竟能否向柏林送交相应材料的问题。在通常情况下，这样的出版问题必须由政治最高层来回答。通常由莫斯科马恩列研究院先根据要求准备好马恩著作文本，同时再次进行辨认，做必要的校勘，然后才将文本寄往柏林。手稿不能为此目的而复印。所有索要的文件都经过选择，然后在中央主管部门允许后才能寄出。

此时，莫斯科苏共中央马恩列斯研究院（后来的马列主义研究院）已开始具体准备第二个俄文版的《马恩全集》。早在第二次世界大战之前，研究院就已经发现，第 1 版存在明显不足，特别是在将文本翻译成俄文时存在不少误译和错漏。另外在文本选择和按时间顺序编排材料上也存在不足。但是，当时人们还无法开始编纂新的版本。1945 年，马恩列研究院制定了新版本的第一个编目说明，开始了各卷次的具体准备工作。结果表明，计划需要进一步细化；1952 年，又制定了一个长达 300 页的编目说明向公众发布，计划出版 35 卷。第 1 卷于 1954 年出版以前，试编本在马克思恩格斯室（Marx-Engels-Sektor）范围内进行了讨论。但当时人们就发现了这样一个问题：在前几卷中有一些重要手稿没有收入，比如《1844 年经济学哲学手稿》。因此，人们决定出版一个单行本，收入"早期著作"，少量发行。此外，有些卷次的篇幅越来越大，因此，有必要将这个版本扩充为 39 卷。整个版本收入大约 1600 篇著作和 4000 封书信，一共 1500 个印张。与第一个俄文版相比，新版多收的著作超过 400 篇，多收的书信超过 600 封。1966 年该版完成后，又决定出补卷，于是该版到 20 世纪 80 年代末共出了 50 卷。

《马克思恩格斯室学术通报》（*Wissenschaftliches Bulletin des Marx-Engels-Sektors*）自 1958 年起出版，这对第 2 版的工

作具有重大的意义。通报中发表的很多资料，阐明了第 2 版的具体编辑过程以及产生的问题。多篇文章则陈述了某些卷次在编辑过程中取得的研究成果。

二、民主德国为《马克思恩格斯著作集》所做的准备工作

1947 年 12 月 29 日，德国统一社会党中央书记处决定在柏林成立一个旨在研究社会主义理论和历史的"科学社会主义研究机构"，直属党的执行委员会。根据政治局的进一步决定，"马克思恩格斯列宁研究院"于 1949 年 9 月 1 日开始工作。1953 年斯大林去世后该院的名称中又加上了"斯大林"；1956 年苏共二十大后该院改名为德国统一社会党中央马列主义研究院，当时只有不到 60 名工作人员，其中 16 名是研究人员和翻译。该院的主要任务是"编辑出版马列主义经典作家的著作和德国革命工人运动的伟大领袖的著作"。

研究院计划首先设立两个主要部门：一个研究部和一个编辑部。编辑部的"任务是用德语编辑出版马克思、恩格斯、列宁和斯大林的著作，编辑出版马列主义经典作家的研究传记、图书目录、文集和专题论著，出版研究院的丛书和杂志"。该部计划安排 12 名工作人员。1949 年 9 月 20 日，研究院院长向德国统一社会党中央书记处汇报了工作状况。关于马克思恩格斯著作的编辑，他写道：

没有受过专门训练的人员，就无法开展这项工作。……要编辑马克思恩格斯的著作，就必须有精通俄语的同志，以便有可能充分利用莫斯科研究院的工作成果。……编辑全集的第一个前提条件，就是必须有一份29卷本的俄文版全集①收了哪些文献的详细目录。这样一份详细目录将会编制出来。在此基础上，决定全集按什么样的顺序出版。因为这是一项需要几年的工作，所以首先应当发表那些对德国读者特别重要而目前又无法得到的著作。②

因此，首先只应当编辑两卷本的选集和编辑出版《马克思恩格斯论德国和普鲁士历史》的文集。

1953年初，柏林马恩列研究院才成立了马克思恩格斯部（Marx-Engels-Abteilung）。马恩部的成立同德国统一社会党中央关于编辑出版《马恩著作集》的决定密切相关。比如，1954年的工作计划中写道："编辑出版（马克思恩格斯的）重要的单篇著作是对党的总体工作的支持，同时也是出版《全集》（*Gesammelte Werke*）的准备工作的一部分。"准备工作之一是成立"马克思恩格斯资料室"（Marx-Engels-Kabinett），它的任务是收集和保存马克思恩格斯的全部著作和初版，以及全部手稿、书信等的影印件和利用这些

---

① 即俄文第1版。

② 德国档案馆民主德国党和群众组织基金档案（SAPMO），标号：DY 30/IV 2/9.07，Nr.19。

文献的卡片索引。

德国统一社会党中央做出的关于编辑出版《马克思恩格斯著作集》的决定以及准备工作的开始，使得柏林和莫斯科的两个研究院之间的关系不断深化，当然，柏林研究院依然是求助者。只是在研究院领导层面的交往向莫斯科的马恩室和柏林的马恩部转移以后，才开始一些建设性的合作。

1956 年 5 月 15 日，柏林研究院院长向德国统一社会党中央委员会分管书记呈送了一份 12 页的关于马克思恩格斯著作各卷（Marx/Engels-Bänden）的编辑情况的报告，其中谈到该版的性质时说：

> 新版的《马克思恩格斯著作集》（*Marx Engels Werke*）预计出版 30 卷（约 35 册）。这一版是普及版，不包括马克思恩格斯的全部著作。例如，不收入一些早期著作……

关于编辑现状是这么说的："目前我们正在编纂前三卷……和《剩余价值理论》的第 1 册。"谈到编辑工作时报告说：

> 为了完成马克思恩格斯著作各卷的最终付印，要做一系列的重要的前期工作。……1. 核查以前所有的德文版本（单行本）；2. 核查各卷中出现的全部史实和日期；3. 全部引文同有关原始文献进行核对；4. 如果是

译自其他语言的译文，还需同原始文字进行核对；5. 可能还要重新编写适合德语读者的注释；6. 对例如拉丁文用语做脚注；7. 资料工作：核查人名、年代和史实。

报告特别强调引进高学历人才的重要性，因为在总计12 名工作人员中，只有 2 位高学历人才、3 位中级学历人才。因此，要求"引导高素质的大学生参与我们马恩部今后的工作"，可以让他们先实习，然后朝这个方向发展。

1957 年 5 月 25 日，马恩部确定了《马克思恩格斯著作编辑准则》（7 页）和《卡片索引制作准则》。所有这些工作都是为了增强整个版本的统一性。1956 年，还就未来的新《马恩全集》第一次交换了意见。《马克思恩格斯著作集》的进展很快需要加强资料交流，这终于导致双方的学者开始互访，并且从 1960 年起，柏林的同行可以现场对《马恩著作集》所必需的存放在莫斯科马列主义研究院的文件、资料、手稿、书信和编辑资料进行拍照。

在筹备《马克思恩格斯著作集》期间，1953 年，还有一件重要的政治事件——根据党的决议，这一年是民主德国的"马克思年"。于是在上半年举办了很多纪念马克思的会议、展览和其他活动（此外开姆尼茨市还改名为卡尔·马克思城）。马恩部除了单行本，还准备了第一本卡尔·马克思画传。

三、《马克思恩格斯著作集》的性质

从 1956 年到 1968 年，《马克思恩格斯著作集》39 卷陆续出版。在纪念马克思诞辰 150 周年之际，给德国统一社会党中央第一书记、民主德国国务委员会主席瓦尔特·乌布利希呈送了最后一卷。我们始终应当看到《马克思恩格斯著作集》出版的政治和意识形态背景。因此，要谈《马克思恩格斯著作集》的性质，就必须明确说明，它是由德国统一社会党中央马列主义研究院编辑、党的出版社出版的，而且明显是以苏共中央马列主义研究院编辑的俄文第 2 版为基础的。这一事实基本决定了整个版本的编辑框架及其与党的意识形态工作在功能上发生直接关联的政治目标，① 其关联甚至比后来发生的事实表现得更加直接、更加明显。

可见，党的领导给这个著作集版本安排了重要的政治意识形态的功能，但是它并没有实现预期的目标。因为这部《马克思恩格斯著作集》与其说是按照发起人的意思，不如说是按照该版所编辑文本的作者的意思发挥作用。这个第一次依照其全部多样性来编纂的马克思恩格斯生平著述不仅被断章取义地为官方的互相引用的学术团伙服务，同时也是为那些试图突破对正统马列主义框架的依赖的人，或者非正统的马克思主义者、民主社会主义者等主张其他观点的人所使用的"违禁品"。独裁统治的合法性努力因而

---

① "彻底研读马克思和恩格斯的著作有助于清除工作中的不良现象和陈腐观点，加强对反动的资产阶级意识形态的思想攻势，通过自己创造性的业绩有助于马克思列宁主义的继续前进。……《马克思恩格斯著作集》将为提高德国工人阶级觉悟、形成劳动人民的社会主义意识和他们在无产阶级国际主义精神指引下的教育，做出重大的贡献。"（《马克思恩格斯著作集》1956 年柏林版第 1 卷，第 10 页。）

遭到了马克思恩格斯很多文字材料的挑战，因为这些文字材料的中心思想是人的自由和尊严。

《马克思恩格斯著作集》的设计既不是历史考证版（historisch-kritische Edition），也不是全集（Gesamtausgabe）。按它的性质应当是学习研究版（Studienausgabe），是作为具有代表性的文集（Werksammlung）设计的，其中并没有收入马克思恩格斯的全部作品。完整性原则只适用于全集版，而学习研究版几乎都是有所选择的。按照计划，《马恩著作集》收入完成的、马克思恩格斯生前发表的著作和文章，同时选收一些手稿。此外，计划收入马恩的全部书信。这一计划在很大程度上实现了。有些已出版著作没有收入——这是由于参照俄文版的缘故——这里主要是指早期著作（后来出版两卷补卷作为弥补）和反对沙皇独裁及其外交政策的著作，比如《十八世纪外交史内幕》和刊登在《新莱茵报》上关于1849年镇压匈牙利革命的文章。不言而喻，从当时对马克思恩格斯遗留下来的手稿如何选择上可以看出意识形态方面的原因。撇开这个方面，应当说它相当完整了。

四、《马克思恩格斯著作集》的编辑原则

《马克思恩格斯著作集》收入1700篇著作（其中许多是当时不为人知或没有发表过的文章）和4170封书信（首次全部收录当时已知的马克思恩格斯给其他人的所有书信，其中1/3是首次译成德文）。著作集第一部分包括第1—22

卷，收入 1839—1895 年的著作和文章；第二部分包括第 23—26 卷，收入马克思的巨著《资本论》以及《剩余价值理论》；第三部分包括第 27—39 卷，收入马克思恩格斯 1842—1895 年的书信。从第 40 卷开始，陆续出版补卷，以完善全集。

可靠地再现作者的真实文本是每一个版本的中心任务及其主要的质量标准。这就是一个版本具有持久价值的原因。至于《马恩著作集》德文版，可以肯定，为了实现可靠的、符合现代要求的原文再现，考虑得非常周密。对德文原始文本进行了考证性审读，依据学习研究版通行的编辑方法对正字法和标点符号谨慎地加以现代化和规范化。对已经辨认的手稿进行了核查，发现一些更好的解读。重印的文本和其他版本之间的重大差异在脚注中予以注明。尽管没有规定阐明手稿内部的成文过程，但是手稿中的重大改动（特别是较大的删除）也在脚注中说明。正如随着学术编辑的进步而不可避免的那样，《马克思恩格斯全集》历史考证版第 2 版（MEGA²）在文本再次进行考证性编辑时，较之《马克思恩格斯著作集》，一些文字得到了改善，辨认更准确，同时也订正了原来被忽视的印刷和拼写错误，但依然需要强调指出，在《马克思恩格斯著作集》所呈现的文本中没有出现以政治意识形态为动机的删减或意思改动。《马克思恩格斯著作集》收入的文本将近 2/3 是德文原文，这使它与很大程度上以译文为主的其他语种的著作集相比具有特殊的价值。

至于那些原文是其他语言的文章（大约占所收文本的40%，10 000多页）的翻译，其内容和语言方面的正确性是可以确认的，并且译文在很大程度上非常接近19世纪的语言习惯，特别是非常接近马克思恩格斯的风格和用词习惯。这一点一查就可以知道，因为在有些卷次，译文和德语原文经常交错在一起，所以如果有选词和文体上的差异就会一目了然。特别是在书信卷中，翻译质量非常高。

除此之外，《马克思恩格斯著作集》德文版还提供了对于学习研究版来说非常全面的、针对读者的广泛兴趣而设置的资料，包括前言、注释、马恩生平事业年表（第1—22卷）以及有助于理解原文的文献索引、人名索引和其他索引。有些卷次的名目索引起初并没有安排，但是在第20卷（《反杜林论》和《自然辩证法》）和《资本论》卷次（第23—26卷）的编辑过程中添加了单独的名目索引，第39卷编制了对所有书信卷（第27—39卷）的丰富而实用的索引。1990年，最后还出版了第1—39卷的综合名目索引，撇开基本的马列主义术语不说，这部索引是非常实用的理解工具。

与正确再现原文不同的是评注性的参考资料，它们大多是从俄文第2版翻译过来的，很大部分是由政治领导所持的意识形态立场决定的。特别是前言，强调对马克思和恩格斯的言论从现实政治意识形态的角度加以阐释。对内容丰富的30 000多条注释资料可以做出不同的评价。它虽然包含很多关于文本各处的富有价值的事实信息和解读，但是，还要注意的是，对事实的陈述和对事实的评价通常并没有分开。马恩生平事业年表和人名索引中的倾向性评论也是如此。《马克思恩格斯著作集》的附属资料在很大程度上缺失的是对原文历史本身和它们当时的成文情况的说明，因为这种"历史化"可能意味着对"经典作家学说"总是假定具有的"现实性和普遍有效性"的限制。

五、《马克思恩格斯著作集》在全世界的传播

《马克思恩格斯著作集》是世界范围内得到肯定的学习研究版。到1989年，41卷书在民主德国平均印了四五次，每卷印数都是60 000～80 000册（总计300多万册）。该版不仅被图书馆和研究机构收藏，而且还摆上了许多私人书架。它是收录马恩著作和书信最全的德文版，在过去和现在都是马恩著作单行本和文集编纂的文本基础，虽然《马克思恩格斯全集》历史考证版的编者对此并不乐见。《马克思恩格斯著作集》可以在网上下载，在很多时事评论、学术著作、文章、传记、博士论文等中是引用和文本阐释的基础，如果相关著作在《马恩全集》历史考证版中尚未发表，那无一例外都使用这个版本。这种情况还要持续一段时间。

《马克思恩格斯著作集》各卷还输往大约30个国家。以1963年的出口数为例：第20卷，向31个国家出口1532册；第21卷，向32个国家出口1409册；第27卷，向27个国家出口1567册。出口分布情况如下：社会主义国家占

26%，联邦德国占 24%，资本主义国家占 50%。[①]

如上所述，《马克思恩格斯著作集》德文版和俄文第 2 版有着紧密的联系。《马克思恩格斯全集》俄文版不仅被视为德文版的范本，而且在其他国家也被选作翻译的基础，比如中文第 1 版。而且莫斯科进步出版社出版的英文版的评注也建立在俄文版的基础上。由于《马克思恩格斯著作集》德文版的重要性不断增强，外国出版社逐渐选择该版作为文本的基础。于是就产生了法文译本、意大利文译本、西班牙文译本、日文译本和其他一些外文（波兰文、捷克文、匈牙利文等）译本。

有意思的是，有些外国译本直到 1990 年都没有完成俄文版在二十世纪七八十年代出版的补卷（第 40—50 卷）的翻译；起初《马克思恩格斯著作集》德文版也是这种情况，直到 20 世纪 70 年代末才决定出版几卷补卷，并根据已经出版的《马克思恩格斯全集》历史考证版卷次重编《马克思恩格斯著作集》早期的卷次。所以，补卷的第一册作为第 40 卷出版，《大纲》根据《马克思恩格斯全集》历史考证版第 2 部分第 1 卷作为第 42 卷出版，1990 年还出版了第 43 卷，内容是 1861—1863 年手稿的头几个笔记本。此外，"依据代表马恩研究最新水平的《马克思恩格斯全集》历史考证版，修订现有的《马克思恩格斯著作集》，是必要的，也是可能的"（《马克思恩格斯著作集》第 7 卷，1982 年第 8 次修订版第 XXII—XXIII 页）。因此，重新审阅了第 1 卷和

---

① 1964 年 4 月 8 日关于马克思恩格斯著作编辑状况的信息。SAP-MO，Sign. DY30/IVA2/9.07，Nr. 11。

第 7 卷的原文和注释，分别于 1981、1982 年出版了修订版。柏林马列主义研究院马克思恩格斯部开始的这项任务所秉持的想法是，使《马克思恩格斯著作集》德文版作为学习研究版体现现有的研究水平。

2006 年，卡尔·狄茨出版社又重新考虑了这一想法，在我的主持下，协同罗莎·卢森堡基金会和马克思恩格斯研究者一起启动了"重编《马克思恩格斯著作集》"项目。先是出版了已经重编的第 1 卷，撰写了新的前言，介绍《马克思恩格斯著作集》的历史形成条件以及作为学习研究版的作用。然后出版第 41 卷，即补卷第 2 卷。但是原文必须重排，因为通过与 MEGA 的对照发现了很多错误。在这个过程中，我们要竭力保持页码尽可能不变，以保证其可引证性。这一卷和接下来的第 8 卷附录中的注释是全部重写的。目前，我正在准备新版的第 13 卷。另外已考虑接着第 43 卷编辑第 44 卷，收入 1861—1863 年经济学手稿的其他笔记本。但由于受资金和人员方面的限制，目前只能先放一边，尽管已经考虑重编第 20 卷和第 3 卷。

不过，在其他国家，从 20 世纪 90 年代到不久以前，也有人倡议补充或重启已有的马恩著作集版本。比如《马克思恩格斯全集》英文版，其出版由纽约一家出版社接手继续推进，现已全部出齐。意大利有两家出版社也在努力补齐意大利文版。最近几年，恩格斯在马克思逝世后的书信首次以意大利文完整出版。MEGA 第 2 部分中从前未发表的文本也已翻译成意大利文，其法文和日文的翻译也是如此。法国的马克思恩格斯研究者想走另一条路。他们已经启动

《马克思恩格斯大典》（*Grande édition Marx Engels*，GÉME）的项目。《当代马克思》杂志 2007 年在巴黎举办的大会上，《马克思恩格斯大典》编辑协会主席伊莎贝拉·加洛通报了该项目。按照计划，马克思恩格斯原文的翻译要进行审核或重译，然后在网上提供完整的电子版。我希望，通过这些例子可以说明，《马克思恩格斯著作集》德文版绝对不是"死狗"。

六、第二个《马克思恩格斯全集》历史考证版在党的委托和学术编辑的双重作用下产生

重新出版第二个、新的 MEGA 的想法早在第二次世界大战之后就有人提出了。虽然已经有很长时间不再有人记得第一个 MEGA 的精神领袖达维德·梁赞诺夫，但老专家们对第一个 MEGA 的卷次还是非常熟悉。因此，正如我已经提到的，战后马上重印收入恩格斯《英国工人阶级状况》的第 4 卷，就不足为奇了。在 1953 年卡尔·马克思年再版的 1939—1941 年的《大纲》以及其他一些著作也可算在其中。尽管第二个 MEGA 直到 1975 年才开始出版，但早在 20 年前就已经考虑过出版这样一个版本的可能性。令人吃惊的是，俄国和德国的马克思恩格斯研究者讨论 MEGA 的时候，《马恩著作集》的编辑出版工作还没有开始。因此，我要简要地谈一下第二个 MEGA 形成史的几个侧面。

我在上面已经说过，在《马克思恩格斯著作集》编辑出版以前，柏林的马恩部曾经讨论过计划中的马克思恩格

斯著述集的版本性质问题。1954年，有人认为，讨论的结果存在三种可能性：一是出版以俄文第1版为基础的"普及版"；二是出版"以《马克思恩格斯全集》历史考证版为模板"的学术考证版；三是出版篇幅不同于《马克思恩格斯全集》历史考证版的学术版。但是"普及版"显然是"不够的"，而出版完整的MEGA，又不得不考虑到人手和能力的不足。因此，决定集中精力搞一个大约40卷的学术版。然而独立设计一个版本还不能设想，因而决定以俄文第2版为基础。

莫斯科方面也反复讨论过这个问题，能否在出版俄文版的同时开始启动MEGA第2版。这就不仅要同德国的党合作，而且还要同英国的党和法国的党合作。1956年苏共二十大上斯大林的个人崇拜遭到批评，会后呼声不断，对俄文第2版已经出版的卷次提出批评，批评其选文标准。在民主德国也有人撰文批评刚刚出版的《马克思恩格斯著作集》德文版第1卷，因为马克思的一些重要的早期著作没有收入。可见，当时的情况就已表明，只有出版一个收录所有著作、文章、手稿、摘录和书信的全集版，才能解决主观的、由党决定的选文标准问题。

1957年，在莫斯科和柏林先后重新出现了有关重启一个MEGA问题的讨论，在讨论中人们认为，现有的MEGA第1版的卷次可以修订再版。但是人们不得不面对现实：在柏林的马克思恩格斯部，当时只有12个工作人员，其中大部分都没有大学毕业文凭，更别提博士毕业了。而且，这个版本的结构应该如何编排，需要有哪些附录资料，都完全不清楚。虽然当时的负责人继续努力为开始编辑这样的版本创造条件，但是党委领导最终未能做出相应的决议。

直到 20 世纪 60 年代初，当人们正在思考柏林的马克思恩格斯部的发展前景时，才又重新迎来了关于 MEGA 事宜的讨论。出版这样一个版本的倡议权就转到了柏林马列主义研究院。这在政治上也是可以理解的：苏联共产党认为，他们的意识形态工作重点是列宁著作的开发和使用；而民主德国统一社会党的意识形态工作则是加强对马克思恩格斯著作的研究。所以柏林马列主义研究院也应成为研究和编辑机构，也就是说，以学术干部强院。1962 年，当德国统一社会党政治局做出关于研究院未来任务的决议时，明确提到了要为出版马克思恩格斯著作的学术版做准备。

我不想具体探讨很多中间环节，这是瓦尔特·乌布利希和尼基塔·赫鲁晓夫之间进行最高级别的通信交流所必不可少的。从此，柏林马列主义研究院关于 MEGA 的讨论恢复了。大家知道，这个版本应当以不同于其他著作集版本的编辑原则为基础，必须考虑到编辑科学和实践的最新认识水平。因此问题在于，新的 MEGA 能否达到新的编辑水准。首先是版本的完整性原则，然后是按年代顺序编排和材料分为 4 个部分的原则，以及原先的正字法和用语习惯的转换原则。我将在下一讲讲述更多的编辑细节及其意义。我只想提一下，对于这些考虑不无重要性的是科学院在出版歌德全集时所使用的编辑方案。

我想就此结束。1964 年夏秋，柏林马列主义研究院为

MEGA 第 2 版所做的紧张的准备工作又是无疾而终，因为苏共上级机构不给在莫斯科马列主义研究院开展相应的正式准备工作开"绿灯"。然而，可以达成一致的是，组建一个共同的、双边的编辑委员会，它的第一次会议于 1965 年 10 月在莫斯科召开。

参考文献

Die Marx-Engels-Werkausgaben in der UdSSR und DDR（1945 – 1968），Hamburg 2006（*Beiträge zur Marx-Engels-Forschung. Neue Folge. Sonderband 5*）.

Rolf Dlubek：Frühe Initiativen zur Vorbereitung einer neuen MEGA（1955 – 1958）. In：*Beiträge zur Marx-Engels-Forschung. Neue Folge 1992*，S. 43 – 55.

Rolf Dlubek：Tatsachen und Dokumente aus einem unbekannten Abschnitt der Vorgeschichte der MEGA（1961 – 1965）. In：*Beiträge zur Marx-Engels-Forschung. Neue Folge* 1，S. 41 – 63.

Rolf Dlubek：Die Entstehung der zweiten Marx-Engels-Gesamtausgabe im Spannungsfeld von legitimatorischem Anspruch und editorischer Sorgfalt. In：*MEGA-Studien 1/1994*，S. 60 – 106.

Richard Sperl：Marx-Engels-Editionen. In：*Editionen zu deutschsprachigen Autoren als Spiegel der Editionsgeschichte*. Hrsg. von Rüdiger Nutt-Kofoth und Bodo Plachta. Tübingen：Marx Niemeyer Verl.，2005. S. 329 – 360（Bausteine zur Geschichte der Edition. Bd. 2）.

Sperl，Richard，Rolf Hecker：Vorwort. In：*MEW 1*，14. Auflage，Berlin 2006，S. IX – XXIV.

《马克思恩格斯全集》历史考证版第2版和国际合作*

一、开场白

今天我要谈的《马克思恩格斯全集》历史考证版第2版（MEGA²），从1883年至1968年有着长达85年的前史。MEGA²并不是凭空出现的，在它之前有过各种编辑计划。我在过去的几次讲座中详细介绍了这些编辑计划。我想再次提醒大家注意，恩格斯早在1895年就表达过这样的想法："把马克思和我的小文章以全集形式重新献给读者。"① 恩格斯通

---

　　* 本文是黑克尔教授2010年在中央编译局所做"马克思恩格斯遗著的历史、出版和接受"系列报告的第五讲，张红山译，蒋仁祥校，中译文发表于《国外理论动态》2011年第2期。
　　① 恩格斯1895年4月15日致理查·费舍的信，见《马克思恩格斯文集》第10卷，第702页。

过编辑《资本论》第 2 卷和第 3 卷以及马克思的其他著作，为马克思思想的传播做出了重要贡献。恩格斯逝世后，德国社会民主党就全集的编辑进行了讨论；一些马克思的遗著首次被发表，比如卡尔·考茨基编辑出版的《剩余价值理论》、奥·倍倍尔和爱·伯恩施坦编辑出版的《马克思和恩格斯通信集》。这都是为保存和发掘文献遗产采取的重要步骤。直到 1917 年俄国革命之后，并且由于达维德·梁赞诺夫的伟大创举，《马克思恩格斯全集》第 1 个德文版即 MEGA 第 1 版的编辑才得以与俄文第 1 版同时启动。这个任务要求对保存下来的全部遗著包括手稿、书信、笔记本还有正式出版的文献资料进行系统的收集、整理、编目和照相复制。莫斯科马克思恩格斯研究院通过与法兰克福社会研究所合作，并且在德国社会民主党档案馆的支持下，承担了这个任务。日益依靠镇压手段来实施的斯大林主义不仅导致斯大林排挤梁赞诺夫，而且导致 MEGA 第 1 版的夭折（一共只出版了 13 卷）。1933 年纳粹党在德国攫取政权和第二次世界大战的爆发，使得马克思主义文献在德国的出版和传播已经没有可能。

在这里我还想提醒大家注意的是，直到这场毁灭性战争结束，马克思和恩格斯的著作才得以重新出版和传播。以新出版的《马克思恩格斯全集》俄文第 2 版为基础，民主德国出版了德文版（MEW），欧洲许多国家以及中国出版了相应的译本。民主德国这个学习研究版无论过去还是现在都可以说是非常成功的，但没有完整收入保存下来的遗著。尽管梁赞诺夫的 MEGA 计划在斯大林逝世后的"解冻"时期又得到了莫斯科和柏林的考虑，但直到 20 世纪 60 年代，冲破对历史考证版持怀疑态度的党内高层的阻力以后，完整并按原文发表马克思和恩格斯的文献遗著、附有详细注释并且用现代方法描述成文过程的 MEGA 第 2 版的计划才得以落实。

二、MEGA 第 2 版的试编本和编辑准则

在上一次讲座中我最后曾提到，MEGA 第 2 版的开端是以双边编辑委员会（由莫斯科的苏共中央马列主义研究院和柏林的德国统一社会党中央马列主义研究院的负责同志组成）第一次会议的召开为标志的。《马克思恩格斯全集》俄文第 2 版和德文版的出版即将结束，需要对未来进行规划。一方面，全集的出版很成功；另一方面，必须总结编辑工作中的不足和缺陷。应该着手编辑一个能够承接 MEGA 第 1 版，同时又要符合国际编辑科学新标准的新版本。

事情很快就清楚了，将来的版本在结构上要借鉴 MEGA 第 1 版，而且要增设 20 世纪 30 年代中期就讨论过的第 4 部分。因此 MEGA 将分成 4 个部分：第 1 部分为著作、文章和草稿；第 2 部分为《资本论》及其准备材料；第 3 部分为书信；第 4 部分为摘录、笔记和批注。为了做好编辑的准备工作，应该制定一个统一的编辑准则并从 4 个部分中抽取

试编样稿，合成一卷出版，以供讨论。1972 年，在这个试编本中介绍的新 MEGA 的编辑准则遵循创新的编辑计划，并得到了国际上专业人士的积极评价。

MEGA 第 2 版的编辑原则

《马克思恩格斯全集》历史考证版（无论在 1993 年调整版本的结构并修订编辑准则之前，还是之后）是完整收入马克思和恩格斯的著作、遗留的手稿（草稿）和书信的历史考证性版本。MEGA 有 4 个基本标准使之不同于《马克思恩格斯全集》德文版这样的学习研究本。

1. 完整性

这个版本第一次完整地发表马克思和恩格斯的文献遗产（只要是保存下来的并可以为学术界所使用的）。众所周知，马克思和恩格斯的一些书信、部分手稿和个人藏书下落不明或者无法找到，或者在私人手中。除了大家已知道的著作、文章和书信（大约 10 000 封第三者写给他们的书信也是首次发表），还有一系列迄今未发表过或新发现的文章。此外，通过对作者身份的分析，还在大量文本上证实或排除了马克思或恩格斯的作者身份，这样，著作这个概念就更明确了。除此之外还要出版全部手稿、草稿、笔记和摘录。

2. 忠实于原文

在 MEGA 中全部文字都用写作时所用的语言发表。这就为研究词汇和概念体系、澄清术语的历史起源问题提供了基础。原文的发表以原始的手稿或刊印稿为基础，忠实于保存下来的作者认可的稿本。未完成的手稿按作者遗留下来的写作状态发表。考证性的文字修改是为了消除明显的错误，这项工作进行得非常谨慎，并详细说明理由。

3. 成文过程的描述

借助于现代编辑方法，MEGA 完整、概要地记录从最初的思想梗概到最终定稿的成文过程：首先是在正文部分，根据手稿或初版完整再现单个著作。学术附录中的异文索引展示手稿和刊印稿的经作者认可的整个成文过程，因此可以看到一部著作的每一个稿本，而且还能从宏观上概览成文的全貌。这样就可以看到两位作者一直以来很神秘的工作方式。

4. 详细的评注

在发表原文的同时附加大量学术注释，这些评注发表在篇幅巨大、单独装订的资料卷中。资料卷对编者的工作做出解释，并提供学术使用所必要的前言：开篇是前言（1992 年以前放在正文卷前面），介绍所发表的原文内容并从学术史的角度介绍写作背景。接着是对每部著作的成文史和流传史的描述，其中包括证明作者的身份、论证写作日期以及详细描述保存下来的手稿和经作者认可的刊印稿。此后是展示成文过程的异文表和介绍对保存下来的原文进行编辑处理的校勘表。注释部分提供学术使用者需要的名词解释、文章内的互见和文献参考材料。每一卷都有内容丰富的资料索引（人名索引、文献索引和名目索引，第3部分新出的卷次取消了名目索引）。

三、1975—1990 年的 MEGA 第 2 版

上面提到的试编本获得积极的反响之后，MEGA 最初几卷就可以完成了。1973 年 11 月，MEGA 最初几卷书稿被送交狄茨出版社付印。所有卷次都是由在印制高质量图书方面具有丰富经验的国际印刷公司莱比锡印刷所承印的，而且还选择了一种特殊的、抗老化的纸张。此外，莱比锡的字体设计专家阿尔伯特·卡普尔还为 MEGA 设计了一种特殊字体。最初两卷（第 1 部分第 1 卷在柏林，第 3 部分第 1 卷在莫斯科编辑）得以在 1975 年 10 月，也就是在几乎整整 35 年之前的一次国际新闻发布会上同公众见面。此后不久第 2 部分第 1 卷问世，再稍后第 4 部分第 1 卷也面世了。

到 1990 年底出版了 37 卷，1991—1992 年又出了 3 卷，总共 40 卷，其中第 2 部分第 1 卷、第 3 卷和第 4 卷出了多个分册。

经常有人问，为什么第 1 部分各卷没有按照年代排序出版。这与编辑人员的专业分工以及柏林马列主义研究院马克思恩格斯部的组织结构有关。在开始编辑 MEGA 第 2 版的时候，马克思恩格斯部为第 1 部分（各卷主要是由民主德国编辑）成立了 4 个处：一处负责编辑 1847 年以前的著作；二处负责编辑 1848 年以后的著作；三处负责编辑 1864

年以后的著作；四处负责编辑 1871 年以后的著作。也就是说，各个历史事件决定各个时间段。同时编辑人员特别熟悉这些时间段。此外还为《资本论》部分成立了一个处。为了保证顺利完成各卷的编辑底稿，资料处负责提供必要的复印件并管理各类卡片索引。每当某一处完成一卷的编辑工作以后，将打字稿送交编辑处，由编辑进行审定，然后送出版社付印。此外，编辑处还负责各道校对。作为补充，还有一个《马克思恩格斯全集》德文版编辑处，我在上一讲中已经谈过了这个处的任务。

MEGA 第 2 版的出版是编辑人员在编辑和学术上遇到的一个很大的挑战。除了熟悉德文版全集编辑工作的人员外，在二十世纪七八十年代，柏林和莫斯科的研究院为了编辑 MEGA 录用了年轻的、受过良好教育的历史学家、经济学家、哲学家，以及精通外语的英语和罗曼语族语言文学专家。所有编辑人员的一项重要任务就是，不断地接受培训和进修。因此在 1975—1990 年的这段时间里，大量探讨马克思恩格斯研究中的重要问题的 A 等博士论文和一些 B 等博士论文通过了答辩。这样他们得以同时完成 MEGA 中深刻的学术评注工作。

MEGA 的出版不仅在形式上是两家马列主义研究院的工作，而且日益成为一项共同工作。与编辑《马克思恩格斯全集》德文版时莫斯科马列主义研究院有管辖权完全不同，MEGA 的编辑是真正的同事般的合作。为了协调 MEGA 编者的关系，成立了一个由双方院长、副院长和部主任组成的双边总编辑部。MEGA 的每个部分都成立了分编辑部，安排各卷负责人之间的合作。MEGA 的每一卷都要经历三道仔细的鉴定，莫斯科方面编辑的卷次由柏林的同事进行鉴定，反过来，民主德国编辑的卷次由莫斯科的同事进行鉴定。所有参与某一卷编辑的人员往往都参与鉴定工作。这促进了互相之间信任和友好关系的形成。

在编辑某些卷次，比如《剩余价值理论》（第 2 部分第 3 卷第 2—4 册）、《自然辩证法》（第 1 部分第 26 卷）或者《家庭、私有制和国家的起源》（第 1 部分第 29 卷），或者收入马克思和恩格斯的其他著作和政论文章的各卷时，都要吸纳其他专家参与。因此与民主德国的一些大学（柏林、莱比锡、哈雷和耶拿）、一所高等学校（爱尔福特）和科学院的研究所签订了合作协议。后来在这些单位组建了独立的编辑和研究小组，加入这些小组的有大学生和研究生。

在参与 MEGA 工作的马克思恩格斯研究者和编者的多方面合作关系的基础上，为了协调他们的工作，民主德国成立了一个马克思恩格斯研究学术委员会。当时社会科学最重要的研究领域和项目都有这样的委员会。这些委员会接受民主德国教育部和德国统一社会党中央委员会科学部的"领导"。这个学术委员会就马恩研究中的重要问题组织了 40 多场大会和会议。

在文本编辑和注释过程中所取得的新研究成果不仅在各卷中发表，它们更全面、更详细的文稿还在专门创办的出版物上发表。比如，从 1978 年开始出版《马克思恩格斯年鉴》，总共出了 13 卷，其中探讨了关于马恩著作的许多新观点。该年鉴由两家研究院的领导和编辑人员组成的一个编辑部所领导。此外，柏林研究院的马克思恩格斯部还出版了《马克思恩格斯研究论丛》（自 1977 年起共出了 29 期)，这是讨论编辑和研究问题的重要论坛。莫斯科研究院的马克思恩格斯室则继续出版 1959 年开始出版的《学术信息通报》。在民主德国的两家合作伙伴，即哈雷大学和莱比锡大学，也定期出版各自的丛书。

编辑马克思和恩格斯的文本草稿即手稿、摘录、笔记和书信，只有获得保存它们的档案馆的支持才有可能。我已经说过，大约 2/3 手稿遗著保存在阿姆斯特丹国际社会史研究所，大约 1/3 保存在莫斯科中央党务档案馆。在 MEGA 各卷开始出版之前，与国际社会史研究所签订了协商一致的协议，据此，该研究所为 MEGA 提供其馆藏的复本，并允许查阅原件。根据这个协议，可以为编辑工作及时提供工作底稿（原文本复印件)。同时编辑人员可以为了核对辨认稿和完成原件描述到两家档案馆查阅原件。

随着 MEGA 编辑工作的进展，到了 20 世纪 80 年代，国际合作越来越密切。一方面，为了挖掘马克思恩格斯的文本需要查明和复制档案材料和馆藏，需要与各个国家的人员进行联系。由于经费有限，而且缺乏必要的外汇，MEGA 编辑人员往往不能亲自进行这样的考察。另一方面，世界各地越来越多的学者对 MEGA 产生了兴趣。在 1983 年即卡尔·马克思年，MEGA 的编辑人员不仅在民主德国，而且到国外去报告 MEGA 的情况。1985 年，一个日本的年轻马克思恩格斯研究者工作组代表团访问了柏林的马列主义研究院，双方讨论了发表《1861—1863 年经济学手稿》的编辑问题。从此我与这些同行建立了非常紧密的联系。1988 年，柏林举办了关于在 MEGA 中发表《资本论》的大型国际学术研讨会，超过 15 个国家的学者参加了会议，其中包括中央编译局的学者。

关于 MEGA 第 2 版第一阶段的结束语

包括 4 个分编辑部的 MEGA 总编辑部的最后一次会议于 1989 年 6 月在莫斯科召开。这次会议就已出版的各卷做了全面、认真的分析，并且确定了 1991—1995 年的研究和编辑目标（据此应出版 18 卷）。此外，这次会议还讨论了依托计算机进行编辑的可能性，因为自 1986—1987 年起第一批个人电脑已投入使用。只是这次会议的决议成了一堆废纸。1990—1992 年出版的 3 卷还标有"本卷在原编辑委员会的领导下编成"的字样。

1990 年以前，马恩著作的编辑是一项党的事业，也就是说，像《马克思恩格斯全集》德文版一样，MEGA 的编辑也与柏林和莫斯科的中央委员会的决议联系在一起。除了少数例外，所有编辑人员同时也是德国统一社会党或苏联共产党的党员，他们都受过政治培训。因此马克思列宁主义的意识形态原则难免对导言、注释以及原文编辑产生政治方面的影响。这里不是列举具体例子的场合。1990 年后，MEGA 编辑人员自己进行了分析，通过批评和自我批评指出了编辑上的错误决定和历史性注释不足的问题。

四、1990—1993 年 MEGA 的学术化、国际化以及 新编辑准则的制定

我们首先扼要地回顾一下：1989 年秋天，民主德国发生了"和平革命"。大多数民众拒绝再追随德国统一社会党，在民主德国筹备 40 周年庆典的过程中，发生了许多针对党和国家领导层的官方政策的抗议活动，特别是要求对社会主义进行改造和旅行自由。同年 11 月 9 日，通往西柏林和联邦德国的边界不得不开放。这样民主德国的社会主义就瓦解了。接着，欧洲所有现实存在的社会主义国家都崩溃了。1991 年，苏联也随之垮台。

1989 年和 1990 年，西方和东方甚至世界各地的许多学者都为继续出版 MEGA 而奔走。由于"拯救 MEGA"的国际运动（仅在日本就收集了 1000 多人的签名）和联邦德国的德国科学委员会的积极评价，MEGA 在民主德国垮台后幸存了下来。这段"拯救行动"的历史还没有被详细地写出来，但我作为一名参与者想提醒大家，1989 年 11 月，柏林马列主义研究院和民主德国各个大学合作伙伴的 MEGA 编辑人员起草呼吁书，要求大家考虑 MEGA 的未来。这些呼吁书以一种觉醒的姿态表明，要给 MEGA 重新定位，将它从教条化的马列主义中解放出来，以便使这个版本实现学

术化和国际化。呼吁书还要求承认马克思和恩格斯的著作是民族的和国际的文化遗产（人文主义部分）；MEGA 的编辑必须为"创新的社会主义理论"的"基础研究"服务；应当将这些著作视为一个整体（所谓"整体"，就是像路德、伏尔泰、歌德和海涅的著作一样）；必须加强国际合作，必须考虑 MEGA 向 30 个国家出口这个事实，它是其他语种版本的基础。

（一）从马克思恩格斯部到 MEGA 基金会的过渡以及柏林 MEGA 编辑促进协会的建立

1989 年秋天和 1990 年春天，柏林马列主义研究院，首先是马克思恩格斯部，不得不做出许多旨在维持这个版本的决定（不过对于我这个参与者来说，直到 20 年后的今天，也很难对这段时间发生的全部事件做出客观评价，因此关于那段时间的历史还没有写出来）。当时有两种办法：第一，大多数工作人员同意创办独立的 MEGA 基金会。1990 年 1 月 1 日，马列主义研究院更名为工人运动史研究所。4 月，举行了 MEGA 基金会成立大会，资金问题由已经更名为民主社会主义党（PDS）的德国统一社会党（SED）的一次性慷慨捐助解决。这笔高达 5500 万东德马克（自1990 年 7 月 1 日起为 2750 万德国马克[①]）的捐助虽然 6 月到达了新的基金会，却来得晚了几天。因为在此期间有一

---

① 两德统一时，工资、养老金等生活性开支，1 东德马克兑换 1 西德马克，其余的款项则是 2 东德马克兑换 1 西德马克。——编者注

项新的法律生效，禁止政党捐赠。这同时成了基金会终结的开始。1991 年初账户被冻结。当时还采取了许多法律步骤，因此工作人员只是被"逐步地"解雇，但到 1991 年底 MEGA 基金会的活动不得不停止。接着，1992 年春天成立了"柏林 MEGA 编辑促进协会"，它至今仍然作为公益性的、志愿性的协会继续活动。①

第二，上面已经提到，在学术上将 MEGA 隶属民主德国科学院。为此科学院成立了一个由几位院士和历史学家组成的 MEGA 委员会。当时计划在科学院设立一个由少量工作人员组成的编辑小组。MEGA 委员会与阿姆斯特丹国际社会史研究所及隶属社会民主党的弗里德里希·艾伯特基金会的特里尔卡尔·马克思故居进行了谈判，同时与它们延续了多年以来的学术联系。这种办法应该说使 MEGA 成功出版获得了保证。

（二）国际马克思恩格斯基金会（IMES）的建立

1989 年底至 1990 年初，在与以前负责编辑的机构（指工人运动史研究所、柏林民主德国科学院 MEGA 委员会以

---

① 协会章程写道："协会的宗旨是，参与马克思和恩格斯的文献遗著这一部分欧洲人文主义文化遗产的保护和开发，并研究它们的历史影响。协会资助相关著作，并根据条件出版自己的丛书，为公众教育做出贡献。"还有："协会的主要宗旨是通过捐赠和赞助来促进由国际马恩基金会出版、柏林—勃兰登堡科学院 MEGA 学院计划协调的《马克思恩格斯全集》历史考证版的出版。"协会自 1991 年起每年出版《马克思恩格斯研究论丛·新辑》，迄今还出版了关于 MEGA 历史的 4 个专卷。此外还不定期出版《学术通报》，迄今已出了 6 卷。

及后来改名为社会主义历史和理论研究所的莫斯科马列主义研究院）取得一致意见的基础上，国际社会史研究所和卡尔·马克思故居建议成立国际马克思恩格斯基金会，1990年10月，基金会按照荷兰法律在阿姆斯特丹注册。1992年2月，德国科学院会议和国际马克思恩格斯基金会签订了合作协议。根据联邦德国科学委员会和联邦及各州教育规划和研究促进委员会的推荐，MEGA在获得慕尼黑哲学家迪特尔·亨利希任主席的国际委员会的积极评价后，作为柏林—勃兰登堡科学院（BBAW）的计划被纳入联邦及各州的科学规划。"对这个版本的鉴定结论是，它编辑水平很高，也符合西方的要求"（亨利希语）。这个评价同样适用于MEGA各卷的外观，即使从狄茨出版社换到科学院出版社（1998年）后，各卷的印刷和装帧设计依然保持了原来的风格。

设立这个新的工作小组并非一帆风顺，直到柏林—勃兰登堡科学院正式重新建立和1993—1994年重新定编（这些编制由经验丰富的东德编辑人员以及经验不太丰富的西德编辑人员占据）以后，MEGA各卷的重新编辑工作才开始向前推进，第一卷于1998年出版。柏林—勃兰登堡科学院MEGA委员会主席和国际马克思恩格斯基金会理事会主席是柏林的政治学家、洪堡大学教授赫尔弗里德·明克勒。如今MEGA工作小组有9名编辑。

1992年，国际马克思恩格斯基金会邀请联邦德国和西欧的MEGA编者、编辑学家和资深的马克思恩格斯研究者，在法国普罗旺斯召开工作会议，就新的编辑准则进行了讨论。讨论的主题是以批判的眼光检查过去的各种规定，并总结 MEGA 各部分的编辑特点。会议决定将旧版准则和新版准则一起发表。在一系列新规定中，有的以前已经讨论过，有的是在国际编辑学界已经形成的。我不想进一步探讨细节；前面已经提到，单纯从表面来看，过去在正文卷的"导言"（Einleitung），现在变成了"引言"（Einführung），并且放在了资料卷。

MEGA 还面临的新任务是所谓编辑的去政治化，特别是在说明和注释中。现在放弃了原先以政治为导向的目的论解释要求和编辑要求，取而代之的是著作的彻底历史化原则。我有意说"所谓的去政治化"，因为我认为非政治地看待马克思和他的著作几乎是不可能的，很可能是一种解释要求代替另一种解释要求。不过，如果"去政治化"的意思是，联系马克思的时代和他所研究的问题的范围对他的思想进行定位，也就是说联系背景理解他的思想，这是正确的。清楚的是，即使不考虑马克思的思想对历史发展的影响，他也在很多学科的学术史上占据一席之地：除经济科学和社会科学外，MEGA 使一部从哲学、社会学到文化学的百科全书式全集展现在人们面前。

由于 MEGA 项目成功地列入科学院计划，马克思于 1989 年这个划时代的年份之后，在伟大的经典思想家群体中找到了自己的位置。

（三）新的编辑准则和问题

在讨论编辑准则的过程中，人们提出了两个原则问题：

MEGA 是两位著作家在编辑上合作的成果吗？调整篇幅还是遵循完整性原则（编辑上的巨人症）？

讨论第一个问题的关键是，是否有理由在一部全集中共同发表马克思和恩格斯的著作，或者说能不能将恩格斯同马克思分开。但现在的情况是（这也是回答这一个问题），两位著作家的合作在编辑上的结论只能是一部全集。在第二讲开始时我已经谈过马克思和恩格斯的相互关系，最后一讲①我还会谈到"马克思恩格斯问题"。

第二个问题同样是原则性的，不过需要说明的是，正如刚才所说的，马克思在多个学科的学术史当中占据一席之地，因此他的著作也是无所不包、内容广泛的。最开始 MEGA 计划出版 164 卷。我已经说过，到 1992 年底只出版了 40 卷，要是还坚持这个数量的卷次，科学管理当局和出资者就不能达成一致意见——如果这个计划的完成超出可以预见的时间期限，那么就可能中止支持这项计划。于是有人提出了"调整篇幅"这个概念，当然，这并不意味着放弃完整性原则。最初核查第 1 部分和第 2 部分，确认有些卷次是否必须以分册形式出版。结果发现，第 1 部分不能分册出版（因此第 1 部分第 20 卷就非常厚）。第 2 部分第 11 卷不再以 2 个分册出版，其他现有各分册也不再另外计数，这样一共就是 15 卷，而不是 24 卷。第 3 部分限制为 35 卷。最后核查第 4 部分，看是否还有再现摘录的其他形式，比如描述，然而这种做法未被采纳。为此搁置了对保存下来的

---

① 即本书第四部分第 I 篇文章。——编者注

马克思恩格斯藏书中他们所做的批注进行编辑的计划。按这个计划需要出 30～40 卷。因此对批注的编辑只能以后再说了。将来的技术手段也许能以电子版的形式发表第 4 部分的这些内容。不管怎样，第 4 部分第 32 卷是保存下来的马克思和恩格斯的藏书的索引，其中已经注明哪些页上有批注。结果这么"七算八算"，决定出版 114 卷。

五、1998 年以来新出版的 MEGA 第 2 版卷次

（一）MEGA 哪些卷次出版了？前景如何？

1998 年重组以后，在科学院出版社新出版的 17 卷（计划出版 114 卷，合计已出版 57 卷）不仅在专业界，而且在德国和世界的公众中都获得了巨大反响。比如《法兰克福汇报》、日本大型日报《朝日新闻》、伦敦《泰晤士报》和华盛顿《商业周刊》都对 MEGA 做了详细的评论。在这种情况下，德国周刊《时代》杂志（1999 年 2 月 25 日）认为《马克思恩格斯全集》历史考证版的继续出版是一个具有历史正当性的迟到行动：

> MEGA 是真正意义上的世纪工程，它的诞生、中断和再生恰恰典型地反映了 20 世纪的历史悲剧。如果它按照编辑计划规定的那样在 2025 年前后能完成，那么就是正好需要 100 年才能将马克思和恩格斯的著作忠实于原文地即无保留地奉献给广大读者。

目前有 16 卷正在编辑过程中，有的是在柏林—勃兰登堡科学院的 MEGA 工作小组，有的是在国内和国际协作之下进行编辑。目前的工作重点是优先编辑第 1 部分各卷，完成第 2 部分。第 1 部分共 32 卷，计划尽可能快地补上编年顺序中的缺口。第 2 部分共 15 卷，预计明年将以第 2 部分第 4 卷第 3 册的出版而告结束。这是一个重大的学术成果。届时马克思为《资本论》撰写的全部准备材料将第一次完整地展现出来。

接着第 3 部分的编辑将继续稳步进行，比如第 3 部分第 12 卷可能明年出版。当然，将来可能不会像现在这样，只有莫斯科的工作小组负责这一部分各卷的编辑工作。已经和外部的学者签订了工作协议，他们将编辑收入恩格斯书信的卷次。这部分共 35 卷，目前只出版了 12 卷。

最后谈谈第 4 部分，这个部分共 32 卷。今年这部分还将出版很有意思的一卷即第 26 卷，这一卷收入了马克思从 1878 年 3 月底至 9 月初所做的关于地质学、矿物学和农业化学方面的摘录。第 4 部分各卷不按照编年顺序，而是按研究重点编排发表。已经有一些卷次通过国际合作正在编辑中，甚至我也打算编辑第 4 部分第 14 卷，该卷包括 1857—1858 年的 3 个 "危机笔记本"。我觉得这一部分特别有意思，因为我们在这里可以更为全面地研究马克思的方法、工作方式和他百科全书式的兴趣。

就这个问题最后再说几句，我不敢预测什么时候最后一卷能出版，肯定不会在上面引用的评论中所预言的 2025

年之前，很可能至少还要晚 10 年。当然，MEGA 会定期由学术委员会进行评价，最近一次是在今年春天。当时人们特别强调了编辑的高水平、定期出版的方法，以及国际影响力。在 2015 年做下次评价时，肯定还要以这些来衡量。

（二）国际合作

本讲结束的时候，我想着重谈谈国际合作。第一，应该提到的是俄罗斯国家社会政治史档案馆的 MEGA 工作小组。这个小组共有 8 名工作人员，他们编辑第 3 部分和第 4 部分的一些卷次。小组负责人柳德米拉·瓦西娜最近参与了德日合作的第 2 部分第 11 卷的编辑。此外还需强调，俄罗斯国家社会政治史档案馆收藏的全部马克思和恩格斯遗稿的原件在日本方面的资助下重新进行了数字化复制处理。

第二，还要提到的是与国际马克思恩格斯基金会创始成员单位的合作。在及时提供 MEGA 编辑所需的高质量手稿和资助 MEGA 方面，国际社会史研究所发挥了重要作用。在此期间这里的手稿也已实现了数字化。在卡尔·马克思故居，直至 21 世纪初，有一个 MEGA 工作小组在编辑马克思的早期著作，特别是《德意志意识形态》。弗里德里希·艾伯特基金会中止这项研究工作后，在国际马克思恩格斯基金会理事会中只有一名成员做代表，并资助这项研究。

第三，需要强调的是与日本马克思研究者的合作。以大村泉为首的一个小组，2005 年成功出版了在日本编辑的头一卷，2008 年接着又出版了第二卷。东京小组的大谷祯之介教授参与了第 2 部分第 11 卷的编辑。这个小组现在正准备编辑第 4 部分的第 17—19 卷，其中第 18 卷是重点（马克思 1864—1868 年所做的摘录）。

第四，是与单个学者之间的合作，他们作为专家编辑某些卷次，其中包括丹麦、法国和美国的同行。此外还与德国其他一些学者和编辑签订了工作协议。

第五，我感到高兴的是，与中国同行的国际合作（我们与中国同行几十年来一直保持联系）不久将以新的协议为基础。这将是对 MEGA 新的推动，当然对中文第 2 版也是一个推动。

最后我想强调，重组 MEGA 的最重要目标即实现学术化、国际化和历史化已经实现，然而却必须不断注入活力。保证各卷次定期出版，需要国际的通力合作。下一讲我将谈谈与这些卷次有关的研究成果，以及这些成果获得的反响。①

参考文献

Backhaus, Hans-Georg, Helmut Reichelt: Der politisch-ideologische Grundcharakter der Marx-Engels-Gesamtausgabe: eine Kritik der Editionsrichtlinien der MEGA. In: *MEGA-Studien* 1994/2, S. 101 – 118.

Hubmann, Gerald, Herfried Münkler, Manfred Neuhaus: " ... es kömmt drauf an sie zu verändern". Zu Wiederaufnahme der Marx-Engels-

---

① 即本书第四部分第 I 篇文章。——编者注

Gesamtausgabe (MEGA). In: *Deutsche Zeitschrift für Philosophie*, H. 2, 2001, S. 299 – 311.

Neuhaus, Manfred, Gerald Hubmann: Dokumentation: Das Akademienvorhaben Marx-Engels-Gesamtausgabe. In: *Karl Marx. Perspektiven auf sein Werk*, Trier 2005, S. 41 – 64 (Gesprächskreis Politik und Geschichte im Karl-Marx-Haus, H. 2).

Sperl, Richard: "Edition auf hohem Niveau". Zu den Grundsätzen der Marx-Engels-Gesamtausgabe (MEGA). *Wissenschaftliche Mitteilungen*, H. 5, hrsg. vom Berliner Verein zur Förderung der MEGA-Edition e. V., Hamburg 2004.

Rojahn, Jürgen: Und sie bewegt sich doch! Die Fortsetzung der Arbeit an der MEGA unter dem Schirm der IMES. In: *MEGA-Studien*, 1/1994, S. 5 – 31.

Vollgraf, Carl-Erich: Zuerst die Nr. 349 im Vereinsregister-dann unbekannt; zunächst wohlbetucht, dann auf Spenden aus: Das launische Schicksal des Vereins "MEGA-STIFTUNG Berlin e. V." im deutschen Einigungsprozeß. In: *Beiträge zur Marx-Engels-Forschung. Neue Folge 1991*, S. 192 – 197.

Vollgraf, Carl-Erich: Die Kommentierung-Achillesferse der zweiten MEGA?. In: *Zur Kritik und Geschichte der MEGA² (Beiträge zur Marx-Engels-Forschung. Neue Folge 1992)*, Hamburg 1992, S. 5 – 20.

Vollgraf, Carl-Erich: Nochmals zur Kommentierung der zweiten MEGA. In: *Beiträge zur Marx-Engels-Forschung. Neue Folge 1993*, S. 69 – 81.

Vollgraf, Carl-Erich, Jürgen Jungnickel: "Marx in Marx' Worten?" Zu Engels' Edition des Hauptmanuskripts zum dritten Buch des *Kapital*. In: *MEGA-Studien* 1994/2, S. 3 – 55.

第二部分

《资本论》的产生、编辑和接受史

马克思 19 世纪 40 年代到 1863 年的经济学研究[*]

马克思的主要著作《资本论》写作耗时超过 25 年，但仍然没有完成。把一部著作或音乐作品作为"未完成品"留给后人，这是天才的命运。马克思深邃的思想、全面的研究、百科全书式的知识，还有他的怀疑——想一想他在自白中对自己女儿所说的那句格言"怀疑一切"，导致他留下了大量手稿，而他本人只完成了《资本论》第 1 卷。在这里，我想谈谈马克思创作过程的几个最重要的阶段，简要地介绍一下手稿，讲一讲马克思本人是如何出版《资本论》第 1 卷的，他的朋友恩格斯又是如何尝试出版第 2 卷和

---

[*] 本文是黑克尔教授 2011 年 5 月 20 日在中央编译局所做"《资本论》的产生、编辑和接受史"系列报告的第一讲。李朝晖译，蒋仁祥校，中译文发表于《国外理论动态》2011 年第 9 期。

第 3 卷从而完成这部著作的。在最后一讲中，我将谈谈在恩格斯去世后面世的最重要的《资本论》版本。《马克思恩格斯全集》历史考证版（MEGA^2）第 2 部分很快就要完成，这也是此次系列讲座的一个理由。今年底或明年初，第 2 部分的最后一卷，即第 4 卷第 3 册就要出版。

一、马克思 19 世纪 40 年代的研究

首先我们来简略地回顾一下 1848 年以前的时期，也就是所谓涵盖马克思早期著作的那个时期。马克思和恩格斯的基本思想在 1837—1844 年的发展和成熟过程是完全不同的，但是，当他们 1844 年 8 月在巴黎首次会面并详谈之后，他们发现两人"在一切理论领域中都显出意见完全一致"①。他们的一致意见主要体现在这样一个问题上：历史和社会的决定性力量究竟在哪里？对两人来说具有核心意义的是，现实生活的潜力如何能够成为革命实践的出发点。

在这个由于资本主义商品生产的发展而已经发生根本变化的世界里，两人的眼前上演着这样的戏剧：一方面是创造社会财富的能力日益增长，另一方面是与此相联系的人的异化和自我异化。同时这个世界已经具备不断反抗现存事物的力量，从而开启了废除现状的可能性。

在马克思看来，这个弄清问题的过程达到的顶点就是

---

① 《马克思恩格斯文集》第 4 卷，第 232 页。

认识到，随着确定人是人的最高本质，以及"必须推翻使人成为被侮辱、被奴役、被遗弃和被蔑视的东西的一切关系"这个绝对命令①，对宗教的批判结束了。

　　早在 1837 年马克思还是学生的时候，他就在给父亲的信中指出，"我从理想主义……转而向现实本身去寻求观念"②。马克思在这里以一种特殊的而不是重复过的方式表述了人通过自身生活关系的生产而成为人本身的具体过程。他借由黑格尔的法学框架，对唯心主义的歪曲逻辑进行批判。这种歪曲体现在把国家和社会的关系颠倒了，具有决定意义的东西，也就是市民社会，在黑格尔那里成为派生的东西；而真正派生的东西，即国家，成为独立行动的主体。相反，马克思提出了"真正的民主"观念，其根本标志就是私人存在和公共存在的同一："在民主制中，国家制度本身只表现为一种规定，即人民的自我规定。"③ 只要政治自由由于实际的经济不平等而成为幻想，自由和平等观念的实现就是不可能的。政治解放必须进一步发展成为人的解放。④

　　这一主导思想体现在越来越强劲地转向政治经济学的研究上和那些年马克思主要发表在《莱茵报》上、恩格斯发表在一系列德文和英文期刊上的大量政治论文中。

---

① 《马克思恩格斯文集》第 1 卷，第 11 页。
② 《马克思恩格斯全集》中文第 2 版第 47 卷，第 12—13 页。
③ 《马克思恩格斯全集》中文第 2 版第 3 卷，第 39 页。
④ 马克思：《论犹太人问题》，见《马克思恩格斯文集》第 1 卷，第 21—55 页。

马克思在 1843 年年中至 1845 年 1 月底进行了历史学和经济学研究，完成了通常所说的《巴黎笔记》。恩格斯在为《资本论》第 1 卷德文第 4 版所写的序言①中也提到了这一点。这一创作阶段的特点是，马克思打算对私有财产的产生条件和存在条件进行深入的研究。因此他潜心研究经济的规律性，研读了让·巴·萨伊、亚当·斯密、大卫·李嘉图、詹姆斯·穆勒和麦克库洛赫等人的著作法文版。马克思后来多次使用了从斯密 1802 年版的著作②中所做的摘录。

与此同时，马克思还在 1844 年 6 月至 8 月底撰写了《1844 年经济学哲学手稿》。在这部手稿中，马克思首次考察了工人阶级的生存条件、资本和劳动的关系以及私有财产的运动规律。众所周知，这部手稿并不像通常所说的那样是 3 个笔记本——如编者所做的编辑说明，而是：第一，一个总共 36 页的笔记本，标注为"笔记本 I"，马克思是分 3 个栏目写的，三栏的标题分别为"工资"、"资本的利润"、"地租"；第二，两页散纸；第三，一个没有标注的笔记本，开始时有 64 页，后来又增加了一张大纸。

在这里，我不是要谈引人入胜的编辑史（各个手稿的编辑史也许是我明年要讲的题目），而只想谈一谈新 MEGA 编辑的几个特色：这个手稿以两种方式刊印，一是按时间顺序，一是按主题。然而，在按时间顺序编排时，个别段

---

① 《马克思恩格斯文集》第 5 卷，第 37 页。
② 亚·斯密《国民财富的性质和原因的研究》（五卷集），热·加尔涅的新译本，1802 年巴黎版。

落是在哪一阶段写成的,未能弄清。原文按照底稿分多栏呈现。在按主题编排时,位于第三个笔记本的序言移到了前面,编者加上标题,这样,它就具备了一篇小著作的特点,虽然有一些补充和片断的痕迹,但也系统地论述了工资、利润、地租和私有财产。在《马克思恩格斯全集》德文版中,这部手稿没有收在正卷中,而是到 1968 年才被收入补卷的第 1 册。

二、1850—1853 年的伦敦笔记

马克思被迫从德国——1849 年夏从美因河畔法兰克福经巴黎——流亡伦敦之后,从 1850 年 6 月起,他开始潜心研究经济学。他在英国博物馆摘录了约翰·斯图亚特·穆勒、约翰·富拉顿、托马斯·图克、罗伯特·托伦斯、大卫·李嘉图、亚当·斯密和托马斯·罗伯特·马尔萨斯等人最重要的著作。从那时起,他总结 1848—1849 年革命的经验,重新研究政治经济学的古典作家,并以《共产党宣言》中所阐述的唯物史观为基础。他在《〈政治经济学批判〉序言》中称他从头开始进行这一研究的理由是:第一,"伦敦对于考察资产阶级社会是一个方便的地点";第二,"最后,随着加利福尼亚和澳大利亚金矿的发现,资产阶级社会看来进入了新的发展阶段"。[①]

[①] 《马克思恩格斯文集》第 2 卷,第 593 页。

早在 1851 年 2 月，他就以《金银条块。完成的货币体系》为题对所研究过的文献进行了总结。[①] 在这部手稿中，马克思想要把握货币、信用和危机的关系。为此他汇总了有关货币体系的各种不同观点。他越来越清楚地认识到李嘉图的货币数量论的缺陷，但也认识到了它的实际影响，如 1844 年货币立法就是这种理论的体现。因此，也有必要扼要地说明关于 1793 年以来英国银行法的争论焦点。参与争论的有两派，即"通货原理"的代表和"银行理论"的代表。马克思后来——主要是在《资本论》第 2 卷的手稿中——一再谈到货币政策的这一关键问题。顺便提一下，直至今天，欧盟争论的焦点仍然是应该采取怎样的方式把那些债务国从危机中拯救出来。

1850—1853 年的 24 本伦敦笔记表明，马克思全面地、批判性地研究了——正如他在回顾时所说的——"政治经济学史的大量资料"[②]。这些资料是研究过程的体现，也是写作《资本论》以及《剩余价值理论》的材料基础。在这一过程中，马克思逐渐摒弃了斯密和李嘉图的数量价值理论的观点。

在最后的总结《货币制度、信用和危机》（将收入 MEGA^2 第 4 部分第 13 卷）中，马克思发现了发展中的资本主义货币市场运行机制。

---

① 《马克思恩格斯研究》1989 年第 1 期，第 2—45 页；1984 年第 2 期，第 1—63 页。

② 《马克思恩格斯文集》第 2 卷，第 593 页。

我所谈到的这些手稿应该作为一个整体被视为完成《资本论》的一个关键步骤。到现在为止，第 4 部分第 7—9 卷已经出版了，第 10 卷、第 11 卷，当然还有第 13 卷还没有出版。当初哈雷大学的雅恩教授和加兰德教授已经开始编辑这几卷。等加兰德教授退休后，可能就会重新开始编辑这几卷，这对 MEGA 该是一件大好事。

三、1857—1858 年的《政治经济学批判大纲》

1857—1858 年的首次世界经济危机是马克思创作的转折点，这一点从他的书信中也可以清楚地看到。经过多年的研究和为《纽约每日论坛报》"埋头苦干"，他想在期待已久的资本主义的崩溃来临之前，至少把理论工作的"一些基本问题"① 搞清楚。因此他"感到惬意"②，并预言了"工业崩溃"③ 的来临。为了总结自己的研究，他甚至"发狂似地通宵"④ 工作。基于对 1848—1849 年德国和法国革命的分析，他预计伴随着危机会爆发无产阶级革命。1857—1858 年手稿就这样诞生了，它通常被称为《资本论》的第

---

① 1857 年 12 月 8 日马克思给恩格斯的信，见《马克思恩格斯文集》第 10 卷，第 140 页。

② 1857 年 11 月 13 日马克思给恩格斯的信，见《马克思恩格斯全集》中文第 2 版第 50 卷，第 238 页。

③ 1857 年 12 月 8 日马克思给恩格斯的信，见《马克思恩格斯文集》第 10 卷，第 138 页。

④ 同上，第 140 页。

一稿，在首次发表（1939—1941 年）时，编者加上了《政治经济学批判大纲》这一标题。《导言》探讨了"政治经济学的方法"以及生产、消费、分配和流通的关系，除此之外，手稿分为"货币章"和"资本章"。①

在这一时期，马克思记下了 3 本笔记，按主题做了编排，分别利用了危机过程中各国的交易所数据（将收入第 4 部分第 14 卷）。为美国最大的日报《纽约每日论坛报》所撰写的关于危机发展和国际金融政策的文章形成了一种新的文献类型——景气数据分析。② 马克思在 19 世纪 60 年代末重新对货币市场和危机进行了研究。

1857 年 11 月马克思向恩格斯表达了写关于危机的文章的想法③，而整整一个月之后，他在给拉萨尔的信中说，他打算完成经济学"原理"④ ——也就是英国人所说的"政治经济学原理"。⑤ 然而，马克思刚与一位柏林出版商（弗兰茨·敦克尔）签下合同，他就发现，就像他所预言的那样，用五六个印张未必能把"整个叙述的基础"，即价值、货币和资本一般都囊括进来。⑥

---

① 《马克思恩格斯全集》中文第 2 版第 30 卷。
② 《马克思恩格斯全集》德文版第 12 卷。
③ 1857 年 11 月 13 日马克思给恩格斯的信，见《马克思恩格斯全集》中文第 2 版第 50 卷，第 238 页。
④ 1857 年 12 月 21 日马克思给拉萨尔的信，见《马克思恩格斯全集》中文第 2 版第 50 卷，第 275 页。
⑤ 1862 年 12 月 28 日马克思给路·库格曼的信，见《马克思恩格斯文集》第 10 卷，第 196 页。
⑥ 1858 年 3 月 11 日马克思给拉萨尔的信，见《马克思恩格斯全集》中文第 2 版第 50 卷，第 346 页。

早在 1857 年年中，马克思就在前面已经提到的那篇《导言》中勾画了他计划中的著作结构①，1858 年 2 月 22 日又扩大为六册计划：资本、土地所有制、雇佣劳动、国家、国际贸易、世界市场。② 根据"简单纲要"③，第一分册包括资本一般、竞争、信用和股份资本 4 篇。同时他还有了一个想法：把第一篇"资本一般"分册不定期出版。

同时，就叙述应该从哪里开始，马克思取得了一个重要的认识，那就是应该从"价值"开始，因为它是"资产阶级财富的最抽象的形式"④。价值是从具体的经济规定中抽象出来的，而这些具体的经济规定将在进一步的阐述中谈到。在表述这一开端的首次尝试中，第一个句子就是："表现资产阶级财富的第一个范畴是商品的范畴。"⑤ 他后来给《政治经济学批判》第一章加的标题也是"商品"。⑥

马克思后来在《资本论》第 1 卷德文第 2 版的跋中指出，叙述方法必须与研究方法不同：

> 研究必须充分地占有材料，分析它的各种发展形式，探寻这些形式的内在联系。只有这项工作完成以

---

① 《马克思恩格斯全集》中文第 2 版第 30 卷，第 50 页。
② 1858 年 2 月 22 日马克思给拉萨尔的信，见《马克思恩格斯文集》第 10 卷，第 150 页。
③ 1858 年 4 月 2 日马克思给恩格斯的信，见《马克思恩格斯文集》第 10 卷，第 157 页。
④ 同上，第 158 页。
⑤ 《马克思恩格斯全集》中文第 2 版第 31 卷，第 293 页。
⑥ 同上，第 419 页。

后，现实的运动才能适当地叙述出来。这点一旦做到，材料的生命一旦在观念上反映出来，呈现在我们面前的就好像是一个先验的结构了。①

可见，马克思经过漫长而艰苦的研究过程才认识到，他对资本关系的叙述必须从体现在单个商品中的价值关系开始。

1859年《政治经济学批判》第一分册出版，它包括"商品"以及"货币或简单流通"两章。② 这样马克思就首次把自己的价值理论和货币理论公之于众。虽然有几篇评论发表（恩格斯自己写了一篇，分两部分发表，已知的还有另外5篇），但这本薄薄的小书没有引起多少反响，在马克思生前也没有再版过。评论者指摘它叙述上的"黑格尔风格"，并且只涉及商品和货币。对工人来说，它是一个很难读懂的东西。

此外，也不能忘记历史背景：在普鲁士，共产主义书籍是禁止出版的，只是在1861年威廉一世登基后才发布了大赦令，使得参与1848年革命后逃往国外的人有可能返回普鲁士。众所周知，马克思为了同拉萨尔落实办报的事，也在1861年回到了柏林。

还有1860年，我把这一年称为"徒劳的一年"，因为马克思与卡尔·福格特进行了一场轰轰烈烈的论战。此外，他还继续定期给《纽约每日论坛报》撰稿。

---

① 《马克思恩格斯文集》第5卷，第21—22页。
② 《马克思恩格斯全集》中文第2版第31卷，第411—582页。

四、1861—1863 年经济学手稿和《剩余价值理论》

马克思在接下来的研究中主要是落实他 1858 年 6 月在《七个笔记本的索引》① 中所拟订的计划。根据这个计划,"资本一般"这一篇包括"从货币到资本的过渡"一章和"资本的生产过程"一章,要点如下:资本和劳动能力的交换、绝对剩余价值、相对剩余价值、原始积累、占有规律的转变。接下来就是关于资本的流通过程的那一章。

1861 年马克思开始撰写《政治经济学批判》的续篇,在接下来的两年里写了 23 个笔记本。在研究文献中,这些手稿被称为《资本论》第二稿。不过,他中断了他按计划所进行的叙述,而着手分析以前有关剩余价值、利润、地租和利息的理论,作为历史批判的部分。稍后他又产生了一个想法:对历史部分进行总结,通过进一步的叙述加以补充,作为《资本论》第 4 卷出版。马克思去世后,考茨基承担了这一任务,以《剩余价值理论》为题发表了这部分手稿(1905—1910 年)。

1861—1863 年手稿以第 3 章"资本和利润"结束。这样,马克思就写完了《资本论》的重要部分,同时明确了结构安排。可以说,研究过程的终点在很大程度上就是这部手稿,马克思下一阶段可以开始直接叙述了。

---

① 《马克思恩格斯全集》中文第 2 版第 31 卷,第 299—304 页。

《资本论》第 1 卷的诞生及其不同版本*

一、《资本论》的结构计划：从六册计划到"资本一般"

马克思在《大纲》(《1857—1858 年经济学手稿》) 的《导言》中记下了通常所说的六册计划①并在《〈政治经济学批判〉序言》中公开强调了这个六册计划②。根据这一计划，这部著作应该包括以下几册：资本、土地所有制、雇佣劳动、国家、对外贸易和世界市场。马克思写作 1861—1863 年手稿的过程已显示出他的叙述篇幅正在明显增加。

---

* 本文是黑克尔教授 2011 年 5 月 31 日在中央编译局所做"《资本论》的产生、编辑和接受史"系列报告的第二讲。朱毅译，中译文发表于《国外理论动态》2011 年第 10 期。

① 《马克思恩格斯文集》第 8 卷，第 32—33 页。

② 《马克思恩格斯文集》第 2 卷，第 588 页。

因而 1863 年 1 月,马克思为他的著作草拟了新的计划,同时放弃了原来的六册计划,现在这部著作分为 3 篇:资本的生产过程、资本的流通过程、资本和利润,这 3 篇将分 3 册出版。第一篇(第 1 册)计划涉及 9 个方面的内容。作为开篇的商品和货币,将在第 1 点导言中加以概述(即把它作为《政治经济学批判》的续篇)。接下来是:2. 货币转化为资本;3. 绝对剩余价值;4. 相对剩余价值;5. 绝对剩余价值和相对剩余价值的结合;6. 剩余价值再转化为资本。原始积累。殖民理论;7. 生产过程的结果;8. 剩余价值理论;9. 关于生产劳动和非生产劳动的理论。①

专业文献曾就马克思是否真正放弃了他的六册计划进行过讨论,认为他没有放弃六册计划的论据是:马克思在《资本论》第 1 卷出版之后的几年中所做的研究,领域日益扩大,日益触及新的论题,其中就有对国家历史、世界市场和危机的研究。相反的论据认为:马克思自己曾经宣称他将集中精力研究资本一般,而把余下的题目留给他人去研究。

1866 年秋天,马克思为整部著作拟订了具体计划:全部著作应分成 3 卷 4 册。第 1 卷将收录《资本的生产过程》和《资本的流通过程》两册,第 2 卷收录第 3 册《总过程的各种形式》,第 3 卷收录第 4 册《理论史》。② 马克

---

① 《马克思恩格斯全集》中文第 2 版第 36 卷,第 313 页。
② 马克思 1866 年 10 月 13 日给路德维希·库格曼的信,载于《马克思恩格斯文集》第 10 卷,第 246 页。

思在给库格曼的信中表示，他认为在第 1 卷中有必要"从头开始"：

> 我之所以认为需要这样做，不仅是为了叙述的完整，而且是因为即使很有头脑的人对这个题目也理解得不完全正确，就是说，最早的叙述，特别是关于商品的分析，必然有欠缺之处。①

二、《资本论》第 1 卷手稿："直接生产过程的结果"

1863 年夏到 1865 年底，马克思实际上在撰写《资本论》第三稿，首先是完成第 2 册（第 I 稿）和第 3 册的第一个系统的草稿②，并准备将第 1 册付印，当然作者在流传下来的手稿中没有注明日期，因此在具体确认写作日期时必须考虑到：马克思的写作不是连续不断的，换句话说，他不得不经常中断这项工作，因为他"受到痈和疖子的折磨"③；此外，他的母亲于 1863 年 11 月 30 日在特里尔去世，他的朋友威廉·沃尔弗——马克思后来在《资本论》第 1 卷中为他题了献词——于 1864 年 5 月 9 日在曼彻斯特去世，因为这两个人的去世，马克思有较长时间不在伦敦。他们留下的遗产改善了马克思一家的物质生活状况，后者

---

① 《马克思恩格斯文集》第 10 卷，第 246 页。
② 《马克思恩格斯全集》中文第 2 版第 38、39 卷。
③ 《马克思恩格斯全集》中文第 1 版第 31 卷，第 425 页。

于 1864 年春天得以迁入一所新的住宅。

马克思曾于 1863 年 8 月 15 日告知恩格斯："我的工作（整理手稿，准备付印），一方面进展顺利。我觉得这些东西经最后加工……已经变得相当通俗了。"① MEGA 第 2 部分第 4 卷第 1 册的编者认为，马克思《资本论》第 1 册手稿的写作时间是 1863 年夏至 1864 年夏，而马克思"很可能把第六章作为最后一部分"来写，关于这个手稿写作时间的确定以及它是否是"草稿异文"的问题，在研究文献中早有过激烈的争论。考虑到马克思当时的状况，付排稿的完成在时间上应该往后延，很可能不存在什么丢失的"草稿"。直到 1866 年初情况才有所好转，马克思才得以集中全部精力整理第 1 册："至于我的著作，现在我每天用 12 个小时去誊清。"②

第 1 册的付排稿共约 500 页。马克思把正文划分为章，导言（"商品和货币"）起初不算一章。各章划分如下：1. 货币转化为资本；2. 绝对剩余价值的生产；3. 相对剩余价值的生产；4. 对绝对剩余价值和相对剩余价值生产的进一步考察；5. 资本的积累过程（各章标题取自《资本论》第 1 卷德文第 1 版③）。接下来是《第六章　直接生产过程的结果》。誊写工作不像马克思想象的那样简单，这份"誊清稿"只保存下来少数几个印张，也就是最后的第六章，这

---

① 《马克思恩格斯全集》中文第 2 版第 51 卷，第 647—648 页。
② 《马克思恩格斯文集》第 10 卷，第 233 页。
③ 《马克思恩格斯全集》中文第 2 版第 42 卷。

一章到第 495 页结束，马克思将《第六章》的 68 张大稿纸上下对折，上半页写正文，下半页留着做脚注。

　　1867 年初马克思做出决定，第 2 册不收入第 1 卷。显然他认为目前第 I 稿还不能付印。因此马克思很可能还决定：将可以看作是向第 2 册过渡的《第六章》从第 1 卷中删去，尽可能把它放在下一册书的开头；对他做出这一决定的原因，这里只能做一些猜测。这样一来，《资本论》第 1 卷的结尾只有总结为 3 句话的一个结论，而 1872 年德文第 2 版把这个结论删去了：

　　　　资本主义生产的直接结果是商品，不过是孕育着剩余价值的商品。因此，我们要回到我们的出发点商品上来，并且同它一道进入流通领域。不过，我们要在下一册中考察的不再是简单商品流通，而是资本的流通过程。①

　　顺便说一句，对马克思来说，删除这个结论使得《资本论》第 2 册开头部分的撰写成了问题。马克思曾在第 I 稿中注明：为了便于理解商品流通，《第六章》的一些内容应当重复讲一下。② 马克思在后来的几个手稿中，曾多次尝试联系第 1 册的内容来撰写第 2 册的开头部分。

---

①　《马克思恩格斯全集》中文第 2 版第 42 卷，第 794 页。
②　《马克思恩格斯全集》中文第 2 版第 38 卷，第 172 页。

三、《资本论》第 1 卷的出版和它引起的直接反响

1867 年 4 月,马克思亲自带着誊清的付排手稿到了汉堡,把它交给出版商奥托·迈斯纳。1867 年 8 月 16 日,《资本论》第 1 卷最后一个印张校阅完毕,马克思给恩格斯写信说:"我满怀感激的心情拥抱你!"① 一个月后,这卷期待已久的著作出版了。它不像 1859 年柏林出版的《政治经济学批判。第一分册》那样仅是一本薄薄的小册子,而是一本厚达 784 页的书。

恩格斯在《资本论》排印期间就校读过清样,令他感到十分高兴的是,资本主义生产方式错综复杂的经济联系得到了清楚而明确的表述,尤其是马克思对"工艺术语"的掌握给恩格斯留下了深刻的印象。但令恩格斯稍感遗憾的是本卷开头部分对价值形式发展的叙述,他请求马克思用较为通俗的方式来叙述货币的历史起源。马克思部分采纳这个建议并撰写了一个附录。同时马克思在《序言》中激励读者:"万事开头难,每门科学都是如此。"②

该书出版后,马克思在一些书上题了献词,寄给亲密的朋友和志同道合者。马克思还委托出版社向以前共产主义者同盟的战友以及国际工人协会的会员寄送了大量赠书。许多受赠人十分感激,例如日内瓦一家月刊的出版者约

① 《马克思恩格斯全集》中文第 1 版第 31 卷,第 329 页。
② 《马克思恩格斯全集》中文第 2 版第 42 卷,第 13 页。

翰·菲力浦·贝克尔就说道:"最近我收到了我们朋友的书——对我来说这是圣物,对世界来说这是珍宝。"①

马克思期待着德国的报纸和杂志对此做出反应。《资本论》第 1 卷发行不到一个月,马克思就迫不及待地写信给恩格斯:"现在是行动的时候了。你能够比我自己更好地向他谈论我的书。"② 恩格斯回应了这一请求,并给汉诺威的医生路易·库格曼③寄了两篇文章,请他负责在德国发表。恩格斯认为这两篇文章"适用于任何一家资产阶级报纸",关键是让人们关注《资本论》,迫使那些庸俗经济学家"不得不来表示自己对它的看法"④,并同他们"冲淡"经济学的做法作斗争⑤。

恩格斯撰写的书评,不管是人们熟知的出版物,还是保存下来的手稿,都能体现马克思这部著作的"严格的科学性"。恩格斯还多次指出这部著作的实用价值,例如,他认为,关于工作日的叙述可以为美国正在开展的争取"八小时工作日的运动"提供诸多论据⑥,而此时英国已通过了新的工厂法,把许多产业地区的工作日缩短到 10 小时。恩格斯认为,"资本的产生"、剩余价值的形成和工作日是他

---

① 约·菲·贝克尔 1867 年 10 月 7 日给燕妮·马克思的信。见 MEGA² 第 1 部分第 21 卷,第 1214 页。

② 《马克思恩格斯全集》中文第 1 版第 31 卷,第 364 页。

③ 即路德维希·库格曼。——编者注

④ 《马克思恩格斯全集》中文第 1 版第 31 卷,第 564 页。

⑤ 《马克思恩格斯全集》中文第 2 版第 21 卷,第 305 页。

⑥ 《马克思恩格斯全集》中文第 1 版第 31 卷,第 568 页。

评述的最重要的方面。当 1868 年春天，他着手为英国《双周评论》撰写更详细的书评时，他发现自己必须做摘录，他打算"整理"出一份摘录提要，以便将来在为《资本论》撰写评论时手里有一些备用资料。

但恩格斯并没有对全书的内容做摘录，而是在摘录完第四章即关于相对剩余价值的生产的叙述以后便中止了。恩格斯在研究剩余价值和剩余价值率的同时，收到了马克思的一封信①，信中记述了利润率的形成；这使恩格斯受到进一步的启迪并激发了他作为商人的研究兴趣。他询问马克思，应该怎样理解 m 即剩余价值，因为剩余价值没有"全部落入生产它的产业家的钱袋"，而是"在工厂主、批发商、零售商等等之间"进行分配。② 于是马克思详细解释了"利润率的阐述方法"③，这使恩格斯第一次明白《资本论》第 2 卷和第 3 卷的各个叙述阶段是怎样的，同时在第 3 卷中应详细论述社会资本的现实运动。

无论摘录还是通信都表明恩格斯的兴趣在于研究资本主义的历史发展。对恩格斯来说，在分析商品及其交换价值和使用价值的双重性时，通常提到的"开头部分的困难"是必须摘录的部分。当恩格斯在《资本论》第二章开头部分逐字逐句摘录到下述内容时，他似乎如释重负：

---

① 马克思 1868 年 4 月 22 日给恩格斯的信，载于《马克思恩格斯全集》中文第 1 版第 32 卷，第 65—68 页。

② 《马克思恩格斯全集》中文第 1 版第 32 卷，第 68 页。

③ 同上，第 70 页。

商品流通是资本的起点。因此，商品生产、商品流通及其发展，即贸易，总是资本产生的历史前提。16 世纪现代世界贸易和世界市场的建立揭开了资本的现代生活史。①

恩格斯在 19 世纪 70 年代，尤其是在批驳庸俗经济学和庸俗社会主义的观点时，再次利用他从《资本论》中获取的认识。他的著作《欧根·杜林先生在科学中实行的变革》（《反杜林论》）就是这方面的一个例证，该著作于 1877—1878 年在社会民主党的《前进报》上连载。他在写作过程中得到了马克思的帮助。

四、《资本论》第 1 卷后几个版本的改动："最后加工的一个版本"

《资本论》第 1 卷在排印期间就发现了问题，朋友恩格斯在校读清样时请求马克思把第一章即商品和货币中有关价值形式的部分写得好读一些（"通俗一些"）。马克思接受了这一建议并撰写了一篇附录"价值形式"。《资本论》在 1872 年需要出版第 2 版时，马克思不得不重新撰写这段内容，这样第一章"商品"便成为一个全新的文本。《马克思恩格斯全集》历史考证版第 2 部分第 6 卷首次发表的《补

---

① 《马克思恩格斯全集》中文第 2 版第 21 卷，第 385 页。

充和修改》这一手稿可以使人了解马克思在撰写这一章时的工作方法,尤其是"价值形式"这部分的叙述精确化了。有人认为可以从价值形式的阐述中瞥见货币形成的历史,我不赞同这种看法,因为这里是在解释价值概念的逻辑结构。

此外,马克思把这部著作具体分为7篇。但内部结构即著作结构本质上没有变化。新的篇章划分主要是为了帮助有组织的工人运动理解这部著作,同时这种划分对于理解《资本论》的方法具有重要意义。原来的章改为篇,同时将"工资"一节提升为篇,因此现在一共是7篇而不是6篇。另外,马克思又把该卷细分为25章和许多节。这样做比较接近恩格斯的想法——他早在出版第1版时就要求马克思进行"教科书"式的阐述,不过这同时成了恩格斯后来编辑《资本论》第2卷和第3卷的难题,因为他必须为这两卷做相应的章节划分。

这一版出版后不久,马克思即与译者约瑟夫·鲁瓦合作,准备《资本论》的法文版,在法文版中马克思又做了很多修改,他着重修改的是"资本的积累过程"这一篇,做了更详尽的阐述。另外马克思还把有关原始积累的部分抽出来,使之成为独立的一篇。① 有关这一篇我要提醒大家注意,法文版这篇中有一小段重要内容在后来的几个德文版中均未收录。在叙述对农村居民土地的剥夺时,马克思

---

① 《马克思恩格斯全集》中文第2版第43卷,第767—840页。

最初是这样表述的：这种剥夺在各个国家经历了不同的阶段，只有在英国才具有典型形式。对俄国土地关系的研究显然影响了他，因此，他现在是这样表述的：这种运动最初在英国进行，其后在西欧的其他一切国家都经历了同样的运动。①

马克思在法文版中第一次分析了资本的有机构成，即资本的质和量的构成。在这方面马克思区分了"集中"和"积聚"这两个不同的概念。马克思在德文第 1 版和第 2 版中从内容上确定了资本的积聚过程和集中过程，但他在叙述这两个过程时只使用了积聚这一个概念，因此积聚既表示单个资本的增长，又表示对分散的、单个资本的"吸引"。为了从概念上明确界定这两个过程，马克思在法文版中引入了集中这一概念，以此表示单个资本被集中在一起，后来的德文第 3 版吸收了这一点。

在准备法文版的过程中还遇到了一系列翻译上的问题，有些概念是经马克思审定的，如：sur-valeur（剩余价值），se valoriser（价值增殖）。"过程"这个词也是一个问题，法文中的 avancement 和 développement 都是"过程"的意思，但马克思最终采用了 processus 一词。我还可以举出很多例子，而所有这一切都证明，就像马克思在法文版的跋中所说的那样，法译本"在原本之外有独立的科学价值"②。

1883 年马克思去世后不久，《资本论》有必要出新的德

---

① 《马克思恩格斯全集》中文第 2 版第 43 卷，第 770—771 页。
② 同上，第 841 页。

文版。① 恩格斯承担了为新版做准备的工作。有马克思手迹的《资本论》德文第 2 版和法文版成了恩格斯出新版的依据，马克思在这两本书中对下一次出版时准备修改的段落做了标记。此外，马克思还为 1877 年有望在美国出版的英文版（未能实现）编制了"第 2 版修改一览表"。恩格斯这次对文本内容的修改主要参照了法文版，但没有按照法文版改动原有篇章的划分。恩格斯所做的文本修改还包括概念的细化，例如区分了"工艺"和"技术"这两个概念。

《资本论》德文第 3 版扉页上注明这是一个"增订"版。"增订"主要是指概念的细化和概念的增加，以及恩格斯自己增订并标明是编者注的一些注释。"增订"还指恩格斯所做的补充，比如他从《自然辩证法》的手稿中摘取的内容，例如分子理论和蒸汽机马力的计算。

19 世纪 80 年代终于可以准备《资本论》的英文版了，这一版本于 1886 年出版。② 该版由赛米尔·穆尔和爱德华·艾威林翻译，恩格斯审订。所依据的版本是德文第 3 版。马克思的女儿爱琳娜也参与了该版的工作，她负责核对引文。

19 世纪 80 年代末，恩格斯再次忙于第 1 卷，准备德文第 4 版，该版于 1890 年即"反社会党人非常法"废除后不久问世。这时德国工人运动蓬勃高涨，该版《资本论》的问世正是时候。德文第 4 版依照法文版做了 5 处修改，在有

---

① MEGA² 第 2 部分第 8 卷。
② MEGA² 第 2 部分第 9 卷。

些地方恩格斯还使用了新的语言表述。经审核的引文按英文原文给出，恩格斯补充了 13 个脚注。但恩格斯当时还没有想到要对资本主义的最新发展予以阐述，例如补充垄断的过程。从另一方面也可以说，恩格斯没有将法文版中新增加的一些段落收入德文第 3 版和德文第 4 版。

所有在这里简述的改动情况在 MEGA 第 2 部分第 6—10 卷的一览表中都有详细的记录。如果想详细了解文本的发展过程，可以查阅历史考证版的这些资料卷。从中首先可以看到 MEGA 发表《资本论》第 1 卷法文版、英文版和所有 4 个德文版的重要意义。《资本论》第 1 卷通常以最后一版即德文第 4 版为依据，《马克思恩格斯全集》德文版第 23 卷也是如此。《资本论》的专题研讨日益表明，其中存在着一个文本发展的过程，我们在研究某些特定的理论要素时，应该参考所有的版本。

关于《资本论》第 1 卷研究起点的争论：
简单商品生产还是简单商品流通？[*]

20 世纪 70 年代，在莫斯科国立大学经济学系的政治经济学教研室发生了多次争论，争论双方主要是 N. V. 切森和 V. P. 施克列多夫这两位教授。1979 年，我在哈雷的一个 MEGA²的讨论会上讲述过这些争论。^① 莫斯科教研室的这些争论不仅具有学术上的影响，也有政治上的影响。对于后者，我在此只想做简单的回顾：在施克列多夫^②于 1976—

---

    * 本文是黑克尔教授 2016 年 12 月 1 日在中央编译局所做的报告，张贤佳译，中译文发表于《马克思主义与现实》2017 年第 3 期。

    ① 罗尔夫·黑克尔：《马克思〈资本论〉第一版中价值形式的若干问题》，载于《马列主义研究资料》1983 年第 4 期（总第 28 期），第 8—22 页。

    ② Vladimir Petrovič Škredov: Über Engels' Historismus in seinem "Kapital"-Verständnis. In: *Marx und Engels. Konvergenzen-Divergenzen（Beiträge zur Marx-Engels-Forschung. Neue Folge 1997）*, Hamburg 1997, S. 128 – 130. 并见：Wladimir Schkredow: Die Untersuchungsmethode der Entstehungs-und Entwicklungsgeschichte der kapitalistischen Produktionsweise im „Kapital". In: *Internationale Marx-Engels-Forschung（Marxistische Studien. Jahrbuch des IMSF 12）*, Bd. I, Frankfurt/M. 1987, S. 232 – 237。

1977 年开设的《资本论》研讨课上，也讨论过这个争论的历史，并且还引述了鲁宾的观点。鲁宾在 20 世纪 20 年代曾经出版过 4 版《价值理论研究》，这些著作对于克服公式化理解马克思理论发挥了重要作用。[①] 20 年代末，对鲁宾的批评变成了政治上的指控，说他对经济学范畴进行了唯心主义解释，指责他把内容和形式割裂开来。[②]

因此，《资本论》研讨课上的这些争论和关于《资本论》"起点"的理论分歧就不可能不产生后果。它们不仅在政治经济学教研室成为批判对象，在经济学系的党员大会上也受到批判。这样的气氛迫使施克列多夫离开了莫斯科大学，他的学生不得不更换导师。继续正式讨论鲁宾已经不再可能。

那么这些争论在学术上的影响是什么呢？ 20 世纪 70 年代，民主德国的哈雷大学有位教授，名叫沃尔夫冈·雅恩。

① Isaak Il'ič Rubin: *Očerki po teorii stoimosti* [*Abriss zur Werttheorie*], Moskva 1923. Siehe auch drslb. : Abstraktnyj trud i stoimost'v sisteme Marksa [Abstrakte Arbeit und Wert im System von Marx]. In: *Podznamenem marksizma*, H. 7, 1927; drslb. : K istorii teksta pervoj glavy "Kapitala" K. Marksa [Zur Textgeschichte des ersten Kapitels des Kapital von Marx]. In: Archiv K. Marksa i F. Engel'sa, t. IV, 1929, S. 478 – 490; drslb. : Dialektičeskoe razvitie kategorii v ekonomičeskoj sisteme Marksa [Die dialektische Entwicklung der Kategorien im ökonomischen System von Marx]. In: *Pod znamenem marksizma*, H. 4/5, 1929.

② Jakov Grigor'evič Rokitjanskij: Die "Säuberung" -Übernahme des Rjazanov-Instituts durch Adoratskij. In: *Stalinismus und das Ende der ersten Marx-Engels-Gesamtausgabe (1931 – 1941)* (*Beiträge zur Marx-Engels-Forschung. Neue Folge. Sonderband 3*), Hamburg 2001, S. 15 – 17.

他领导当地的 MEGA 工作组，编辑第 4 部分第 7—9 卷和第 2 部分第 3 卷第 3 册、第 4 册。他非常关注莫斯科的这场争论，并在一篇论述起点范畴的文章中将这场争论总结如下：施克列多夫认为，《资本论》第 1 卷第一篇的内容并不是论述简单商品生产，而是论述"最初的直接抽象形式的资本主义商品交换过程"。与此相反，切森则认为，这违背了逻辑和历史的统一，他认为马克思是从简单商品生产出发的。切森引用了马克思、恩格斯和列宁的话，这些话都指出商品、货币和简单商品生产是"资本"的历史前提。①

须记住，MEGA²第 2 部分最初几卷促进了这种观点交流。这些卷次出版了马克思未发表的经济学手稿。因此，这些经济学手稿，也就是《政治经济学批判大纲》及《1861—1863 年经济学手稿》，都可以用于讨论。20 世纪 80 年代，《资本论》各版本出版，有关价值形式章节的各种稿本也出现了。

现在我想谈谈马克思和恩格斯自己对这个问题的看法。② 对于《资本论》第 1 卷的起点问题，他们两个存在认

① Wolfgang Jahn: Die Entwicklung der Ausgangskategorie der politischen Ökonomie des Kapitalismus in den Vorarbeiten zu Marx' "Kapital". In: "… unserer Partei einen Sieg erringen". *Studien zur Entstehungs-und Wirkungsgeschichte des "Kapitals" von Karl Marx*, Berlin 1978, S. 66–79.

② 我对这个问题的观点，包含在《马克思主义历史考证大辞典》的"简单商品生产"这个词条当中（1997 年汉堡版第 3 卷，第 119—126 页），这个词条是我撰写的，编辑做了一些改动。

识论的差异：对马克思来说，《资本论》第 1 卷始于资本主义；对恩格斯来说，则始于前资本主义。恩格斯在《资本论》第 3 卷（1894 年）的序言中首次提出了"简单商品生产"的概念：

> 但是，不言而喻，在事物及其互相关系不是被看做固定的东西，而是被看做可变的东西的时候，它们在思想上的反映，概念，会同样发生变化和变形；它们不能被限定在僵硬的定义中，而是要在它们的历史的或逻辑的形成过程中来加以阐明。这样，我们就会明白，为什么马克思在第一册的开头从被他当做历史前提的简单商品生产出发，然后从这个基础进到资本，——为什么他要从简单商品出发，而不是从一个在概念上和历史上都是派生的形式，即已经在资本主义下变形的商品出发。①

恩格斯这样解释马克思的方法由来已久。他在评论马克思的《政治经济学批判。第一分册》时指出：

> 逻辑的方式是唯一适用的方式。但是，实际上这种方式无非是历史的方式，不过摆脱了历史的形式以及起扰乱作用的偶然性而已。历史从哪里开始，

---

① 《马克思恩格斯文集》第 7 卷，第 17 页。

思想进程也应当从哪里开始……政治经济学从商品开始,即从产品由个别人或原始公社相互交换的时刻开始。①

但是《政治经济学批判》的第一句话就已经证明,马克思讨论的是作为"资产阶级的财富"的"元素存在"的商品②,而不是"原始公社"。

众所周知,"起点"问题在恩格斯阅读《资本论》第1卷第1版校样时再次出现。他要求马克思在阐述价值形式的时候写一个补充,说明货币形成的历史途径。③ 马克思早在出版之前就拒绝说,"我是既接受了你的建议,又没有接受你的建议,因为我想在这方面也采取辩证的态度"④。

不管是《资本论》第1卷第1版的附录,还是修订后的第2版(1873年),都没有划分简单商品生产和资本主义商品生产。对马克思来说,起点是以资本主义方式生产的商品,是商品交换,是商品流通。马克思是在产品交换向商品交换的转化过程中,来考察商品生产的历史发展的:

像商品生产在一定的发展阶段上必然成为资本主

---

① 《马克思恩格斯文集》第2卷,第603—604页。
② 《马克思恩格斯全集》中文第2版第31卷,第419页。
③ 《马克思恩格斯文集》第10卷,第260页。
④ 同上,第263页。

义商品生产一样，——只有在资本主义生产方式的基础上，商品才成为产品的一般的占统治地位的形式，——商品生产的所有权规律必然转变为资本主义占有规律。①

虽然商品和货币的历史比资本更悠久，但是对于马克思来说，方法上重要的是，不是就前资本主义的形态去阐述商品、价值和货币，而是在资本主义生产关系整体内部的简单流通这个范围内去阐释它们。他在写到简单价值形式的时候说：

> 这种形式实际上只是在最初交换阶段，也就是在劳动产品通过偶然的、间或的交换而转化为商品的阶段才出现。②

这就对发展关系进行了思维重构，也就是将逻辑上的推演同起源上的推导和重建区分开来。

有很多证据表明，恩格斯在马克思逝世前并不了解《资本论》工作的详情。恩格斯可能并不知道《政治经济学批判大纲》的《导言》中关于方法的提示：

> 因此，把经济范畴按它们在历史上起决定作用的

---

① 《马克思恩格斯全集》中文第 2 版第 42 卷，第 600 页。
② 《马克思恩格斯文集》第 5 卷，第 82 页。

先后次序来排列是不行的，错误的。它们的次序倒是由它们在现代资产阶级社会中的相互关系决定的，这种关系同表现出来的它们的自然次序或者符合历史发展的次序恰好相反。①

马克思在《第六章　直接生产过程的结果》（《资本论》第 1 卷没有收入）中也指出：

> 我们叙述的这种循环，是同资本的历史发展相一致的；对于这种历史发展来说，商品交换，商品贸易是产生条件之一，而这个产生条件本身又是在这样一些不同生产阶段的基础上形成的，所有这些不同生产阶段的共同之处是：在这些生产阶段中资本主义生产还完全不存在，或者还只是零星地存在。另一方面，发达的商品交换和作为产品的一般必要的社会形式的商品形式本身，又只是资本主义生产方式的结果。②

显然，对于《资本论》第 1 卷第 2 版的跋中对人们"理解得很差"③ 的方法的解释——"在形式上，叙述方法必须与研究方法不同"④，恩格斯同样有误解。

---

① 《马克思恩格斯文集》第 8 卷，第 32 页。
② 《马克思恩格斯全集》中文第 2 版第 38 卷，第 26—29 页。
③ 《马克思恩格斯文集》第 5 卷，第 19 页。
④ 同上，第 21 页。

恩格斯在《反杜林论》中声称，马克思在《资本论》第 1 卷中"再清楚不过地"证明，"商品生产达到一定的发展程度，就转变为资本主义的生产"①。他还继续写道：在中世纪的社会里，"生产基本上是为了供自己消费"，"商品生产，还只是在形成中"，"但是，随着商品生产的扩展，特别是随着资本主义生产方式的出现，以前潜伏着的商品生产规律也就越来越公开、越来越有力地发挥作用了"。②恩格斯在这里是从实质上描述简单商品生产，但是还没有这样来命名。恩格斯把简单商品生产理解为一种生产方式，其基础是手工业和农业分工生产以及生产资料私有制，但主要还不是雇佣劳动。因此对他来说，简单商品生产就是商品生产的最简单、最不发达的形式，其历史起源就是马克思《资本论》第 1 卷分析的起点。

卡尔·考茨基《卡尔·马克思的经济学说》（1887 年）的广泛影响，足以说明恩格斯的这种解释获得了多么热切的接纳。他此前曾指导考茨基：

> 生产资料在包括简单商品生产在内的先前各个时期中，同现在相比仅仅起着微不足道的支配作用，它怎样发展成像今天这样专横的支配力量，这是需要加以证明的。③

---

① 《马克思恩格斯全集》中文第 2 版第 26 卷，第 171 页。
② 同上，第 289—290 页。
③ 《马克思恩格斯全集》中文第 1 版第 36 卷，第 170 页。

而考茨基对此的回应如下："马克思的任务是：把资本当作历史范畴来认识，并且从历史方面去证明而不是从头脑中去构建资本的产生。"

恩格斯的《资本论》第 2 卷的序言（1885 年）引发了第 3 卷的"转形"问题之争。争论的关键在于怎样能在价值规律的基础上形成平均利润率。[①] 后来的批评和评论针对的恰恰就是这一点：根据价值进行商品交换和根据生产价格进行交换。批评者从中看出了矛盾，称第 1 卷和第 3 卷相互矛盾，因为马克思反驳了自己的价值理论。因此《资本论》第 3 卷经常被解释成自己承认理论失败。恩格斯 1885 年提出这个问题时显然没有意识到这种后果。通过他在《资本论》第 3 卷序言中对简单商品生产所做的解释，可以看出他在证明这两种理论不存在矛盾时遇到了困难。

关于用"简单商品生产"的概念来代替"简单流通"的概念，恩格斯在《〈资本论〉第三册增补》（恩格斯逝世后以《价值规律和利润率》为标题发表在 1895—1896 年的《新时代》上）中通过指明精确的时间做了更具体的说明：

> "只要经济规律发生作用，马克思的价值规律对于整个简单商品生产时期来说便是普遍适用的，也就是说，直到简单商品生产由于资本主义生产形式的出现而发生变形之前是普遍适用的"，"马克思的价值规律，从

---

① 《马克思恩格斯文集》第 6 卷，第 25 页。

开始出现使产品转化为商品的那种交换时起，直到公元
15 世纪止这个时期内，在经济上是普遍适用的"。①

将"商品流通"的概念换成"简单商品生产"，将《资
本论》第 1 卷第一篇解释成资本主义生产关系的前史，恩
格斯这种无心的做法却成了反对马克思的论据。

现在回到 20 世纪 70 年代那场争论上来。马克思和恩格
斯之间的这种分歧，也在切森和施克列多夫之间上演。针
对这个问题，沃尔夫冈·雅恩认为：

> 《资本论》第 1 卷第一篇就需要从整体上来进行理
> 解。在这里，商品不再是像前资本主义生产方式那样
> 被当作是例外现象，而是被当作存在于整体的各个部
> 分当中的细胞。

因此他得出结论：

> 这种细胞是资产阶级财富的元素形式，发达资本
> 主义社会的所有社会关系都实现在这种形式当中。不
> 明白为什么这种细胞本身不是资本主义政治经济学的
> 特有范畴。

---

① 《马克思恩格斯文集》第 7 卷，第 1018、1019 页。

切森的异议是，第 1 卷论述的是生产过程，在叙述上，生产也优先于再生产过程中的流通。对此，雅恩则明确指出，这并不适用于对起点的分析，也绝不意味着，从这种普遍正确的观点出发，人们就必须从简单商品生产中寻找起点，而不能从简单流通中寻找。

对于雅恩来说有一点非常清楚，针对第一篇在《资本论》总体结构当中的地位，简单商品流通的历史复杂性是各种误解的根源。这也反映在各种教科书当中，它们大都用一定篇幅考察了商品生产的历史。只有民主德国在 1988 年出版的《资本主义和社会主义的政治经济学》教科书才明确指出，《资本论》第一篇论述的不是简单商品生产，而是资本主义。

我在这里想要指出，当年在联邦德国也有类似争论，主要代表人物有汉斯·格奥尔格·巴克豪斯、汉斯·迪特·吉特施坦讷、汉斯·霍尔格·保罗和赫尔穆特·赖歇尔特①。弗雷德·E. 施拉德在解释为什么要再出第 1 版的时候说，这个版本展现了马克思写作过程的重要节点，因为他决定采取严格辩证的叙述逻辑，尤其是在分析商品和

---

① Hans-Georg Backhaus：*Dialektik der Wertform*，Freiburg i. Br. 1997（本书汇编了巴克豪斯最重要的文章）；Heinz-Dieter Kittsteiner："Logisch" und "historisch". Über Differenzen des Marxschen und des Engelsschen Systems der Wissenschaft. In：*IWK*，13. Jg.，H. 1，1977，S. 1–47；Hans-Holger Paul：*Marx，Engels und die Imperialismustheorie der II. Internationale*，Hamburg 1978；Helmut Reichelt：*Zur logischen Struktur des Kapitalbegriffs bei Karl Marx*，Frank-furt／M.，Wien1970（Neuauflage Freiburg i. Br. 2001）。

货币的时候。①

这场争论现在已经成为历史。与此相应，雅恩本人在《MEGA 研究》的一篇评论性回复中强调，毫无争议的是，针对商品生产发展中逻辑与历史的关系，马克思和恩格斯是从不同的角度加以考察的。②

虽然二十世纪七八十年代的这场争论已经成为历史，但是某种程度上却并没有过时。随着 MEGA² 第 2 部分工作的结束，关于《资本论》的起点以及马克思和恩格斯对此的理解，将会不断地被探讨。

因此，由于 MEGA² 第 2 部分第 4 卷第 2 册（1992 年）首次出版了马克思《资本论》第 3 卷的 1863—1865 年手稿，问题又被提出来了。通过对比恩格斯编辑的刊印版可以得知，恩格斯并未做到自己提出的要求（尽管"只有一个初稿，而且极不完全"，但还是"尽可能保持初稿的面貌"③），因为他对文本的介入导致了一种历史化。④ 因此，

---

① Fred E. Schrader：*Editorisches Vorwort zu Karl Marx. Das Kapital. Urausgabe*，Hildesheim 1880，S. II＊.

② Wolfgang Jahn：Über Sinn und Unsinn eines Textvergleichs zwischen der Engelsschen Ausgabe des dritten Bandes des *Kapital* von 1894 und den Marxschen Urmanuskripten. In：*MEGA-Studien*，1996/1，S. 123.

③ 《马克思恩格斯文集》第 7 卷，第 4、7 页。

④ Carl-Erich Vollgraf, Jürgen Jungnickel："Marx in Marx' Worten?" Zu Engels' Edition des Hauptmanuskripts zum dritten Buch des Kapital. In：*MEGA-Studien*，1994/2，S. 3 – 55；Hans-Georg Backhaus, Helmut Reichelt：Der politisch-ideologische Grundcharakter der Marx-Engels-Gesamtausgabe：eine Kritik an den Editionsrichtlinien der IMES. In：*MEGA-Studien*，1994/2，S. 101 – 118.

马克思和恩格斯之间的差别比过去所认为的要大得多。

我们从《资本论》第 2 卷手稿的编辑工作中也可以得出类似结论,因为恩格斯在这里碰到的问题同样是要根据马克思遗留的 8 份手稿,出版尽可能"完整"的一卷。同时又面临如下问题:商品作为资本的产物,在多大程度上是向第 2 册的过渡?各手稿中有几份草稿和第 2 卷的开篇有关,其中的"第 IV 稿"(开始于 1868 年初,由于数次中断,可能 1868 年底才完成)已经在 MEGA^{2}第 2 部分第 4 卷第 3 册首次发表(2012 年)。这份手稿里面有几段开篇的文字,它们在恩格斯编辑的文本中并未引起重视。

开篇的前两段文字,我稍做删减后引用如下:

> 资本主义生产过程的直接结果是一个**商品量**……为了使问题简化,我们首先假定,预付资本在生产过程中全部消耗掉……。换句话说:我们撇开**所使用**的资本中比如说以其旧有形式继续存在,因而并未进入流通过程的那部分不谈。商品产品的价值大于在该产品形成中消耗的商品的价值。因此,商品产品的**价格总额**所代表的货币多于为购买其生产要素所预付的货币。
>
> 商品产品现在必须转化为货币,或者说,必须卖出去。现在这一过程即简单商品流通中的第一形态变化,在资本的运动中构成第二形态变化或终结形态变化。这一过程是从商品形式向货币形式的**再转化**,从

而对货币向其出发点的**回流**起着中介作用。①

马克思在这里追溯了前面提到的第六章，并且明确指出，第 2 册的开篇和第 1 册不同，这里分析的不是单个的商品，而是在前两篇分析单个资本的循环和周转。这符合马克思所用的方法，即不管是对单个资本还是对社会总资本结构，都不仅只论述一次，而是从不同的抽象层面多次加以论述。只有在各个单个资本循环的"交错"当中，社会总资本的运动才能在下个抽象阶段形成。② 果真如此，那么就彻底清楚了，马克思在《资本论》第 1 卷的开头研究的是较低级抽象阶段上的简单商品流通。

---

① 《马克思恩格斯全集》中文第 2 版第 40 卷（上），第 389—390 页。
② 《马克思恩格斯文集》第 6 卷，第 392 页。

恩格斯编辑《资本论》第 2 卷和
第 3 卷的情况[*]

一、作者与编者的相互关系

在马克思去世以后，作者（马克思）与编者（恩格斯）的相互关系以特殊的方式表现出来。正如我在第一次讲座中提到的，马克思和恩格斯之间持久而紧密合作的前提条件确立了几十年之久。这里我想引用里夏德·施佩尔的话，他于 1999 年在一个报告中阐述两位作者共同创作的著作的编辑结果时讲到以下三点：第一，两个人在哲学世界观、对现存社会制度的评价、关于这些制度的形成和

　　* 本文是黑克尔教授 2011 年 6 月 10 日在中央编译局所做的报告，这是系列讲座"《资本论》的产生、编辑和接受史"的第三讲。沈红文译，中译文发表于《国外理论动态》2011 年第 11 期。

前景以及从中得出的任务和目标上高度一致。当然，他们之间在某些理论方面、在研究方法以及叙述方式上也存在细微的差别和不同。第二，恩格斯始终承认马克思是杰出的天才，只愿意在他身旁充当第二小提琴手。恩格斯说：

> 至于马克思所做到的，我却做不到。马克思比我们大家都站得高些，看得远些，观察得多些和快些。马克思是天才，我们至多是能手。①

第三，幸运的是，两位伙伴的性情非常相似，因此结成了很深厚的私人友谊。

因此，1883 年马克思去世之后，对于恩格斯来说，用生命最后 12 年中的大部分时间重新出版他和马克思共同撰写或马克思撰写的著作，并且整理完成马克思未完成的《资本论》第 2 卷和第 3 卷，这是理所当然的。

尽管我们前面提到两人之间的协调一致，但是恩格斯并不确切地知道马克思全部三卷《资本论》的具体写作状况。当他在马克思的遗物中发现《资本论》第 2 卷和第 3 卷的手稿时，他非常高兴，以致松了一口气写道："今天尼姆②在摩尔的手稿里找到了一个大包，里面是《资本论》第二卷，即使不是全部，也是大部分，共有五百多页

---

① 恩格斯：《路德维希·费尔巴哈和德国古典哲学的终结》，载于《马克思恩格斯文集》第 4 卷，北京：人民出版社 2009 年版，第 297 页。

② 海伦·德穆特。——编者注

对开纸。"①

在 MEGA²中完整地、以历史考证的方式发表马克思恩格斯的遗著，特别是在第 2 部分"《资本论》及准备著作"中发表那些以前没有发表过的手稿，使我们更好地理解了卡尔·考茨基在 1926 年就已经提出的问题。考茨基在他编辑的《资本论》第 2 卷普及版的前言中对这一问题做了如下概述：

> 现在有这样一种猜测，认为恩格斯并没有完全理解马克思的思路，并没有完全按照这种思路来整理和编辑手稿。……让我们设想一下，如果我成功地再做了一遍恩格斯用了近十年才完成的艰苦工作，而我在这点或那点上得出了与恩格斯不同的结果。那么，怎么向读者保证，我的理解就恰好比恩格斯的理解更贴近马克思的思路呢？为了消除所有疑虑，就必须给批评者自己做出判断的机会，也就是说，必须按照原貌完整地发表马克思的手稿。②

现在，MEGA²第 2 部分马上就要出齐了（就剩第 4 卷第 3 册），所有手稿将第一次完整地与读者见面，人们可以自己去仔细研究考茨基提出的问题，这是一件影响深远的事。

――――――――――

① 恩格斯 1883 年 3 月 25 日给劳拉·拉法格的信，载于《马克思恩格斯全集》第 35 卷，北京：人民出版社 1971 年版，第 463 页。
② 考茨基：《〈资本论〉普及版前言》，载于《卡·马克思〈资本论。政治经济学批判〉第二卷第二册普及版》，柏林 1926 年版，第XI页。

二、1885 年恩格斯编辑的《资本论》第 2 卷

下面就以论述《资本的流通过程》的第 2 卷为例，说明恩格斯的编辑工作是怎样进行的。MEGA^2 第 2 部分第 12 卷首次发表保存下来的恩格斯在 1884 年 6 月—1885 年 2 月之间完成的编辑稿。第 3 卷没有这样的编辑稿，因此这个编辑稿是说明恩格斯的工作方法的范例。当然，恩格斯也留下了一些第 3 卷的编辑文稿，收入 MEGA^2 第 2 部分第 14 卷，例如，第一篇的一个最初文稿（MEGA^2 第 2 部分第 14 卷第 172—183 页），以及有关利润率和货币资本的几篇提要等。

第 2 册的编辑稿是以马克思遗著中 10 个篇幅不等的手稿中的 7 个为基础编成的：第 I 稿产生于 1865 年上半年[①]；马克思在写了另外两个不完整的草稿之后，从 1868 年 12 月初到 1870 年中又撰写了完整的第 II 稿。

当他在 1877 年 3 月底重新着手研究第 2 册的问题时，先编制了以前几个笔记的索引，接着又在 1877—1878 年写了前两章的另外几个不完整的草稿。1880 年底至 1881 年初他撰写了第三章的基础文稿。[②]

恩格斯在《资本论》第 2 卷第 1 版的序言中就马克思这一大堆手稿的状况描述说：

---

① 参看 MEGA^2 第 2 部分第 4 卷第 1 册。

② 所有这些手稿都在 MEGA^2 第 2 部分第 11 卷首次发表。

材料的主要部分,虽然在实质上已经大体完成,但是在文字上没有经过推敲,使用的是马克思写摘要时惯用的语句:不讲究文体,有随便的、往往是粗鲁而诙谐的措辞和用语,夹杂英法两种文字的术语,常常出现整句甚至整页的英文。这是按照作者当时头脑中发挥的思想的原样写下来的。有些部分作了详细的论述,而另一些同样重要的部分只是作了一些提示。用作例解的事实材料搜集了,可是几乎没有分类,更谈不上加工整理了。在有些章的结尾,由于急于要转入下一章,往往只写下几个不连贯的句子,表示这里的阐述还不完全。最后,还有大家知道的、连作者自己有时也辨认不出的字体。①

恩格斯考虑到,这些文稿必须进行编辑加工。已经出版的恩格斯的编辑稿向我们再现了第 2 卷出版前的选材、整理、编辑和修改等各个工作阶段的细节。这个编辑稿本身不是付排稿,付排稿没有保存下来。1885 年出版的第 2 卷的刊印稿和编辑稿之间存在很大差异。因此,MEGA² 第 2 部分第 13 卷再次完整地发表了这个刊印稿,同时注明了刊印稿与编辑稿以及 1893 年出的第 2 版的差异。

恩格斯认为,他的任务是从马克思遗留下来的手稿中整理出一份完整的、符合出版要求的文稿,或者用我们今

---

① 恩格斯:《卡·马克思〈资本论〉第二卷序言》,载于《马克思恩格斯文集》第 6 卷,北京:人民出版社 2009 年版,第 3 页。

天的话来说，就是要为尽可能多的读者出版一个阅读和学习研究的版本，而没有考虑出版其他形式的版本，比如说学术考证版，何况也找不到这样的出版商。我们应该按照下列准则来衡量恩格斯的编辑工作，他在序言中也做了同样的陈述：这部著作应该"既成为一部连贯的、尽可能完整的著作，又成为一部只是作者的而不是编者的著作"。为此，他认为重要的是尽可能把自己的工作"限制在单纯选择各种文稿方面"，标准是"把最后的文稿作为根据，并参照了以前的文稿"。如果他在编辑工作中遇到了内容上的而不仅仅是技术性的困难，那么照他的话说，他总是"完全根据作者的精神"① 去解决这些困难。当然，在工作中也存在一定的可以酌情决定的余地，既有可能根据"作者的精神"，也有可能根据"编者的精神"做出解释。

然而，完成这个任务实际上要比预想的复杂得多、困难得多。编辑时需要对原文进行大幅度的改动，比如，改变结构、修改和增补某些段落、统一术语等。不仅在恩格斯自己誊清的第一章的前半部分，而且在后来由他口授、由秘书誊清的部分都有改动。他的秘书是奥斯卡尔·艾森加尔滕，原是莱比锡的排字工人，因"反社会党人非常法"被驱逐出境，流亡伦敦。恩格斯不仅在口授的过程中自己做了修改，而且由于马克思的手稿大部分情况非常复杂，为了整理出一个哪怕还算过得去的基础文稿，恩格斯不得

---

① 恩格斯：《卡·马克思〈资本论〉第二卷序言》，载于《马克思恩格斯文集》第6卷，北京：人民出版社2009年版，第9页。

不每天晚上对口授的部分进行加工。这样的改动在整个编辑稿中随处可见。如上所述，在工作中，恩格斯总是把最后写成的手稿作为根据，并参照以前的手稿。

三、说明成文过程的一览表

恩格斯的编辑工作在 MEGA² 相关卷次中以 3 个一览表（分别是"结构对比""出处表""差异表"）的形式反映出来，这是在 MEGA² 的文本考证资料卷的一般组成部分（如异文表、校勘表等）之外追加编制的。编辑恩格斯的编辑稿的主要任务是，让人们了解恩格斯对马克思手稿所做的编辑工作。做到这一点，一方面是通过在前言、成文史和专门的注释中所做的介绍；另一方面主要是通过这 3 个一览表。

在"结构对比"中，将恩格斯对原文所做的章节划分与马克思手稿中的章节划分放在一起比对。通过这种比对，可以看出恩格斯对各个章节的标题设置。在我看来，《资本论》的后两卷自然也应该沿用第 1 卷中详细划分章节的办法。然而问题在于，马克思自己在手稿中并没有做这样的章节划分。所以，篇和章的划分留待恩格斯去做。从结构对比中可以看出，第一、二章（篇）的章节划分在马克思的每个手稿中都不一样，章的标题也每次都有改动。因此就出现这样的状况：恩格斯所加的章节标题在许多地方与所论述的内容不一致。第 3 卷的一份目录草稿保存了下来

（MEGA²第 2 部分第 14 卷，第 313—317 页）。

从"出处表"可以看出，恩格斯将马克思手稿中的哪一部分用于编辑稿的哪一部分。这个一览表还表明，马克思原始手稿中叙述结构或顺序曾多次被改变；恩格斯进行了压缩，有些篇、章和段落的文稿是由马克思的各个手稿综合而成的。"差异表"具体注明，恩格斯对某些段落的表述是如何修改的，也就是说，他修改了哪些句子或概念，补充或删除了哪些内容。反过来也可以从中看出，编辑稿的哪些段落是直接采用了马克思的手稿。

恩格斯在《资本论》第 2 卷第 1 版序言后面列了一个表，说明他在各篇中分别使用了马克思的哪个手稿。在编辑稿中他在有些地方还说明他是以哪个手稿为依据的。如上所述，他的编辑工作就是选材和整理，在此过程中会调整文稿的位置、插入段落等。这种工作方法在"出处表"中再现出来，这个表具体反映出恩格斯的编辑稿和他的编辑工作所依据的马克思的原始手稿之间的关系。如果不同的段落相互衔接，或者说，这些段落摘自各个不同的手稿，那么这类情况在这里一目了然。最后完成的编辑稿在许多地方突破了马克思所采用文稿的结构安排。这些对原来的思想表达方式的改动可以从许多地方都存在的双重或三重的编码上看出来。恩格斯实际采用的马克思手稿中的所有段落都在"出处表"中注明。通过这种方式，反过来也可以确定恩格斯在他的编辑稿中没有采用的那些段落。就这点来说，"出处表"同时也是 MEGA²的使用者对恩格斯没有采用的文稿部分进行深入研究的出发点。

恩格斯准备编辑稿过程中的一个重要的工作阶段很有特点:他在口授过程中或者在审阅誊清稿的过程中修改马克思的表述,替换或统一术语概念,并进行翻译。这样的文字改动共有约 5000 处,都在"差异表"中一一注明。

关于《资本论》第 3 卷的编辑,在 MEGA^2 卷次中实行了卡尔·埃里希·福尔格拉夫和于尔根·容尼克尔对这些文字改动所制定的以下分类方法:

1. 改变文稿的编排

(1) 划分章节

(2) 调整位置

(3) 变脚注为正文

(4) 限定有关计划的表述

2. 扩展原文

(1) 内容上的补充

(2) 现实化处理

3. 删除一些段落

4. 处理重复的地方

5. 润色原文

(1) 分段、合并段落或增加铺垫语

(2) 取消着重号

6. 订正

(1) 订正内容

（2）统一概念术语

（3）修辞改动

（4）核准计算数字

（5）复核、补充和翻译引文①

第1、2、3类的文字改动可以查阅"出处表"，第5、6类可以查阅"差异表"。

四、从恩格斯的编辑工作中得出的结论

最后说几点结论。MEGA^{2}第2部分第12卷前言不打算对恩格斯的编辑做评估研究，前言强调的几个方面，也同样适用于恩格斯对第3卷的编辑，现在归纳如下：第一，恩格斯的编辑稿和马克思的文稿原文之间存在差异，这是一个事实，我们不能简单地从中得出结论说，恩格斯对马克思撰写的文稿做了草率的甚至故意的改动。更确切地说，大量文字差异说明，改动只是为了消除原文中的缺陷。在这种情况下，恩格斯订正了马克思手稿中明显的错误，或者补充了简化的段落。第二，应该考虑到马克思的手稿并不是成品。恩格斯的编辑稿和马克思的原文之间有据可查的差异证明，上面我们引述的恩格斯对马克思手稿的评价——摆在他面前的"材料的主要部分"，虽然"在文字上

---

① 卡尔·埃里希·福尔格拉夫和于尔根·容尼克尔：《马克思说的是自己的话吗？——关于恩格斯编辑出版的〈资本论〉第三卷的基本手稿》，载于《马克思恩格斯列宁斯大林研究》1997年第1辑，第60—61页。

没有经过推敲",但"在实质上已经大体完成"——只是在某种程度上符合事实。更确切地说,恩格斯做这么大量的改动,恰恰是因为在许多问题上,马克思在手稿中才开始尝试表述一些新的认识,并没有得出最后的结论。

顺便说一句,恩格斯本人在第 2 卷第 1 版序言中的另一个地方曾暗示,并不是所有部分都已经在实质上大体完成,他写道:"只有第一篇和第三篇出现了实际的、不仅仅是技术性的困难;而这种困难也不小。"① 他具体指出,在编辑第一篇前半部分的时候特别困难;而编辑第三篇的最大困难在于,使马克思在第 II 稿中的叙述与他在第 VIII 稿中所做的改善和扩充一致起来。

按照恩格斯的看法,马克思的第 VIII 稿,也就是第三篇,应当已经"改写,以适应作者已经扩大的眼界"——正如他在序言中所说。因为恩格斯认为,马克思在写作第 VIII 稿时已经认识到,首要课题,"是确定并且阐述那些对第 II 稿来说是新获得的观点"。从这段引文的上下文,以及从第 II 稿和第 VIII 稿的一部分可以清楚地看出,马克思在第 VIII 稿中所做的、被恩格斯称为"已经扩大的眼界"和"新获得的观点"的阐述,主要是指对固定资本的补偿和金生产的再生产等问题的补充,以及对积累和扩大再生产的叙述。如果我们考虑到,在马克思的手稿中对问题的叙述就已经有如此重大的变化,那么对恩格斯所做改动的评价

---

① 《马克思恩格斯文集》第 6 卷,北京:人民出版社 2009 年版,第 9 页。

就取决于我们怎样判断和评价马克思自己所做的阐述。

恩格斯对《资本论》第2卷和第3卷所做的认真负责、紧张努力、耗费时日的编辑和出版工作，与其他一些由作者的朋友和亲戚完成的遗著出版工作相比要出色得多。在120多年的时间里，人们只知道有恩格斯编辑的版本；今天，历史考证版又按原来的行文发表了马克思的基础文稿。只有这样，才能用真正的专业知识对恩格斯的编辑工作加以衡量并作出不同的评价。这项编辑学方面的重大成就为这个领域的学术研究提供了各种新的可能性。

《资本论》的通俗版和普及版[*]

　　《资本论》第 1 卷出版之后，一再有人尝试用一种更方便广大人民群众理解的形式来阐述政治经济学批判的难题。恩格斯曾请马克思用"教学"法叙述研究的对象，尤其是第一篇"商品和货币"。《资本论》德文第 2 版尽管对篇章结构进行了细化，但对于它的读者群，即工人来说，仍然很难理解，这样便产生了对《资本论》予以概述或进行简单阐释的书。

　　第一个出版题为《〈资本论〉浅说》单行本的人是约翰·莫斯特。从此，"通俗版"这一概念开始流行，之后又有了"普及版"这个概念。所谓"通俗"，无非就是"为人民群众所普遍理解"。这两种形式之间存在编辑上的区别

　　* 本文是黑克尔教授 2011 年 6 月 27 日在中央编译局所做的报告，这是系列讲座"《资本论》的产生、编辑和接受史"的第四讲。朱毅译，中译文发表于《国外理论动态》2012 年第 2 期。

吗？如果有，那么"普及版"主要有哪些编辑原则，这方面是否有过争论？

一、《资本论》的通俗版——从莫斯特到考茨基

首先，约翰·莫斯特，职业是书籍装订工，1871年起成为德国社会民主党党员，他是怎么想起研究《资本论》的呢？1873年，他因在开姆尼茨组织了一场声势浩大的反战游行而坐了几个月的牢，服刑期间研读了《资本论》并写下了《资本和劳动。卡尔·马克思〈资本论〉浅说》一书，该书不久之后出版。1874年1月，莫斯特当选帝国国会议员，2月起定居柏林。1874年3月，他为柏林工人做了有关巴黎公社的报告，因此，4月底他再次被捕；一直到1876年7月，也就是26个月之后，他才获释，此后任柏林社会民主党机关报《柏林自由新闻报》的编辑。

在莫斯特被监禁期间，威廉·李卜克内西和尤利乌斯·瓦尔泰希作为爱森纳赫派的代表，隶属于德国社会民主工党和全德工人联合会统一纲领草案起草委员会，他们于1875年夏天请求马克思审定莫斯特的《资本和劳动》一书。

马克思最初打算以加脚注的方式对该书进行润色和补充，他和瓦尔泰希在书信中就这个问题交换了意见。马克思大概在按商定的意思开始审定"商品和货币"这一篇以后发现，必须进行彻底的调整，有些地方甚至需要重写，

而这是脚注无法办到的。马克思虽然承担了这个任务，但他从一开始就明确表示，在这个修订版出版时，不能署他的名字。马克思在给国际工人协会会员、当时定居纽约的弗里德里希·阿道夫·左尔格的几封信中曾抱怨说，印刷工作太慢，特别是这个版本中的印刷错误太多。有马克思手迹的一本保存下来了，上面有 35 处马克思修改的墨迹。

当然，马克思对该书的内容还是满意的，因为几年之后他同意将该书译成英文并在美国出版。奥托·魏德迈的英译本于 1877 年 12 月 30 日—1878 年 3 月 10 日，第一次在美国的周刊《劳动旗帜》上分 11 篇连载。1878 年 8 月，这本著作以《卡尔·马克思〈资本论〉摘要》为标题作为小册子匿名出版。

这本小册子的内部结构基本依据《资本论》的各篇。莫斯特在划分章节时所依据的原则是"最大程度地根据理解的需要来进行"。《浅说》的特色，首先是详细选录了《资本论》第 1 卷中的重要段落或进行了概括性复述。莫斯特在对经济学理论进行简要的和鼓动性的叙述时，没有引用"描述工人阶级状况的大量材料"①，也没有选录马克思对资产阶级经济学理论的批判性分析。马克思没有反对莫斯特叙述的这些特点，也没有改动总体布局和表面的章节划分。

马克思所做的文本修改主要是为了证明商品价值的本

---

① MEGA^2 第 2 部分第 8 卷，第 738 页。

质、剩余价值的形成和工资这三者之间的密切联系。马克思从工人的直接利益，尤其是保障其生存的利益出发，揭示了剥削的本质。同时，马克思特别注重对价值和交换价值、劳动和劳动力以及劳动力的价值和价格这些经济学范畴的准确运用。马克思在给左尔格的信中谈到，他主要重新撰写了"涉及到价值、货币、工资"① 的段落。

"商品和货币"这篇的叙述对理解经济学理论具有重要意义。价值理论，即对商品价值、价值形式和价值规律的阐释，是剩余价值理论的基础。因此，马克思为了定义价值实体和价值量，采用了《资本论》第 1 卷的表述，但没有使用抽象劳动或劳动的二重性这一类范畴和概念。马克思认为，必须指出：社会平均劳动是价值实体，而社会平均劳动的量决定价值量。对价值形式的叙述也有别于第 1 卷中的叙述，马克思在此指出了产品交换向商品交换转化这一历史发展，从而指出了一般等价物，即货币的形成。

经证实是马克思审定的莫斯特的这部著作现收入了《马克思恩格斯全集》历史考证版第 2 部分第 8 卷。对于 1887 年出版的卡尔·考茨基的著作《卡尔·马克思的经济学说》，也提出过是否应收入《马恩全集》历史考证版的问题。这个通俗的《资本论》导读本在有组织的工人中流传最广。考茨基告诉伯恩施坦，恩格斯在这本书付排之前审读了手稿，但只是口头发表了意见，在给尼·弗·丹尼尔

---

① 马克思 1876 年 6 月 14 日给弗里德里希·阿道夫·左尔格的信，载于《马克思恩格斯全集》中文第 1 版第 34 卷，第 172 页。

逊的信中倒是对该书有一段评价:"尽管不总是十分准确,但是还不坏。"① 因此该书未收入《马克思恩格斯全集》历史考证版第2部分第10卷。莫斯特和考茨基的这两本《资本论》的入门书籍采用了马克思的术语,在群众中影响很大,因而可以说很"通俗"。下面我们谈谈普及版。

二、卡尔·考茨基编辑的《资本论》普及版

通常提到的1911年"维也纳编辑计划"将《资本论》第1卷的普及版定为广大工人群众阅读的马恩著作集的核心。它被称为符合"党的崇高利益",是"党的需要"。党的执行委员会看好这个短期便能初见成效的项目,于是决定在1913年纪念马克思逝世30周年之前,由狄茨出版社出版这个普及版,并将这项工作具体交由考茨基负责。只有社会民主党的出版社能够出版《资本论》的普及版,这对党的干部来说是理所当然的。

"维也纳编辑计划"写道,这个版本应该将"所有外文名称和引文翻译成德文,在注释中要继续沿用马克思的论断,例如有关工人的保护。这个版本应编制一个索引、撰写一篇附带有作者生平的导言和一篇《资本论》第1卷导读"。阿道夫·布劳恩——这项计划的积极倡议者之一,把自己的厚望寄托在一个内容全面的索引上,他在给卡尔·

---

① 恩格斯1888年1月5日给尼古拉·弗兰策维奇·丹尼尔逊的信,载于《马克思恩格斯全集》中文第1版第37卷,第9页。

考茨基的信中写道：希望这个索引既要指明重要的联系，又要承担评注的功能。

决定做出后，梁赞诺夫和考茨基立即就《资本论》第1卷普及版的编辑原则交换了意见。他们都认为注释和索引极其重要。梁赞诺夫比布劳恩晚两天，即在1911年1月20日，给考茨基写信说：

> 对这个普及版有必要做一些补充：编一个文献索引，注明马克思引用的表明"当代"技术发展水平的著作；增加关于工厂立法、技术和大工业的历史的新数据；……以及写一篇导言，引导人们如何以最好的方式阅读《资本论》。

此外，梁赞诺夫还主张编一个"兼顾理论问题和实践问题的"名目索引和一个人名索引。最后梁赞诺夫请考茨基撰写前言，阐明"《资本论》对于科学和工人运动的意义"。

最后出版的《资本论》第1卷普及版有些方面不符合梁赞诺夫的设想。考茨基在前言中总结了自己的编辑过程。其中提到，保证文本的正确性对他来说是一个重要的"技术"任务，即首先要订正前几版中的所有印刷错误。考茨基选择的文本基础是马克思1873年修订过的德文第2版，同时参考了恩格斯在德文第3版和第4版中所做的改动，并在理解方面参考了法文版的改动。考茨基没有拘泥于细节，即没有标注出处便收录了法文版中的恩格斯没有收录的而他认为很重要的添加内容。此外他还核对了引文和出处,翻译了外文表述,替换了部分外来词。在注释方面,考茨基没有采纳梁赞诺夫的建议,他得出的结论是,注释不能代替百科全书,对马克思的事实材料不可能做到全新的补充。

考茨基也没有满足梁赞诺夫写一篇全面评价《资本论》的前言这个愿望。他只是向"一般读者"提了一些建议,引导他们如何克服开始阅读时的困难。因为,"越往下读,就越能理解这些理论的出发点,即价值理论;而越理解价值理论,就越能明白整个运行机制,其过程受价值规律的支配"①。不管关于普及版的考虑是模糊的,还是像在梁赞诺夫那里那样是明确的,在某些方面都是不谋而合的。总的考虑是:让尽可能多的工人读者了解马克思的思想历程。这里有两层意思:一是应该更加通俗易懂,即比恩格斯所编辑的《资本论》三卷本更加容易理解,或者说应该做到这一点;大家认为关键的一点是,让普通读者能够从经验上把握所阐述的对象。二是要做到让普通人手头都有一本《资本论》,梁赞诺夫对此有一个令人信服的解释:工人实际上根本没有时间坐在图书馆里阅读《资本论》。

---

① Jürgen Rojahn, *Aus der Frühzeit der Marx-Engels-Forschung*, a. a. O., S. XXXIV.

三、莫斯科马克思恩格斯列宁研究院编辑的普及版

按照共产国际领导层的长期设想，马克思恩格斯列宁研究院编辑的《资本论》计划在马克思逝世 50 周年纪念日之际，即 1932—1933 年出版。早在 1924 年，共产国际第五次代表大会就决定，在出版 MEGA 的同时，还要用几种主要的语言出版马克思恩格斯选集。4 年后，在共产国际第六次代表大会上，美国代表团重新提起这个尚未实现的决定并主张出版马克思恩格斯著作普及版。这对于莫斯科马克思恩格斯列宁研究院来说不是唯一的计划。在德国共产党的催促下，梁赞诺夫于 1929 年 6 月接到任务，必须在 1933 年 4 月以前编辑完成 20 卷本的"通俗性、战斗性的德文版"。与此同时，也就是 1930 年，根据红色教授学院的要求，《资本论》俄文新版纳入马克思恩格斯列宁研究院 1931 年的工作计划。马克思恩格斯列宁研究院在 1931 年遭到"大清洗"，127 名员工被指控犯有孟什维主义的错误而遭解雇和迫害，上述全部工程因而陷入停滞。

在人员重组过程中，德国人卡尔·施米特成为《资本论》这一版本的责任编辑。1932 年 6 月，《在马克思主义的旗帜下》发表了施米特为考茨基编辑的《资本论》两卷本袖珍版所写的书评，对"社会民主党的歪曲行为"提出了尖锐批评。这篇书评是莫斯科普及版在准备阶段对社会民主党编辑的马克思著作以及其他马克思著作的版本发起的

系列宣传攻势的一个重要部分。施米特可能接受了这样的任务：为批判梁赞诺夫进一步找寻把柄。当时梁赞诺夫已被扣上叛党的大帽子，说他为了社会民主党的利益将那些揭露卡尔·考茨基思想状态的马克思恩格斯文献藏而不发。施米特声称，卡尔·考茨基编辑的版本"为了资产阶级和社会民主党的利益，试图对马克思的著作断章取义，甚至有意歪曲"。他说，对付这种为资产阶级利益而进行的歪曲和交易，莫斯科的《资本论》普及版将是一个有力的武器。①

考茨基的版本与马克思恩格斯列宁研究院的版本在计划方面存在根本的区别。考茨基最初只计划和设想出版《资本论》第 1 卷的普及版，以此结束自己对马克思著作的编辑工作。考茨基这样编辑有更可靠的原因：马克思审定后出版的第 1 卷不是一个版本，而是三个版本。由于普及版不可能做出综合性的叙述，因而以马克思审定的德文最后一版即德文第 2 版，而不是以马克思打算审定的下一版为依据，是合理的；对于这个想象中的德文版，恩格斯用自己编辑的德文第 3 版提供了一个可靠的模式。同样，采用法文版中的一些段落，也是合理的，因为已经证实，由于法文版独立的科学价值，马克思原就打算在出版新的德文版时采用法文版。因此，我们不能指责考茨基对文本基础的选择具有随意性或者说他的抉择是对恩格斯的否定。

---

① Schmidt, *Eine sozialdemokratische Fälschung des "Kapital"*, S. 106 – 111.

考茨基编辑的《资本论》第 2 卷和第 3 卷的普及版是后来才完成的，也就是说，他在 1914 年考虑的只是第 1 卷的普及版，但他在准备第 2 卷和第 3 卷的时候，只能二者择一，要么以恩格斯的文本为基础，要么从头再来，也就是重新编辑马克思的手稿。而莫斯科则计划把《资本论》三卷本编辑成相辅相成的统一整体。一方面，在编辑第 2 卷和第 3 卷时以恩格斯的版本为文本依据；另一方面，在编辑第 1 卷时放弃恩格斯 1890 年编辑的版本，而采用马克思的最后一版即德文第 2 版：这种做法从纯粹编辑学的角度看也是行不通的。不过，这个问题由于对马克思和恩格斯的教条主义看法，即把他俩视作科学和政治的统一体，在研究院发生权力更替之后没有再进行讨论。

凡是看过莫斯科《资本论》版本的人，很容易发现普及版的含义发生了重大改变：宣扬马克思、恩格斯、列宁之间的连续性和统一性已成为评注中的一个主要特征，而这首先是作为政治上合法性的证明。阿多拉茨基在第 1 卷序言中划定了一个总的框架，之后第 3 卷序言就引用了列宁 1915 年的评论：《资本论》第 3 卷最主要的理论是地租理论，并解释说，"地租理论"这一篇与其他各篇相比，是最具有独立意义的一篇，还说，马克思对级差地租和绝对地租的分析为马克思主义关于土地问题的立场提供了理论基础；列宁在同民粹派和修正主义者的论战中把马克思的地租理论应用于俄国的土地关系，并据此为农民阶级制定了无产阶级的政策和策略；因而马克思的地租理论成为

1929—1933 年农业集体化的合法性依据。为了给这一点做铺垫,序言专门引用了斯大林 1929 年在苏联土地专家大会上的一段著名讲话。这个版本的附录收录了恩格斯 1894 年的著作《法德农民问题》中的一部分和列宁 1901 年的著作《土地问题和"马克思的批评家"》中的"地租理论"。

莫斯科马克思恩格斯列宁研究院编的这个版本不仅收录了列宁的文章,选录了马克思恩格斯关于《资本论》的通信,而且还收录了恩格斯对《资本论》第 3 卷的两篇增补,即《价值规律和利润率》以及《交易所》。考茨基的普及版没有收录两篇增补中的任何一篇,因为考茨基认为,对于普及版来说,将恩格斯 1894 年的文章与马克思的手稿相提并论,没有意义。正如之前提到的那样,考茨基显然也没有深入研究恩格斯的编辑材料,否则他就会发现《交易所》。至于《价值规律和利润率》这一篇,他是在伯恩施坦 1896 年将它发表在《新时代》后知道的。

考茨基只是有节制地限于收录马克思的文稿,这被莫斯科马克思恩格斯列宁研究院理解为,他一方面试图割裂马克思和恩格斯,另一方面试图割裂马克思恩格斯和列宁。读者得到的解释是,《交易所》这篇文章很重要,是向列宁关于帝国主义分析的"直接"过渡,而且恩格斯与列宁两人的研究过程和研究结果也惊人的一致:

> 恩格斯(不是像考茨基、希法亭和伦纳等人一样从流通出发),而是像后来的列宁一样,从生产出发,

指出生产的集中、资本的积聚和集中已进入一个新阶段，并从中产生出股份公司这一形式的普遍化；工业垄断以托拉斯的形式出现，工业的"交易所"化，即交易所与工业资本相结合（继而是银行资本与工业资本相结合），列强对殖民地的资本输出和垄断化（瓜分非洲）。[①]

《交易所》第一次用原文发表于第 3 卷，同时它还发表在 1933 年的德文杂志《在马克思主义的旗帜下》——在此之前，即 1932 年已用俄文发表。这是一系列宣传性质的首发活动和翻译活动的一部分，莫斯科马克思恩格斯列宁研究院想借此展示自己 1932—1933 年继"大清洗"之后编辑队伍不但没有衰落，而且编辑能力在政治上有所加强。莫斯科马克思恩格斯列宁研究院将 1933 年《在马克思主义的旗帜下》首次发表的《交易所》用于全面反击各种无视列宁的马克思主义。阿·列昂季耶夫写道："这篇手稿再次证明，马克思主义创始人的著作与列宁的著作之间存在密切的、不可分割的联系。"而这个列昂季耶夫可能就是第 3 卷"编辑说明"的作者和这卷名目索引的最后审稿人，该卷名目索引被赋予了极其重要的意义。

马克思的《资本论》第 3 卷文稿与恩格斯的增补材料

[①] Vorbemerkung der Redaktion zu：Karl Marx：*Das Kapital* Band III, Teil 1, S. 7*.

在编辑上的整体性就这样确定了，并一直沿用了几十年之久。恩格斯的手稿被冠以"增补"这个总标题插入德文版《资本论》第 3 卷。"增补"这一名称源于恩格斯 1895 年 5 月 21 日给考茨基的信，从这封信中可以看出，他打算让《新时代》刊登他对《资本论》第 3 卷的增补。[①]《编辑说明》中写道，这个增补直接放在恩格斯的序言之后，类似于对马克思第 1 卷第 2 版跋的处理，"增补"在内容上与他的序言有直接的联系，是读者阅读第 3 卷，特别是该卷的第一部分，即前五篇不可多得的指南。

阿多拉茨基本人在 1932 年称莫斯科的这个《资本论》版本是马克思的这部主要著作全三卷的"第一个真正的普及版"。这是一个预期的目标，但却没有取得实际成效。由于法西斯恐怖在德国肆虐蔓延，德文的普及版根本没有任何机会进行普及宣传。

第二次世界大战结束后，《资本论》普及版获得了新生，柏林狄茨出版社多次重印，当然去掉了"编辑说明"和列宁的文章，但保留了恩格斯对第 3 卷的"增补"。直到 1962—1964 年，随着《马克思恩格斯全集》德文版的出版，《资本论》全三卷才有了新版本，这一版直到今天仍然是不可多得的学习研究版。

---

① 恩格斯 1895 年 5 月 21 日给卡尔·考茨基的信，载于《马克思恩格斯全集》中文第 1 版第 39 卷，第 461 页。

参考文献

Rolf Hecker: Die Popularisierung des "Kapitals" durch Johann Most. In: *Internationale wissenschaftliche Korrespondenz zur Geschichte der Arbeiterbewegung* [*IWK*], 41. Jg., H. 1/2, März 2005, S. 115 – 125.

Rolf Hecker: Rjazanovs Editionsprinzipien der ersten MEGA. In: *David Borisovič Rjazanov und die erste MEGA*, Hamburg 1997 (*Beiträge zur Marx-Engels-Forschung. Neue Folge. Sonderband 1*), S. 7 – 27.

Carl-Erich Vollgraf: Editionen im Wind ihrer Zeit: Die Volksausgaben von Band III des Kapital durch die Kautskys 1929 und das IMEL 1933/34. In: *BzMEF. NF 1998*, S. 61 – 96.

马克思在汉堡和《资本论》的印刷——纪念《资本论》出版 150 周年[*]

一、马克思在汉堡的停留

（一）1845 年第一次停留——逃离布鲁塞尔？

1845 年 4 月 30 日前后，马克思在汉堡停留了几日，并在露兹大酒店过夜，5 月 1 日和 2 日有两家报纸对此做了报道。①

人们似乎完全不知道他在那里做了什么。

我的猜测是为了逃避布鲁塞尔警方的追踪。但也有可

＊ 本文是黑克尔教授 2017 年 5 月 12 日在中央编译局所做的报告，林芳芳译。

① *Schriften aus dem Karl-Marx-Haus*, Bd. 43, Trier 1990, S. 223/224.

能是：1845 年 4 月海伦·德穆特来到布鲁塞尔以后，家里变得拥挤不堪，马克思一家搬家了，警方 5 月 3 日知道了新住址。① 或许马克思让女人们独立完成搬家？别忘了，燕妮还怀着劳拉。

也可以设想：马克思在亨利希·海涅的介绍下会见出版商尤利乌斯·康培。因为海涅的诗集在霍夫曼—康培出版社出版，而且他们一直保持着联系。还有其他迹象表明，马克思在巴黎的地址已经充当中转站，② 也许马克思也想结交一下这位出版商。此外，康培当时的左右手是年轻的奥托·迈斯纳——马克思当时可能已经见到了他。但是这似乎更让人难以置信。

（二）1849 年第二次停留——对《新莱茵报》的支持

大约在 1849 年 4 月 19 日到 5 月 6 日，马克思住在汉堡的"王储旅馆"。他与激进的民主党人卡尔·冯·布伦、克里斯蒂安·格吕伯尔、康拉德·施拉姆和泰奥多尔·哈根等人会面。具有民主思想倾向的骑士领地主埃瓦尔德·冯·弗里施借给马克思 50 塔勒，布伦借给他 6 塔勒，供他返回科隆。1865 年，布伦要求他还钱。③

然而，马克思在汉堡的 14 ~ 16 天的时间里做了些什么呢？仅仅是见了一些人？他与康拉德·施拉姆和泰奥多

---

① *Schriften aus dem Karl-Marx-Haus*, Bd. 43, Trier 1990, S. 241.

② *Familie Marx privat*, Berlin 2005, S. 396.

③ MEGA² 第 3 部分第 13 卷，第 285、311、381 页。

尔·哈根的会面可能时间更长也更频繁些。**哈根**是一个地地道道的汉堡人,他修完了商科,又在巴黎学了音乐,并且管理着汉堡市立剧院。1848—1849 年革命期间,他投身于汉堡工人教育协会和民主派委员会。后来在 1849 年 11 月初,泰奥多尔·哈根受马克思的委托,与汉堡的出版商尤利乌斯·舒伯特就《新莱茵报。政治经济评论》杂志的出版进行了协商。哈根还找到了一个印刷工人。哈根是这一杂志的校对者。然而他也被迫在 1850 年底流亡国外。

第三个人是**施拉姆**,他受的也是商科教育。他来汉堡是为了参加革命并加入共产主义者同盟。他与马克思会面后不久就被捕了,不过在 1849 年 9 月得以逃跑并流亡到伦敦。他在伦敦与马克思再次建立了联系,并成为由马克思创办的《新莱茵报。政治经济评论》的责任发行人,该杂志 1850 年在汉堡出版了 6 期,发行量 2000 ~ 2500 册。[①] 就此而言,马克思在汉堡的停留取得了长效的成果,并巩固了他在这个汉萨城市的地位。

(三) 1867 年第三次停留——交付《资本论》手稿

1867 年 4 月 12 日,卡尔·马克思乘坐蒸汽式帆船"约翰牛"(这是对英国拟人化的称呼)号抵达汉堡,去见出版商奥托·迈斯纳。在他的旅行包里装着由他自己写的,或重新誊写和编辑的《资本论》第 1 卷第 I 稿的大部分手稿。

---

① MEGA² 第 1 部分第 10 卷,第 675—696 页。

前面有一小部分已经在 1866 年 11 月寄出。

然而，迈斯纳认为在拿到全部付排手稿之前，没有理由早早开始排版和印刷。这是一个沿用至今的经验——虽然马克思为此抱怨说："迈斯纳在很久不来信——据他说是由于事情太忙——之后，写信给我说，我的计划'不合他的意'。"① 因此，马克思不得不亲自到汉堡与迈斯纳商讨细节。

然而，马克思并没有在办公室见到迈斯纳，所以马克思在金克酒店等他，从迈斯纳办公室到酒店只需要步行 5 分钟。谈话直到晚上才实现。

> 手稿便立即送往他的出版社，锁在保险柜里。几天之内就要开印并且会印得很快。随后我们一起喝酒，他声称，能够有幸和我认识，感到非常"兴奋"。②

4 月 17 日，马克思前往汉诺威，到他的朋友路易·库格曼③家里做客。

（四）1869 年第四次停留——与女儿燕妮一起

1869 年 10 月 8—9 日，马克思和他的女儿燕妮在汉堡

---

① 马克思 1867 年 1 月 19 日给恩格斯的信，载于《马克思恩格斯全集》中文第 1 版第 31 卷，第 275 页。

② 马克思 1867 年 4 月 13 日给恩格斯的信，载于《马克思恩格斯全集》中文第 1 版第 31 卷，第 291 页。

③ 即路德维希·库格曼。——编者注

停留。这是他们一个多月(9 月 10 日—10 月 11 日)旅行的终点站,旅行途经比利时(布鲁日、列日)和德国〔亚琛、科隆、锡格堡、波恩、威斯巴登、汉诺威(在这里差不多三周时间)〕。马克思在汉堡与奥托·迈斯纳就《资本论》的销售进行了讨论。也许他们住在熟悉的金克酒店?

(五) 1874 年第五次停留——与女儿杜西的假期旅行

1874 年 10 月 3 日前夕,马克思和他的女儿爱琳娜从卡尔斯巴德返程,经过德累斯顿、莱比锡和柏林抵达汉堡。我们不清楚他们在哪里投宿。他们在汉堡停留了几天,可能去了北海周边郊游。

二、关于印刷《资本论》的合同

威廉·施特龙促成了关于《资本论》印刷的合同。马克思和施特龙在 1848 年科隆工人教育协会时期结识,后来施特龙作为贸易代表住在杜塞尔多夫。他的弟弟欧根·施特龙是汉堡的纺织商人。① 威廉·施特龙出于工作的需要,往返于英国、比利时和德国之间。施特龙在伦敦时曾拜访马克思(施特龙致马克思的信共有 19 封流传下来)。

1864 年底,马克思迈出第一步,为出版他的著作做准

---

① 马克思在他的笔记本里记录了欧根·施特龙的住址:Uhlenhorst,Sch〔öne〕Aussicht 7 u. Norddeutsche Bank, Mönkedamm 7. (RGASPI, f. 1,op. 1, d. 2031.)。

备。1864 年 11 月 29 日，他告知路易·库格曼："我想，我的关于资本的著作（六十个印张）终将于明年整理好付印。"① 1865 年初，马克思一定已经和施特龙建立了联系，因为施特龙在 1 月 30 日给他写信：

> 对奥托·迈斯纳的拜访我并不是不满意。无疑都是些无用的谈话。暂时只有一个成果，迈斯纳声称他愿意出版你的著作。……迈斯纳总体上给我留下了不错的印象，他不是个资本家。②

但马克思要对篇幅做更详细的说明，即整部作品总共 45～60 印张还是每一卷各有 45～60 印张，以及他能接受怎样的稿酬条件。马克思在 2 月 1 日将施特龙的信转寄给恩格斯，并要恩格斯告诉他对这个"出版问题"有什么想法。③ 恩格斯回信说：

> 迈斯纳。目前一切都已就绪。当然你应当亲自到那里去一趟。如果你能在合同中写明保留审阅书和文件的权利，如果迈斯纳同意马上无息预付给你应付稿酬的三分之二，那么入股就有它的优点。从施特龙的信中可以看出，迈斯纳能不拿出钱来，就不拿出来。

---

① 《马克思恩格斯全集》中文第 1 版第 31 卷，第 437 页。
② MEGA² 第 3 部分第 13 卷，第 189 页。
③ 同上，第 191 页。

不管怎样，你应带上稿子亲自到那里去一趟，并且签订合同。

　　而且这件事要赶快做。目前的时机对出书很有利，而我们的名字又一次受到了公众的尊敬。你知道，在德国印刷出版的事情是惯于拖拖拉拉的。所以，不要放过时机，这在效果上有很大的不同。[①]

然而，恩格斯对于马克思已经可以带着手稿前往汉堡一事过于乐观了。与此同时，施特龙也并不是无所事事，他与迈斯纳协商出了一份合同草案。2月9日，施特龙把合同草案寄给马克思，并告知将在近几日亲自"拜访"他，以便说明更多细节。这个合同草案流传了下来，而合同原稿却没有，因此我们可以在这里了解到临时的合同内容：

　　1. 我方签署承担"卡尔·马克思《资本论。政治经济学批判》"著作的出版。约 50 印张，分两卷，第一版及此后各版均采取如下方式：从总收益……中扣除纸张、印刷、装订、邮寄、广告等费用，其余收益平分。[②]

---

① 恩格斯 1865 年 2 月 5 日给马克思的信，载于《马克思恩格斯全集》中文第 1 版第 31 卷，第 58 页。

② MEGA[2] 第 3 部分第 13 卷，第 912 页。见 Ina Osobova：Wie ist der Vertrag zwischen Marx und Meißner über die Herausgabe des "Kapital" zu datieren? Eine Anmerkung zu MEGA[2] II/5. In: *Quellen und Grenzen von Marx' Wissenschaftsverständnis* (*Beiträge zur Marx-Engels-Forschung. NF 1994*), S. 218ff。

其余 7 条规定了结算、版权、装帧的细节和获得 10 本赠阅本的权利。最后一条的内容是："作者最迟应于今年 5 月底向出版方提交著作的完整手稿，出版方最迟应于今年 10 月将整部作品寄出，第一卷可能更早。"①

马克思似乎基本上认同这份合同，只有最后一条对他不合适，他也把想法传达给了迈斯纳——不是直接通信就是通过施特龙。不管怎样，3 月 12 日，迈斯纳把合同寄给马克思，这份合同尊重了马克思的意愿，即不规定交稿期限，总篇幅限定在 60 印张。此外，迈斯纳表示，他并不在意手稿是否分批提交，他只想知道何时能完结。不过"整个手稿一次性寄出更好"②。可是这份手稿迟迟没有寄出。

下一次的进度报告是在 7 月 31 日马克思致恩格斯的信中，他说再写三章，前三册就完成了。对于恩格斯的追问，他又在 1865 年 8 月 5 日的信中回答，"绝对有必要把整个东西"放在他面前。"不管怎样，你可以相信，我将尽一切努力，以便尽可能快地完成，因为这件事像梦魇一样压着我。"③ 这样的情况持续到 1865 年底，直到马克思准备好将第 1 册的手稿付印。

---

① MEGA² 第 3 部分第 13 卷，第 913 页。
② 同上，第 346 页。
③ 马克思 1865 年 8 月 5 日给恩格斯的信，载于《马克思恩格斯全集》中文第 1 版第 31 卷，第 138 页。

三、奥托・迈斯纳出版社①

在 1867 年《资本论》手稿交付之时，只有奥托・迈斯纳一个人在出版社工作。奥托・卡尔・迈斯纳 1819 年 7 月 28 日在哈茨的奎德林堡（德国中部山地）出生，1902 年 6 月 4 日在汉堡去世。迈斯纳（1835 年起）在马格德堡完成了书商的课程，师从在当地文化生活中颇有名望的音乐商人和出版商威廉・冯・亨利希霍芬（1782—1881）。此外，跟随亨利希霍芬学习的还有尤利乌斯・舒伯特（1850 年在汉堡出版了上文提到的《新莱茵报。政治经济评论》杂志）、吉多・劳舍和奥托・维干德，他们后来在莱比锡经营印刷厂，迈斯纳让他们印刷自己要出版的书。

1842 年，迈斯纳来到汉堡，上文已经提到，他进入霍夫曼—康培公司，一直工作到 1848 年，并结识了不久后成为他合伙人的格奥尔格・哥特利布・席尔格斯。

1848 年 6 月，迈斯纳和席尔格斯成立了一家出版社和图书零售店，一直到 1853 年。席尔格斯是药剂师和记者，汉堡工人教育协会的创始成员，后为共产主义者同盟成员。

· 1854—1865 年，奥托・迈斯纳出版社和图书零售店；
· 1865—1879 年，"奥托・迈斯纳出版社"和"迈斯

---

① 关于迈斯纳（Meissner）的写法：不仅迈斯纳本人，而且他的儿子和孙子署名都用"ss"，1956 年出版社的信头（致贝尔特・安德烈亚斯的信）也是如此。如今的出版社所有者仍沿用这种写法（详见网络）。关于出版社的详细情况见 Jürgen Bönig：*Karl Marx in Hamburg*，Hamburg 2017。

纳—贝尔图书艺术地图商店"，两者都位于贝格街 26 号；

·1880—1889 年，奥托·迈斯纳出版社和图书零售店，位于贝格街 26 号；

·1890—1943 年，赫尔曼街 44 号，大儿子小奥托·迈斯纳继续经营出版社，再后来小奥托·迈斯纳的儿子奥托·亨利希·迈斯纳经营，他在谈到进入公司的情况时说："我从 1900 年起就在父亲和祖父的公司上班，不过不久后就参加国内外的其他图书经营活动，1904—1905 年服兵役一年。直到 1912 年我返回并永远留在我们的公司。"[1]

总的来说，迈斯纳出版社拥有良好的声誉，迈斯纳出版了费尔巴哈、拉萨尔、卢格、卡尔·福格特、约翰·雅科比以及许多其他人的著作。1861—1871 年还出版了官方文献，其中就有《城市档案》，这是过去和当代官方卷宗的汇编。除此之外，迈斯纳还出版德语和英语的教科书。

1873 年——出版社 25 周年——的纪念刊详细地介绍了所有参与者。1923 年，在出版社成立 75 周年之际，出版了一本详细的周年纪念册。[2]

更正一张照片[3]：在 MEGA 第 2 部分第 5 卷第 249 页上

---

[1] 奥托·亨利希·迈斯纳 1956 年 4 月 11 日给贝尔特·安德烈亚斯的信。

[2] Otto Meißner. Hamburg. 1848 – 1923. Ex. in der Staats-und Universitätsbibliothek Hamburg.

[3] Michael Sommer: Karl Marx in Hamburg und der Mythos einer Schachpartie, in: *Beiträge zur Marx-Engels-Forschung. Neue Folge 2010*, Hamburg 2011, S. 251 – 269; drslb.: Wo Das Kapital wirklich erschien. Meissners Verlagshaus in Hamburg, in: *Beiträge zur Marx-Engels-Forschung. Neue Folge* 2016/17, Hamburg 2017.

的这幅迈斯纳出版社的照片,展示的是赫尔曼街 44 号上的
出版社大楼,正确的照片应是贝格街 26 号上的大楼。

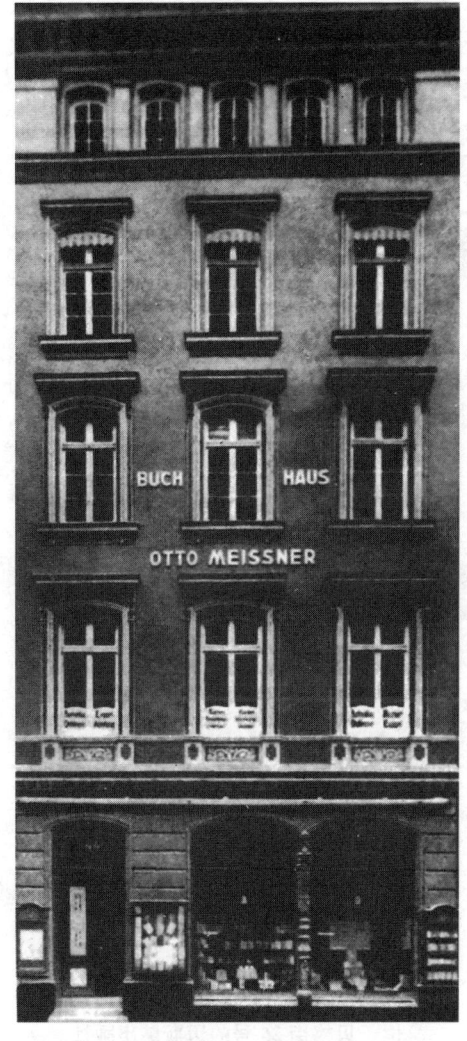

**MEGA 第 2 部分第 5 卷第 249 页上刊印的
迈斯纳出版社的照片,位于赫尔曼街 44 号**

位于贝格街 26 号的迈斯纳出版社

1943 年，位于赫尔曼街 44 号的出版社被英国空军炸毁（此前在贝格街 26 号的建筑当然也是如此）。同时被炸毁的还有所有在楼里的出版资料。1947 年起，出版社搬到易北河畔的布莱克德城堡里。

如今，奥托·迈斯纳出版社依旧存在，自 1983 年起落户柏林，主要法人代表和发行人是迪特尔·博伊尔曼。①

四、一份第 1 册第 I 稿

卡尔·埃里希·福尔格拉夫在 MEGA 第 2 部分第 4 卷第 3 册的前言中写道："1864 年第 1 册第 I 稿流传了下来。"② 马克思在 1863—1864 年写了第 1 册的手稿，第一章除外，因为他本想续写《政治经济学批判。第一分册》（1859）。1866 年 2 月 13 日，他告诉恩格斯："我正好 1 月 1 日开始誊写和润色……"，也就是说，他着手写第 1 册。他补充了一些新的经验材料，包括新脚注中的文献出处。此外，马克思做了两个决定：第一，他再次"从头"开始，即以"商品和货币"一章开头（见马克思 1866 年 10 月 13 日给路德维希·库格曼的信）。③ 他很可能在 1866 年 8—9 月拟好了草稿。第二个决定有关第 1 卷的构成，第 1 卷本应包括第 1 册和第 2 册。这个决定是在他给库格曼写这封信之

---

① www. meissners-verlag. de.

② Carl-Erich Vollgraf: Einführung, in: *MEGA*[2] *II/4. 3*, S. 464.

③ 《马克思恩格斯文集》第 10 卷，第 246 页。

后，并很有可能在他给迈斯纳寄"手稿的第一部分"（见1866 年 11 月 10 日马克思致恩格斯的信)①之前做出的。他清楚地认识到，一方面无法遵守协议限定的篇幅，另一方面——更严重的是——第 2 册无法实现。与这个结构性的决定相关联的是，他把《第六章 直接生产过程的结果》从第 1 册第 I 稿中抽出，可能作为过渡到第 2 册的章节保存起来。

提醒一下，第 1 册本应以"货币转化为资本"一章开头（"商品和货币"作为引言或前篇）。因此，手稿以《第六章 直接生产过程的结果》收尾，共 495 页。计划改变后，现在第一章为"商品和货币"，而关于资本积累过程的第五章变成了第六章。

1866 年一年到 1867 年 4 月动身去汉堡前的工作过程很艰难——马克思经常不得不因为病痛的折磨而中断工作，他几个星期都躺在沙发上，什么都做不了，连海边疗养都帮不了他——他在"全力地工作"和由于病痛（痈、风湿、牙痛等）而强制休息之间来回切换。福尔格拉夫这样描述这一工作过程："马克思在 1866 年准备付排稿时并没有完整地誊写草稿。那些他对自己之前的论证满意且第三者能够辨认他的笔迹的地方，很可能被他'剪'下来作为付排稿。一部分肯定被他按照新顺序重新粘贴起来，在之后的工作阶段才誊写出来。如果第 I 稿的纸张的正反面是写满

---

① 《马克思恩格斯全集》中文第 1 版第 31 卷，第 265 页。

的,那么这种处理方式仍需要大量复写文本。好些不再需
要的片段被扔进了纸篓,以避免搞错。总而言之:第 I 稿并
没有失踪。"①

上文已经提到,在国际社会史研究所(IISG)的网页
上也讲到,手稿在 1943 年 7 月 28 日英国空军对汉堡的轰炸
中烧毁了。不过有一份奥托·亨利希·迈斯纳在 1956 年 4
月 11 日写的书面声明(给贝尔特·安德烈亚斯的信),他
写道:

> 我不记得我是在哪一天把马克思著作《资本论》
> 的原始手稿交给柏林社会民主党继续保管的。我也不
> 记得,当时只给了第 1 卷的手稿还是连其他卷的手稿一
> 起给了。不过我觉得后者的可能性更大一些。……如
> 今我也忘了我把手稿交给了哪位先生。移交收据在空
> 袭中随着出版社档案一起被毁掉了。②

上面的陈述非常含糊——加之由于我们什么都没有,
就连拍卖会上也没有出现过任何一页手稿——手稿似乎

---

① Carl-Erich Vollgraf: Einführung, in: *MEGA² II/4. 3*, S. 466.

② 在 MEGA² 第 2 部分第 6 卷中写道,至少到 1922 年付排稿还在出版
社档案库,之后被保存在柏林社会民主党档案馆(S. 1122)。《资本论》第
1 卷在奥托·迈斯纳出版社共出版了 10 版,最后一版是 1922 年(同样第 2
卷出了 7 版,第 3 卷出了 6 版)。其他地方也有说是 1929 年——其来源是
贝尔特·安德烈亚斯 1954 年 4 月 8 日对迈斯纳的询问:"您在 1929 年
(?)把《资本论》第 1 卷的原始手稿亲手交给了当时柏林社会民主党档案
管理员,让他们继续保管,因为当时你们的版权已经失效了。"

真的被不可挽回地毁掉了。但是有一点是明确的：不存
在第 I 稿和另一份专门誊抄的付排稿——它们是同一份
稿子。

五、《资本论》印刷和校对过程

三天后，迈斯纳把手稿转交给奥托·维干德在莱比锡
的印刷厂。马克思希望这一卷可以在 1867 年 5 月底出版，
但是他没有考虑到最初的两位读者即路易·库格曼和弗里
德里希·恩格斯的反应，以及他认为的印刷厂的"迟缓"。

马克思可能很奇怪，印刷不在汉堡，而是在莱比锡进
行（他在自己 1867 年的日记里记录了："奥托·维干德。
图书印刷厂"[1]）。然而，印刷厂并不"迟缓"，而是相当精
准。首先可以确定，该卷正文从第一印张开始，印张编号
位于页面底边，印张反面在下下页也有编号，并用"*"标
记。右侧是奇数页，左侧是偶数页，页面上方有连续的页码。
印张逐一排版，马克思拿到后进行校订。他校订后将印张寄
回印刷厂，印刷厂完成修订并马上把每个印张印刷 1000 份。

在马克思的生日（5 月 5 日）那天，前两个印张的校样
送达汉诺威（迈斯纳请求马克思等待这两个印张，然后确
定一下，如果"亲自校对一遍"[2] 能否加快印刷）。不仅马

---

[1] RGASPI, f. 1, op. 1, d. 2031.

[2] 马克思 1867 年 4 月 24 日给恩格斯的信，载于《马克思恩格斯全
集》中文第 1 版第 31 卷，第 292 页。

克思，而且库格曼也参与了毛样的校对。对资本主义生产方式及其剥削机制的令人信服的阐述使库格曼大为振奋，但是他对开头关于商品和货币的阐述表示不满。他建议马克思在附录中把价值形式的发展清清楚楚地写出来。之后马克思对他的"主意"表示感谢①；是的，他在第2版的跋中再次对这个"建议"②表示赞赏。但是，这从印刷技术上并不容易实现，因为现在不能再调换任何一页，最多还能按正字法改正小的排字错误。

恩格斯支持马克思待在汉堡附近，以便参与校对过程，因为他不认为"莱比锡的校对人员有能力"③ 做好校对工作。马克思在5月7日写信给恩格斯说：

> 该死的维干德直到4月29日才开始印刷，因此我到前天，即我的生日那天，才拿到第一个印张来校对。真是历尽艰险！印刷错误不算太多。要在这里等到全书印完，是不可能的。第一，我担心，书印出来会比我原先估计的厚得多，第二，他们没有把原稿退给我，因此，许多引文，特别是有数字和希腊文的地方，我只好查对留在家里那份手稿。此外，对于库格曼医生

---

① 马克思1867年7月13日给路德维希·库格曼的信，载于《马克思恩格斯全集》中文第1版第31卷，第554页。

② 《马克思恩格斯文集》第5卷，第14页。

③ 恩格斯1867年4月27日给马克思的信，载于《马克思恩格斯全集》中文第1版第31卷，第296页。

我也不能叨扰过久。①

所以马克思于 1867 年 5 月 19 日返回伦敦，那里有他的全部材料。

现在马克思发现，版面已经不能再改动了，只能严格保持顺序，只有小处的改动是可能的。按照通常的做法，誊清稿留在莱比锡，以便在因报酬或作者的观点发生争吵时出示。

恩格斯后来也得到了已经印刷的印张（不是校样），但他几乎没有时间深入研究。从他的第一反应来看，他强调"在辩证阐述的明确性上"，"进步""非常明显"，② 但是第二个印张受了"痈困扰"③ ——疼痛的脓包的影响。

恩格斯对当前价值形式的阐述提出了反对理由：

> 你犯了一个很大的错误，没有多分一些小节和多加一些小标题，使这种抽象阐述的思路明显地表现出来。这一部分你应当用黑格尔《全书》那样的方式来处理，分出简短的章节，用专门的标题来突出每一个辩证的过渡，并且尽可能把所有的补充说明和纯粹的例证用特殊的字体印出来。这样，看起来就可能有点

---

① 马克思 1867 年 5 月 7 日给恩格斯的信，载于《马克思恩格斯文集》第 10 卷，第 255 页。

② 恩格斯 1867 年 6 月 16 日给马克思的信，载于《马克思恩格斯文集》第 10 卷，第 261 页。

③ 同上，第 260 页。

像教科书，但是对广大读者来说要容易理解得多。读者，甚至有学识的读者，现在都已经不再习惯这种思维方法，因而必须尽量减少他们阅读的困难。①

恩格斯回应了马克思要撰写一份关于价值形式的"附录"的提议②。恩格斯认为，应该"用历史方法向庸人证明货币形成的必然性并表明货币形成的过程"③。

由此可见，马克思接受了库格曼的最初建议，而且在恩格斯也针对这一点提出批评意见后——因为他的"满意""对我来说比所有其他人可能做出的任何评价都更为重要"④ ——他起草了一个附录。这次他的工作明显进行得非常顺利，因为大约 10 天后他就告知了恩格斯结构概况⑤，不过在此之前他已经告知过：

至于对价值形式的阐述，我是既接受了你的建议，又没有接受你的建议，因为我想在这方面也采取辩证

① 恩格斯 1867 年 6 月 16 日给马克思的信，载于《马克思恩格斯文集》第 10 卷，第 260—261 页。

② 马克思 1867 年 6 月 3 日给恩格斯的信，载于《马克思恩格斯全集》中文第 1 版第 31 卷，第 306 页。

③ 恩格斯 1867 年 6 月 16 日给马克思的信，载于《马克思恩格斯文集》第 10 卷，第 260 页。

④ 马克思 1867 年 6 月 22 日给恩格斯的信，载于《马克思恩格斯文集》第 10 卷，第 263 页。

⑤ 马克思 1867 年 6 月 27 日给恩格斯的信，载于《马克思恩格斯全集》中文第 1 版第 31 卷，第 319—322 页。

的态度。这就是说：第一，我写了一篇附录，把这个问题尽可能简单地和尽可能教科书式地加以叙述，第二，根据你的建议，把每一个阐述上的段落都变成章节等等，分别加上小标题。另外，我在序言中告诉那些"不懂辩证法的"读者，要他们跳过 x－y 页而去读附录。这里指的不仅是庸人，也包括有求知欲的青年人等等。①

不过这是现有印刷技术可能实现的改动。马克思不久后收到了毛样，校对后又将它寄回。在上文已经提到过的他的笔记本（1867 年的日记本）中记录了各印张之间的过渡，为了不错过任何一个分段或词句。之后当他拿到印刷好的印张时，他总是还能发现一些小错误，这些小错误被他整理成一份勘误表（共 22 处修正）。除此之外，他还需要增加一些注释和那份附录。最后，他写了序言，标注的日期是 7 月 25 日，以罗马数字编页码，用更大的字体排版，以便它和开头的几页、目录和前后衬页刚好又产生一个印张。由此，迈斯纳精准地完成了他的合同义务——不过是一卷、一册，这是一个原本多余的划分。

马克思是否有可能在最后不得不缩减正文，以给附录腾位置？对此，1867 的夏天没有具体的线索。如前所述，去掉通常所说的关于"直接生产过程的结果"的第六章在

---

① 马克思 1867 年 6 月 22 日给恩格斯的信，载于《马克思恩格斯文集》第 10 卷，第 263—264 页。

此之前已经决定了。

　　该卷在莱比锡的奥托·维干德印刷厂印刷。莱比锡是一个古老的图书印刷城市，那里有大量熟练人工。维干德印刷厂在市场上立足已久（从 1833 年起），而且为迈斯纳印刷了很多书（1845 年就已经印刷了恩格斯的《英国工人阶级状况》）。从 1864 年起，他的儿子卡尔·胡果·维干德接任总经理。

　　《资本论》正好有 800 页，相当于 50 个印张，共 190 万字符。设想一下，每页平均 42 行，每行 75 个字符，每页都是手工把铅字符排入铅字盒中，每页重 4 千克；整本书总共有 3.2 吨重![1]

　　这本八开本的书，宽 133 毫米，高 219 毫米，尺寸为 42 厘米×58 厘米的大纸与高速印刷机相配，每张大纸正反面各印刷 8 页书纸，随后将其折叠，得到连续的 16 页，最后必须把它们裁好。

　　这本书使用的字体和字号也很有意思。他们决定用拉丁字体（Antiquaschrift）——一种非常时髦的字体，而不是当时普遍的被视为德语通用字体的哥特字体（Frakturschrift）（俾斯麦不读其他字体）。字号为 9 磅，脚注字号为 7 磅，行间距为 3 磅。当时的手工排字效率为每小时 1000 字符（当时还没有有效运转的排字机），也就是说，这本书至少需要 2000 排字工时，一个排字工人大概要为此工作 13

────────────

　　① 所有关于印刷的数据来自：Jürgen Bönig: *Karl Marx in Hamburg*, Hamburg: VSA, 2017。

个月，即至少 4 个排字工人参与了这项工作。

这册书出版的是平装本，有一个额外印刷成页的封面（正如路易·库格曼的藏本中流传下来的一样，这本书现藏于东京大原社会问题研究所）。就是说，收书人如果想的话，必须自己让装订工人做一个结实的封皮，恩格斯也是这样做的，他把书"立即交给了装订工人"①。每卷书的价格是 3 塔勒 10 格罗申（1 塔勒 = 30 格罗申）（1850 年汉堡一个工人一周的工资是 2 塔勒 3 格罗申）。②

这本书是排版工艺上的杰作，书中用了非常多强调符号——也就是疏排符号，严格遵守了合同规定的 50 印张。

六、《资本论》的出版和题词本

1867 年 9 月 14 日，《德国书报业行市报》报道了第 1 卷的出版，9 月 11 日起印刷厂开始交付，9 月 17 日给作者的赠书到达伦敦③，马克思在 9 月 18 日和 19 日就把自己题词的书寄给了亲密的朋友，比如为与迈斯纳签订出版《资

---

① 恩格斯 1867 年 9 月 23 日给劳拉·马克思的信，载于《马克思恩格斯全集》中文第 1 版第 31 卷，第 559 页。

② Eike Kopf: In welcher Form erschien "Das Kapital" zu Lebzeiten von Marx und Engels in Deutschland?, in: *Beiträge zur Marx-Engels-Forschung 3*, Berlin 1978, S. 93 – 124.

③ 马克思 9 月 13—17 日在曼彻斯特的恩格斯家里，17 日晚上他参加了国际工人协会总委员会的会议。

本论》的合同做了准备工作的威廉·施特龙①，1848 年革命以来的战友弗里德里希·列斯纳和常年作为"俄国"专家提供帮助的西吉斯蒙德·路德维希·波克罕。

目前查明共有 14 本流传下来的马克思题词的书，这些书是马克思获得的赠阅本（很可能是 15 本②，如前所述，在合同草稿中写的是 10 本）。除了给上面提到的 3 个朋友外，他还送给了彼得·伊曼特、奥古斯特·菲力浦斯和南妮特·菲力浦斯、卡罗琳（琳娜）·舍勒尔、卡尔·肖莱马、爱德华·斯宾塞、比斯利、约翰·格奥尔格·埃卡留斯、奥古斯特·若安·韦莫雷尔、路易莎·魏德迈、彼得·福克斯、卡尔·济贝耳和伦敦德意志工人教育协会。③此外，出版社还直接给评论者赠阅书，很可能寄给了恩格斯、威廉·李卜克内西、吉多·魏斯、埃德加·冯·威斯特华伦、约翰·菲力浦·贝克尔、弗里德里希·阿道夫·左尔格、维克多·席利、塞扎尔·德巴普、亚历山大·谢尔诺–索洛维耶维奇、查理·考布、斐迪南·弗莱里格拉特、亨利希·孔岑、卡尔·亨利希·劳、布鲁诺·希尔德布兰德、弗兰茨·海尔曼·舒尔采–德里奇，可能还有米哈

---

① 关于给威廉·施特龙的《资本论》题本见 Rolf Hecker, Larisa Miskevič, Manfred Schöncke: Das Kapital mit Widmungen von Marx und Engels。

② 理由是加上马克思自己手头的藏本（IISG, Sign. 1182/1）。

③ Rolf Hecker, Larisa Mis'kevič: Das Kapital mit Widmungen von Marx und Engels. In: *MEGA-Studien*, hrsg. von der Internationalen Marx-Engels-Stiftung, H. 1, 1994, Berlin 1994, S. 107 – 141.

伊尔·巴枯宁和约翰·马尔科姆·福布斯。①

马克思还题词献给路易·库格曼一本书，上面写了"赠给他的朋友库格曼博士。——卡尔·马克思"。题词是1869年9月17日他在汉诺威拜访时写的。

当时有1000本书面世，马克思渴望得到反响，但迟迟等不到。该书交付近一个月，马克思不耐烦地给恩格斯写信："……现在是行动的时候了。你能够比我自己更好地向他谈论我的书。"② 恩格斯满足了他的请求，并向库格曼寄了两份书评，而库格曼应设法把书评匿名在德国发表。恩格斯认为他这两篇文章"适用于任何一家资产阶级报纸"③。这样做的目的是让人们关注《资本论》，以此让庸俗经济学家"不得不来表示自己对它的看法"，并同他们"冲淡"经济学的做法做斗争。由此，《资本论》的接受史开启了。

---

① 这份清单根据已经找到的藏本和书信往来得出，包括路德维希·库格曼，共有18个名字，也许还给了康拉德·施拉姆和尼古拉·丹尼尔逊。这样的话，就正好有20本赠阅本。

② 马克思1867年10月10日给恩格斯的信，载于《马克思恩格斯全集》中文第1版第31卷，第364页。

③ 恩格斯1867年10月12日给路德维希·库格曼的信，载于《马克思恩格斯全集》中文第1版第31卷，第564页。

马克思恩格斯与法文版《资本论》[*]

在卡尔·马克思诞辰 200 周年之际，法国出版了三种出版物，以不同方式再现了至今尚未发表的卡尔·马克思致法文版《资本论》出版商莫里斯·拉沙特尔①的信：

1.《〈资本论〉第一卷。介绍、评注与文献》，阿利克斯·布法尔，亚历山大·费龙和纪尧姆·丰杜，巴黎社会出版社 2018 年版。（*Le Capital*，*livre I. Présentation*，*commentaires et documents*，par Alix Bouffard，Alexandre Feron et Guillaume Fondu，Les Éditions sociales Paris，2018.）

---

* 本文是黑克尔教授于 2023 年 9 月 14 日在中央党史和文献研究院所做的报告，程雨凡译，张凤凤校订、口译，中译文发表于《现代哲学》2024 年第 2 期。

① 弗朗索瓦·戈丹《莫里斯·拉沙特尔：社会主义的出版商（1814—1900）》2014 年利摩日版。

2.《翻译〈资本论〉：马克思和恩格斯与出版人莫里斯·拉沙特尔的未公开书信集》，弗朗索瓦·戈丹编辑和作注，鲁昂和勒阿弗尔大学出版社 2019 年版。(*Traduire Le Capital. Une correspondance inédite entre Karl Marx*, *Friedrich Engels et l'éditeur Maurice Lachâtre*, présentée et annotée par François Gaudin, Presses Universitaires de Rouen et du Havre, 2019.)

3.《马克思未发表的文稿：出版法文版〈资本论〉的有关书信与合同草稿》，洛朗·巴罗尼安，尼古拉·里厄科，载于《政治经济学杂志》2020 年 2 月第 78 期第 7—26 页。(Laurent Baronian, Nicolas Rieucau：Pièces Inédites de Marx：Lettres et Projet de Contrat pour la Publication Française du Capital, in：*Cahiers d'économie politique*, Nr. 78, 2020/2, S. 7 – 26.)

在文后的一览表中列出了上述出版物中所发表的这些至今不为人知的马克思的书信，也包括恩格斯的一些书信。这些出版物还公开了马克思与出版商签订的出版合同的原件。

在准备新的《马克思恩格斯全集》德文版（MEW）第 45 卷时，萨比娜·普吕当（柏林）将这些书信从法文译成德文。在此，我仅就印刷经过、巴黎公社解体后的出版活动，以及参与出版的相关人员做一些说明——除拉沙特尔外，还包括他不在出版社期间担任社长的茹斯特·韦尔努耶、后来的法定管理人阿道夫·凯和印刷厂主路易·拉羽尔，以及巴黎进步书店经理昂利·奥里奥尔[①]。最后，我会简要介绍这些书信的来源。

1989 年《资本论》法文版在 MEGA[2] 第 2 部分第 7 卷出版，该卷编者能利用的只有当时已知的马克思给拉沙特尔的 6 封信[②]和拉沙特尔给马克思的 54 封信［全部藏于莫斯科俄罗斯国家社会政治史档案馆（RGASPI）］，以及马克思和恩格斯写给第三方的其他书信中的各种表述。现在，主要增加了马克思给拉沙特尔的 31 封信以及其他一些书信和文献，这些将收入 MEW 第 45 卷。

一、关于图书装帧和印刷经过的说明

首先，值得注意的是，现在已经能看到规定了法文版《资本论》出版条件的原始合同。马克思"明确"要求，这个版本"以这样一种形式和价格出版，以便最不宽裕的人也能买得起这部作品"。今天当你看到一本合订版精装书，你会产生这样的印象，你手里拿的是一本昂贵而有价值的

---

① 在《马克思恩格斯全集》德文版第 33 卷和 34 卷中，这里所提到的参与者的传记信息是不完整的或者不准确的。

② 《马克思恩格斯全集》德文版第 33 卷和 34 卷发表了以下三封书信：1872 年 3 月 18 日的信（第 33 卷，第 434 页；并见第 23 卷，第 31 页），1874 年 5 月 12 日的信（第 33 卷，第 626 页）和 1875 年 1 月 30 日的信（第 34 卷，第 120 页）。俄文版全集第 50 卷，第 442—443 和 451—452 页还发表了另外两封书信（1872 年 10 月 12 日和 1874 年 7 月 23 日的信）。1986 年，韦德·奥勒·斯滕德·彼得森在丹麦杂志《劳工史》第 27 期第 46—48 页以《在欧登塞发现的马克思未公开的信》为题发表了 1873 年 5 月 12 日的信。

书。尤其是保存在莫斯科的那本马克思的女儿燕妮的题词本，这本书用皮革装订，书芯切口烫金，除了题词外，书中还有很多手写的说明。[①] 每个分册（总共 44 个分册）有 8 页，分两栏印刷，每册 10 生丁，每个人应该都能负担得起（后来 4~5 个分册合成一辑）。

其他出版条款涉及项目出资。对马克思来说，这意味着要向出版商支付 2000 法郎的现金，这笔钱由他的女婿保尔·拉法格垫付了。另外还需要 1500 法郎用于翻译工作，这笔钱由出版商承担。

合同的最后还规定，每个分册都免费赠送 100 本，或赠送相应数量的平装合订本。马克思承诺将这些书分发给新闻界代表以及工人协会或党的代表。有两份分发清单保存了下来：一份是恩格斯为第一分册的分发而准备的；另一份写在马克思的笔记本中，它已经是为"全部分册"和最后 14 个分册的分发而准备的。[②] 马克思寄送第一分册时，在题词中标明的日期是 1872 年 10 月 2 日或 3 日；而最后一个分册直到 1875 年底才出版。1875 年 12 月 10 日，马克思将最早的一个合订本题词送给了俄国社会学家、历史学家和政治学家马克西姆·柯瓦列夫斯基。[③] 在分发第一分册

---

① 莫斯科 RGASPI，Sign. f. 1，op. 1，d. 6963。关于保存下来的各个版本的说明，见 MEGA^2 第 2 部分第 7 卷资料卷，第 732—733 页；带有马克思给"龙格夫人"题词的版本的扉页照片，见第 737 页。

② 莫斯科 RGASPI，Sign. f. 1，op. 1，d. 3353（复印件，原稿不详）。在马克思的一个笔记本中（Sign. f. 1，op. 1，d. 3407）有另一份寄送法文版《资本论》的带有地址和书目信息的清单。见本文附录中的两个清单。

③ 原件存放在莫斯科 RGASPI，Sign. f. 1，op. 1，d. 3693。

时,马克思还注意纠正了印刷错误。①

其次,有趣的是,这本书应该配备哪些要件。拉沙特尔本来打算更详细地介绍作者。这要通过三个附件来实现:一张照片、一封亲笔信复制件和一篇小传。②

在法文版《资本论》第一分册中,扉页之后是马克思1872年3月18日给拉沙特尔的信的复制件,再下一页是阿道夫·德尔沃以约翰·梅奥尔1872年春在伦敦给马克思拍摄的照片(见图一)为基础创作的肖像画(见图二)。

(图一)　　　　　　(图二)

---

① 这些勘误首次发表于《弗里德里希·恩格斯和卡尔·马克思未公开的材料》第1部分(1844—1874),贝尔特·安德烈亚斯、雅克·格朗容和汉斯·佩尔格编,载于《马克思故居文集》第33期,1986年特里尔版第158—159页。见 MEGA² 第2部分第7卷资料卷,第734—735页《作者勘误表》,以及本文原载同期《论丛》肯尼斯·黑默雷西茨和诺埃米·约卡贝斯·埃切维里亚·比森特的研究。

② 见拉沙特尔1872年2月17日给马克思的信,载于《翻译〈资本论〉》,第83页 [国际社会史研究所 (IISG),马克思恩格斯档案,Sign. D 2804]。

马克思在 1872 年 3 月 20 日写给拉沙特尔的信中说，他要在星期四也就是 3 月 21 日去拍一张照片。① 显然，马克思后来对第一分册中刊印的复制件（更确切地说，是阿道夫·德尔沃的艺术创作，一幅雕版画）并不满意。他在 1873 年 8 月 4 日给拉沙特尔的信中说"这个复制件特别难看"，他又往圣塞巴斯蒂安寄了一张照片，以便拉沙特尔可以自行对比。

1871 年 11 月 11 日，巴黎报纸《画报》上曾刊登过一张马克思的照片，也就是由汉诺威的弗里德里希·文德尔拍摄的那张照片（见图三），它得到了广泛认同。

（图三）

---

① 马克思曾多次寄送这张在约翰·梅奥尔摄影棚照的照片，其中给汉诺威的路易·库格曼的照片被保存了下来，马克思在题词中写的日期是 1872 年 6 月 26 日。（路易·库格曼即路德维希·库格曼。——编者注）

卡尔·马克思，国际工人协会主席，载于 1871 年 11 月 11 日《画报》。来源：https：//www. alamyimages. fr/portrait-de-karl-marx-de-l-illustration-11-novembre-1871-image258750044. html。这是汉诺威的摄影师弗里德里希·文德尔 1867 年 4 月底给马克思拍摄的照片的复制版。

拉沙特尔巧妙地解决了刊印亲笔信的问题：他将一封标注日期为 1872 年 3 月 18 日（巴黎公社一周年纪念日）的信作为底版，马克思在这封信中以极其精练的语言提醒读者注意自己的研究方法，这种方法"至今还没有人在经济问题上运用过"，"这就使前几章读起来相当困难"。[①] 这封信的结尾被经常引用："在科学上没有平坦的大道，只有不畏劳苦沿着陡峭山路攀登的人，才有希望达到光辉的顶点。"[②]

[①] 《马克思恩格斯全集》德文版第 23 卷，第 31 页（并见第 33 卷，第 434 页）。中译文见《马克思恩格斯全集》中文第 2 版第 43 卷，第 13 页。

[②] 《马克思恩格斯全集》德文版第 23 卷，第 31 页。法语原文是："Il n'y a pas de route royale pour la science et ceux-là seulement ont chance d'arriver à ses sommets lumineux qui ne craignent pas de se fatiguer à gravir ses sentiers escarpés."（MEGA^2 第 2 部分第 7 卷，第 9 页。）托马斯·库钦斯基可能是第一个提出这句话的德语翻译问题的人：法语原文中的"route royale pour la science"（直译科学上的皇家道路）是翻译成现在的"Landstraße für die Wissenschaft"（科学上的大道）还是应该翻译成"Königsweg"（国王之路）？要攀登的是"lichte Höhen"（明亮的高峰）还是"leuchtende Gipfel"（闪耀的顶峰）？见托马斯·库钦斯基编辑出版的《卡尔·马克思：〈资本论〉第 1 卷。附历史考证资料的新编本》2017 年汉堡版第 13 页的新译文；关于这一点，见卡尔·埃里希·福尔格拉夫的评论文章《爱的徒劳？——评托马斯·库钦斯基〈资本论〉第 1 卷总汇版》，载于《马克思主义创新杂志》2018 年 6 月第 114 期第 89 页。在这一点上福尔格拉夫同意库钦斯基的观点，也认为"Königsweg"是正确的译法。因此，综合这一书信往来看，在《马克思恩格斯全集》德文版第 45 卷中对这一翻译错误进行更正是合适的。

拉沙特尔显然非常喜欢这几句话，并且在回信（也刊登了出来）中做了进一步探讨，他盛赞作者："在德国，您的著作《资本论》在工人阶级中间激起了巨大的共鸣，因此法国的一家出版社想到要在本国翻译出版这部杰出的著作，这是很自然的。"谈到题材的艰深，拉沙特尔说：

> 我们应当期望，那些以研究经济学说为主要目的而订阅您的著作的人，在阅读时不会由于您使用的分析方法而中途停步；每个人都会明白，一部政治经济学著作的前几章必须进行抽象推理，这是分析那些人们关心的迫切问题所不可缺少的前提。而在以后各章中论述的社会问题，只能逐步地得到解决；所有读者都会跟随您——我确信这一点——，一直达到您的非凡理论的结论。①

从马克思 1872 年 3 月 20 日的信可以得知，他在这封信中所附的是一封修正过的"亲笔信"——标注日期为 3 月 18 日的没有瑕疵的抄件。② 而且马克思在这封信中还提到了

---

① MEGA² 第 2 部分第 7 卷，第 10 页。可惜《马克思恩格斯全集》德文版没有收录这封信，因此这封信将收录在新《马克思恩格斯全集》德文版第 45 卷的书信附录里。（中译文见《马克思恩格斯全集》中文第 2 版第 43 卷，第 14—15 页。）

② 这封信的复制件（MEGA² 第 2 部分第 7 卷，第 7 页）区别于其他信的地方在于，字母比较大而且字形统一。拉沙特尔在 2 月 17 日的信中写道："如果您愿意的话，您的亲笔信请用稍大点的字母书写，以便于阅读。" 3 月 18 日，他重申了这一点，并且请求马克思在信的开头署上"卡尔·马克思致莫里斯·拉沙特尔公民"（《翻译〈资本论〉》，第 83，91 页）。

拉沙特尔 3 月 18 日给他的信中的一段表述:"我们应当期望,那些······人,在阅读时不会由于您阐述的分析方法而中途停步"。① 他指出:

> 这里有一个误会。我没有阐述我的方法,但我从开头就使用了这种方法,将这种方法用于分析"商品""价值"及"货币"的前几章自然有些难以理解。②

拉沙特尔所期待的作者传记原本应由保尔·拉法格撰写。但是,马克思在 1872 年 3 月 7 日的信中劝说拉沙特尔:

> 至于传记,恳请您不要再坚持马上出版。我的朋友弗·恩格斯会向拉法格提供详细材料,只是他目前手头额外的工作太多,无暇顾及此事。我的意见是,不要浪费时间,而且也没有什么会妨碍您稍后再出版这篇传记。③

因此,这件事就搁置了,直到一年后拉沙特尔直接请

---

① 拉沙特尔 1872 年 3 月 18 日给马克思的信,见 MEGA² 第 2 部分第 7 卷,第 10 页。(中译文见《马克思恩格斯全集》中文第 2 版第 43 卷,第 14 页。)

② 马克思 1872 年 3 月 20 日给拉沙特尔的信(见文后一览表)。既然马克思提到了拉沙特尔的具体表述,这就不是福尔格拉夫所说的虚构的答复,而且随着更多书信的发现,整件事情的脉络就更加清晰了。

③ 马克思 1872 年 3 月 7 日给拉沙特尔的信(见文后一览表)。

恩格斯帮忙。

从两人简短的通信中可以看出，恩格斯并没有把这当作一项新闻写作任务；相反，他是这样描述这一任务的：

> "由于马克思非常活跃，这意味着，必须叙述 1842 年起德国和世界哲学运动与革命运动的历史，才能说明他本人的活动及其著作的影响。"因此，"从这个角度看，一个人的传记就成了党的历史"。①

然而，出于政治原因，拉沙特尔拒绝接受这样一份对马克思进行全面评价的传记，并坚持要一份缩略版放在书末。但是，这一计划最终未能实现。②

最后，MEGA² 第 2 部分第 7 卷《产生和流传》介绍了当时已知的关于法文版《资本论》印刷和出版经过的信息（资料卷，第 724—731 页）。这部著作是在巴黎路易·拉羽尔印刷厂印刷的。第一封新发表的马克思 1872 年 1 月 9 日给拉沙特尔的信已经表明，虽然 1871 年 12 月印刷工作就开始了，但每个印张并不是定期按时送出的。因此，马克思无法连续进行校订，也就无法批准印刷。所以，第一分册拖到 1872 年秋才出版。当然，马克思也遇到了一些困难：

---

① 恩格斯 1873 年 3 月 31 日给拉沙特尔的信，2021 年这封信被维也纳因利布里斯旧书店售卖，标价 45 万欧元。

② 1877 年夏天恩格斯写了这样一篇马克思传记，载于《人民历书》1878 年不伦瑞克版（见《马克思恩格斯全集》德文版第 19 卷，第 96—106 页；《马克思恩格斯全集》中文第 2 版第 25 卷，第 128—139 页）。

一方面,法文版的翻译工作尚未完成;另一方面,德文第 2 版的出版工作也在同时进行,而且同样以分册形式出版。因此,直到 1872 年 8 月 15 日,他才确定可以开始印刷第 1—6 印张。有必要提醒的是,马克思还参加了第一国际总委员会的工作。1872 年 10 月 12 日,他告诉拉沙特尔,他不再担任总委员会的职务。

马克思拿到第一分册后对拉沙特尔说,他对一些错误感到"震惊",因为这些错误他已经纠正过了,但并没有被转抄上去。因此,他宣布:"在拿到准备出版的完整的五个分册(印张)之前,再也不会批准印刷了。"① 这就解释了为什么在保存下来的一些第一分册中,马克思亲手进行了必要的修改。

在接下来的时间里,排版和印刷过程也一再延误,马克思向拉沙特尔抱怨过这一点。但是,1873 年马克思自己也遇到了新的困难:他的健康状况要求他休息,他"一天只能工作几个小时":"所以还没有手稿给拉羽尔先生。不过,拉羽尔目前收到的校样已经包括第 32 印张的一部分。在校样返还之后,他就没有任何理由不出版第 5 和第 6 辑了。"② 1873 年 9 月,马克思再次为生病而道歉,尽管如此,他认为拉羽尔应该承担责任,是他延误了第 5 和第 6 辑的印

---

① 马克思 1872 年 10 月 12 日给拉沙特尔的信,载于《马克思恩格斯通信集》,第 416—417 页。

② 马克思 1873 年 8 月 4 日给拉沙特尔的信,载于《翻译〈资本论〉》,第 148 页。

刷。1873 年 10 月 28 日，令人如释重负的消息终于来了：鲁瓦交出了最后一部分译稿。

1874 年，马克思为了保养身体，在卡尔斯巴德的疗养胜地住了 5 周。① 同年 10 月 15 日，他重新开始工作，并修改了译文的最后一部分。有必要提醒的是，在把这部分寄给拉羽尔之前，还必须先在马克思家里誊抄一遍。最后，1875 年 1 月 20 日马克思写信告诉拉羽尔，第 982—1033 页已修改完毕，"只差 28 个手写页"。接着他说："之后就只剩跋、目录以及勘误表了，但在拿到全部尚未出版的分册之前，我无法完成这些工作。"②

甚至在合订本印刷完毕，马克思在 1875 年 12 月送出第一批带有题词的合订本后，与出版商的争吵也没有停止。1876 年 10 月 21 日，马克思还对年轻的出版社职员昂利·奥里奥尔说：

> 这真是奇怪，在（法兰西）伦理与政治科学院 9 月 28 日会议上（见 1872 年 10 月 4 日官方公报）有人说："应当通过准确而完整的翻译将全部著作（《资本论》）呈现给公众。"而拉沙特尔出版社的法定管理人却将译稿死死地封在塞瓦斯托波尔大街的店里!③

---

① 在卡尔斯巴德逗留期间，马克思主要阅读巴黎报纸《祖国报》。
② 马克思 1875 年 1 月 20 日给路易·拉羽尔的信，载于《马克思主义哲学论丛》2019 年 4 月 30 日第 1 辑，第 107—123 页。
③ 马克思 1876 年 10 月 21 日给昂利·奥里奥尔的信，载于《政治经济学杂志》2020 年 2 月第 78 期，第 25—26 页。

可见，马克思努力争取在法国传播他的作品，并努力使它得到应有的关注。

众所周知，马克思给女儿燕妮的题词本在恩格斯准备1883 年德文第 3 版的过程中发挥了一定的作用。[①] 起初，当燕妮·龙格 1880 年搬到巴黎时，这个题词本还留在伦敦，马克思大概 1877 年就用这个题词本标注过美国版或者德文版要采用的段落。一些证据表明，这个题词本被用来准备英文版（1887 年）。从题词本的第 14 页开始，有一些页边的勾画和用英文写的说明。还有一些用蓝色铅笔和普通铅笔留下的阅读痕迹（第 103—105 页），可能出自赛米尔·穆尔。在第269 页章标题的上方写有 "E. A. to end"。可能是指从这里直到结尾的英文翻译由爱德华·艾威林完成。[②] 这个题词本一直为家族所有，直到 1977 年保尔·龙格在一次拜访时，将它作为礼物送给了莫斯科苏共中央马列主义研究院。

图四中的这三个扉页被装订在 1876 年 4 月 30 日给"龙格夫人"的题词本里，藏于莫斯科俄罗斯国家社会政治史档案馆（RGASPI）。左：出版商昂利·奥里奥尔翻印版扉页；中：拉沙特尔出版社出版的第一分册扉页；右：合订本扉页，带有译者信息。

---

① MEGA² 第 2 部分第 7 卷资料卷，第 757—767 页；第 8 卷资料卷，第 805—808 页。

② MEGA² 第 2 部分第 9 卷，第 713 页。

(图四)

二、巴黎公社解体后的莫里斯·拉沙特尔出版社

　　莫里斯·拉沙特尔出生于 1814 年，正当拿破仑帝国衰落之际。他是帝国一位男爵的儿子。青年时期的拉沙特尔很快接近了圣西门思想。他于 1839 年创办了自己的第一家书店和第一家出版社。他是著名小说家大仲马的出版人，但他也出版了拿破仑第一的侄子、后来的法兰西第二位皇帝（拿破仑第三）路易-拿破仑·波拿巴的著作。拉沙特尔出版过十卷本的《教皇史》。这部作品具有强烈的、他所同情的反教权主义倾向。在他那个时代，反对天主教会对于一些无政府主义、社会主义或共产主义思潮具有重要意义。1852 年拿破仑第三掌权后，拉沙特尔成了激烈的反对派。他出版了欧仁·苏（1804—1857）的《人民的秘密》，马克思和恩格斯主要在《神圣家族》（1845）中对欧仁·苏的作

品进行了强烈批判。① 拉沙特尔在思想上更靠近皮埃尔·约瑟夫·蒲鲁东；拉沙特尔声名鹊起，成为很多共和主义者和社会主义者的出版人，并开始出版词典。

在拿破仑第三统治时期，拉沙特尔遭到了政治迫害。他上过法庭，并且在 19 世纪 50 年代多次被判刑。这导致他被迫流亡巴塞罗那，但他在西班牙同样受到了迫害。1864年他回到巴黎。1870 年 4 月，拉沙特尔加入了共济会分会"宽容之友"，国际工人协会的成员也经常参加该组织的活动。巴黎围城战期间，拉沙特尔是国民自卫军第四营的一名上尉；巴黎公社期间，他是 1871 年 4 月 22 日成立的市属肉铺第四区的代表。因此，拉沙特尔在 1871 年巴黎公社期间拿起了武器，但他并不属于最激进的人。同年 4 月 6 日，他签署了巴黎权利共和联盟宣言，要求在巴黎和凡尔赛政府之间进行调停。但是，和很多人一样，他也受到了"凡尔赛方面"的追捕，他们想消灭一切看起来像社会主义者的人，哪怕只是稍稍沾点儿边。1871 年 5 月底，在通常所说的"流血周"期间，凡尔赛军队闯入了他的书店。他设法逃脱了，但他的一名职员被杀害。他最初躲在巴黎，同年 8 月 21 日，他在法国南部的图卢兹办了一本新护照，随后再次逃往西班牙，逃到了圣塞巴斯蒂安。

此时的拉沙特尔是一位有名望的出版商，出版了当时颇负盛名的亚历山大·大仲马和欧仁·苏等重要法国作家

---

① 《马克思恩格斯全集》德文版第 2 卷；MEGA^2 第 1 部分第 4 卷。

的作品。而拉沙特尔接手《资本论》这一项目时，马克思几乎是一个无名之辈。在拉沙特尔 1870 年出版的《新通用词典》中介绍了很多社会主义的理论家，而马克思甚至都没有被提到。之后，从 19 世纪 80 年代起，拉沙特尔主要出版无政府主义作家的作品。

1898 年，84 岁的拉沙特尔出版了他最后一部词典（《拉沙特尔词典》），并于两年之后逝世。

在出版《资本论》的过程中，拉沙特尔的很多职员发挥了重要作用。特别要提的是阿道夫·德尔沃（1825—1883 左右）。他毕业于美术学院。作为艺术家，他为拉沙特尔创作了一系列肖像画，其中也包括为出版《资本论》而创作的卡尔·马克思肖像。此外，他还帮助校阅了《资本论》的法译文。

同样重要的还有茹斯特·韦尔努耶，他出生于 1840 年左右，根据现有的资料，他逝世于 1892 年之后。在拉沙特尔流亡西班牙期间，他管理拉沙特尔的书店。自从拉沙特尔逃到圣塞巴斯蒂安后，韦尔努耶接手了《资本论》的出版工作。他之前就是书商，拥有自己的书店和出版社（复兴书店，出版了一套《民主丛书》）。韦尔努耶是国际工人协会巴黎分部先贤祠区的成员。他的名字出现在各种政治请愿书中。他出版了第二帝国的积极反对者的著作。马克思与韦尔努耶之间的大量通信表明，他的认真、专业和强烈的政治同情心远高于拉沙特尔。但是，韦尔努耶也遭到了政治迫害。拉沙特尔书店被查封；1874 年 9 月 26 日，根据法令任命了一位临时管理人——阿道夫·凯。随后，韦尔努耶接管了他原来的书店，并继续尽力支持社会主义。比如，他支持路易·勃朗参加1876 年 2 月的国会选举，并且与马克思保持通信联系。

关于阿道夫·凯（1827—1886），留下来的资料极少。我们知道，他曾服务于拿破仑第三统治下的第二帝国政府。1870—1876 年，他担任司法官员，在此职权范围内主要管理铁路公司和不动产销售。他在行政层面极大参与了 19 世纪 60 年代资本主义的蓬勃发展。他在政治上是一个反对社会主义的保守派。关于他管理拉沙特尔书店的资料极少。根据韦尔努耶的说法，他是一个糟糕的管理者。最主要的是，阿道夫·凯拖延了拉沙特尔正在进行的出版项目，特别是马克思的《资本论》，他对马克思评价可能不高。

另一个必须要提的人是印刷厂主路易·拉羽尔（1846—1877）。他来自一个印刷世家。他所经营的通用印刷厂，之前属于他父亲，而且在 19 世纪是法国最重要的印刷厂之一。这个家族在政治上是保守派；拉羽尔的父亲曾是右翼日报《费加罗报》的社长。通用印刷厂规模很大，订单非常多。它承接各种各样的业务，并非专门印刷社会主义著作。所以，马克思的《资本论》对拉羽尔来说意义并不大，而且由于印数少，也不太重要。

昂利·奥里奥尔（1857—1908）在社会主义思想传播史上是一个独特的重要人物。奥里奥尔和法国无政府主义最重要的代言人之一让·格拉韦是朋友。1876 年，18 岁的奥里奥尔成为拉沙特尔书店的职员。他积极传播马克思的

《资本论》。他是将马克思主义引入法国的茹尔·盖得①的密友，此外，他还是拉沙特尔的女婿。奥里奥尔接替拉沙特尔管理过一段时间书店，但具体时间不详（1883—1884 年左右）。19 世纪 80 年代中期，拉沙特尔显然重新接管了书店。在奥里奥尔管理拉沙特尔出版社期间，他主要出版了汇集不同社会主义思想家著作的《社会主义丛书》，这些思想家包括斐迪南·拉萨尔、加布里埃尔·德维尔（一本《资本论》简述，该书起初直接受马克思委托，在马克思去世后不久出版②）、茹尔·盖得、保尔·拉法格。这一丛书与 1879 年成立的法国历史上第一个现代社会主义政党——工人党有直接联系。实际上，奥里奥尔的《社会主义丛书》是第一部直接与某一政党相联系的出版社丛书，从而开创了一项长久的传统，这一传统在 20 世纪主要由法国共产党继承。

三、关于书信的来源

马克思给莫里斯·拉沙特尔的信是在奥里奥尔家族的遗产中找到的。鲁昂大学教授弗朗索瓦·戈丹联系到了昂利·奥里奥尔的后人让娜·奥里奥尔。不过，她保留了这

---

① 让·努玛·迪康热《茹尔·盖得：饶勒斯的反对者?》2017 年巴黎版；《茹尔·盖得：马克思主义在法国的诞生》2020 年纽约版。
② 加布里埃尔·德维尔《卡尔·马克思的〈资本论〉。简述，兼论科学社会主义》1883 年巴黎版。

些文件，在她去世后这些书信传给了她的侄子。

除了马克思的书信外，这捆文件中还包括欧仁·苏、费利克斯·皮阿、让·巴蒂斯特·克莱芒、克吕瑟雷·安德烈·阿拉瓦纳、斐迪南·雷维荣、阿尔图尔·阿尔努、沙尔·龙格和路易·勃朗等人的书信。这些书信还留在奥里奥尔家族，不过，出借给鲁昂大学进行了电子化处理，随后由弗朗索瓦·戈丹在鲁昂和勒阿弗尔大学出版社出版。

奥里奥尔家族的继承人联系了法国国家图书馆，但后者无意接管这批书信，于是，这批书信于 2018 年被拍卖。①

目前，维也纳的因利布里斯旧书店正在出售这些书信。② 其中也包括马克思 1872 年 3 月 20 日给拉沙特尔的信，附有 3 月 18 日信的复制件，如前所述，这封信被刊印在法文版《资本论》中（售价 28 万欧元）。③ 另外，马克思 1872 年 11 月的 4 封信被成套出售（售价 75 万欧元）。④ 广州中山大学图书馆收藏了马克思 1875 年 1 月 20 日给拉羽尔的信。⑤

---

① 《卡尔·马克思的书信被拍卖》，载于 2018 年 9 月 12 日《费加罗报》（巴黎）。lefigaro. fr/culture/encheres/2018/12/09/03016–20181209 ARTFIG00060-des-lettres-de-karl-marx-aux-encheres. php（2022 年 2 月 17 日检索）。

② https：//inlibris. com/de/？s = Marx&orderby = author-asc&post_type = product&_paged = 2（2022 年 2 月 17 日检索）。

③ https：//inlibris. com/de/item/bn49538_de/（2022 年 2 月 17 日检索）。

④ https：//inlibris. com/de/item/bn49541_de/（2022 年 2 月 17 日检索）。

⑤ 《马克思主义哲学论丛》2019 年 4 月 30 日第 1 辑，第 107—123 页。

一览表

序号	书信	出处	原稿
1	马克思致莫里斯·拉沙特尔（1872 年 1 月 9 日）	《翻译〈资本论〉：马克思和恩格斯与出版人莫里斯·拉沙特尔的未公开书信集》，第 74—78 页	不详
2	马克思致莫里斯·拉沙特尔（1872 年 1 月 13 日）	《翻译〈资本论〉》，第 82 页	不详
3	马克思致莫里斯·拉沙特尔（1872 年 1 月 30 日）	《政治经济学杂志》2020 年 2 月第 78 期，第 18—19 页	不详
4	马克思致莫里斯·拉沙特尔（1872 年 2 月 9 日）	复本已发表于 MEW 第 33 卷，第 399 页	中央编译局
5	作者马克思与出版商莫里斯·拉沙特尔之间的合同（1872 年 2 月 13 日）	《翻译〈资本论〉》，第 178 页	不详
6	马克思致莫里斯·拉沙特尔（1872 年 3 月 7 日）	《翻译〈资本论〉》，第 85—86 页	不详
7	马克思致莫里斯·拉沙特尔（1872 年 3 月 18 日）	MEW 第 23 卷第 31 页和 MEGA^2 第 2 部分第 7 卷，第 7 页；《翻译〈资本论〉》，第 93 页	不详
8	莫里斯·拉沙特尔致马克思（1872 年 3 月 18 日之后）	MEGA^2 第 2 部分第 7 卷，第 10 页	不详
9	马克思致莫里斯·拉沙特尔（1872 年 3 月 20 日）	《翻译〈资本论〉》，第 97 页	不详
10	马克思致莫里斯·拉沙特尔（1872 年 5 月 1 日）	《翻译〈资本论〉》，第 100 页	不详

（续表）

序号	书信	出处	原稿
11	马克思致茹斯特·韦尔努耶（1872 年 8 月 15 日）	《弗里德里希·恩格斯和卡尔·马克思未公开的材料》第 1 部分（1844—1874），第 144 页	莫斯科俄罗斯国家社会政治史档案馆（RGASPI）
12	马克思致莫里斯·拉沙特尔（1872 年 10 月 12 日）	《马克思恩格斯通信集》，第 416—417 页	莫斯科俄罗斯国家社会政治史档案馆（RGASPI）
13	马克思致莫里斯·拉沙特尔（1872 年 10 月 19 日）	《翻译〈资本论〉》，第 107 页	让娜·奥里奥尔家族基金会
14	马克思致莫里斯·拉沙特尔（1872 年 11 月 1 日）	《翻译〈资本论〉》，第 111 页	让娜·奥里奥尔家族基金会
15	马克思致莫里斯·拉沙特尔（1872 年 11 月 5 日）	《翻译〈资本论〉》，第 113 页	让娜·奥里奥尔家族基金会
16	马克思致莫里斯·拉沙特尔（1872 年 11 月 14 日）	《政治经济学杂志》，第 21—22 页	不详
17	马克思致莫里斯·拉沙特尔（1872 年 11 月 18 日）	《翻译〈资本论〉》，第 114 页	让娜·奥里奥尔家族基金会
18	马克思致莫里斯·拉沙特尔（1872 年 11 月 23 日）	《翻译〈资本论〉》，第 115 页	让娜·奥里奥尔家族基金会
19	马克思致莫里斯·拉沙特尔（1872 年 11 月 28 日）	《翻译〈资本论〉》，第 116 页	让娜·奥里奥尔家族基金会
20	马克思致莫里斯·拉沙特尔（1873 年 2 月 11 日）	《翻译〈资本论〉》，第 123—124 页	让娜·奥里奥尔家族基金会
21	马克思致莫里斯·拉沙特尔（1873 年 2 月 15 日）	《翻译〈资本论〉》，第 129 页	让娜·奥里奥尔家族基金会
22	恩格斯致莫里斯·拉沙特尔（1873 年 3 月 11 日）	《翻译〈资本论〉》，第 130 页	让娜·奥里奥尔家族基金会

（续表）

序号	书信	出处	原稿
23	马克思致路易·拉羽尔（1873 年 3 月 17 日）	《翻译〈资本论〉》，第 131 页	让娜·奥里奥尔家族基金会
24	马克思致茹斯特·韦尔努耶（1873 年 3 月 29 日）	《翻译〈资本论〉》，第 134 页	不详
25	马克思致莫里斯·拉沙特尔（1873 年 3 月 29 日）	《翻译〈资本论〉》，第 135 页	让娜·奥里奥尔家族基金会
26	恩格斯致莫里斯·拉沙特尔（1873 年 3 月 31 日）	《马克思恩格斯通信集》，第 422 页；《翻译〈资本论〉》，第 136 页	不详
27	马克思致莫里斯·拉沙特尔（1873 年 4 月 28 日）	《翻译〈资本论〉》，第 147 页	让娜·奥里奥尔家族基金会
28	马克思致莫里斯·拉沙特尔（1873 年 5 月 12 日）	韦德·奥勒·斯滕德·彼得森《在欧登塞发现的马克思未公开的信》，载于《劳工史》（哥本哈根）1986 年第 27 期，第 46—48 页	L. Chr. 彼得森亲笔信收藏室
29	马克思致莫里斯·拉沙特尔（1873 年 8 月 4 日）	《翻译〈资本论〉》，第 148 页	让娜·奥里奥尔家族基金会
30	马克思致莫里斯·拉沙特尔（1873 年 9 月 19 日）	《翻译〈资本论〉》，第 149 页	让娜·奥里奥尔家族基金会
31	马克思致莫里斯·拉沙特尔（1873 年 10 月 13 日）	《翻译〈资本论〉》，第 150 页	让娜·奥里奥尔家族基金会
32	马克思致茹斯特·韦尔努耶（1873 年 10 月 28 日）	《翻译〈资本论〉》，第 151 页	不详
33	马克思致莫里斯·拉沙特尔（1874 年 7 月 23 日）	《法国书信》1950 年 5 月 4 日第 310 期，巴黎（以俄文发表于俄文版全集第 50 卷，第 451—452 页）	莫里斯·多列士基金会（巴黎国家档案馆）

(续表)

序号	书信	出处	原稿
34	马克思致莫里斯·拉沙特尔（1874 年 9 月 18 日）	《翻译〈资本论〉》，第 156 页	不详
35	马克思致莫里斯·拉沙特尔（1874 年 11 月 12 日）	《政治经济学杂志》，第 22 页	不详
36	马克思致路易·拉羽尔（1875 年 1 月 20 日）	《马克思主义哲学论丛》2019 年 4 月 30 日第 1 辑，第 107—123 页（原文，第 120 页）	中山大学图书馆
37	马克思致茹斯特·韦尔努耶（1875 年 7 月 12 日）	汉斯·佩尔格《马克思的三封书信》，载于《马克思故居文集》（特里尔）1983 年第 29 期，第 139	中国国家图书馆
38	马克思致莫里斯·拉沙特尔（1875 年 9 月 27 日）	《政治经济学杂志》，第 23—24 页	不详
39	马克思致莫里斯·拉沙特尔（1876 年 5 月 4 日）	《政治经济学杂志》，第 24 页	不详
40	马克思致阿道夫·凯（1876 年 10 月 10 日，草稿）	《从特里尔走向世界：卡尔·马克思，他的思想及其延续至今的影响》，弗里德里希·艾尔伯特基金会 2020 年波恩版，第 66 页	波恩社会民主档案馆
41	马克思致昂利·奥里奥尔（1876 年 10 月 21 日）	《政治经济学杂志》，第 25—26 页	不详

（编者附注：第 3、16、35、38、39、41 封书信于 2020 年由中央党史和文献研究院购藏。参看《人民日报》2021 年 2 月 6 日报道《中央党史和文献研究院新近购藏马克思六封书信手稿原件》）

第三部分

马克思的实验室一瞥：
MEGA 中的摘录笔记的编辑

M&E

摘录笔记——《马克思恩格斯全集》 历史考证版（MEGA²）的组成部分 还是补遗内容？*

一、开场白

在今年的讲座中，我将把马克思和恩格斯的摘录和笔记作为中心。一直以来，《马克思恩格斯全集》历史考证版（MEGA²）关于这部分内容的编辑备受讨论。我将在报告中探讨其中的一些争议性问题。在前两次报告中，我主要以里夏德·施佩尔博士的研究成果为依据。① 施佩尔是 MEGA²

---

* 本文是黑克尔教授 2012 年在中央编译局所做"马克思的实验室一瞥：MEGA 中的摘录笔记的编辑"系列报告的第一讲，张红山译，朱毅校，中译文发表于《马克思主义与现实》2014 年第 1 期。

① 里夏德·施佩尔：《"高水平的编辑"。关于〈马克思恩格斯全集〉历史考证版（MEGA²）的编辑原则》，载《柏林 MEGA 编辑促进协会学术通报》（汉堡）2003 年第 5 期，第 68—74 页。

· 243 ·

出色的编辑专家，大约一年半以前他曾在马列部这边工作。他请他代他向所有同事致以问候。

　　早在 1837 年 11 月，还是大学生的卡尔·马克思就在给父亲的信中这样描述自己的学习过程："这时我养成了对我读过的一切书作摘录的习惯……并顺便写下自己的感想。"①这个习惯马克思保持了一生。恩格斯的工作方法与之相似，尽管远远没有马克思表现得这么突出（马克思的摘录和笔记是恩格斯留下的材料的八倍）。马克思和恩格斯两个人留给后世约 250 个摘录笔记本和其他的零散摘录，除此之外，他们还在约 1000 册书籍中做了批注和标记，这些成为理解他们的研究和创作的可靠而独特的原始文献，迄今只有很小一部分被发表和利用。②

　　关于文献遗产中这个丰富的组成部分的重要意义，《马克思恩格斯全集》历史考证版（MEGA¹）的编者达维德·梁赞诺夫已经有所认识："马克思阅读过的个人藏书，以及保存下来的约 250 个摘录笔记本，对于从一般意义上研究马克思主义，以及从特殊意义上考证马克思的一些著作的创作史，都是十分重要的原始材料。"③

---

　　①　见《马克思恩格斯全集》中文第 2 版第 47 卷，第 11 页。

　　②　1990 年之前第 4 部分共出版了 7 卷，正文有 4550 页，其中 3950 页是第一次发表，另外 160 页是第一次用原文发表，这样材料中的 90% 属于第一次发表。自 1990 年以来，第 4 部分又出版了两卷。目前有几卷正在编辑过程中。第 4 部分第 5 卷可能于 2013 年出版，由此会填补其中的空缺。

　　③　MEGA¹ 第 1 部分第 2 卷，第 XVII 页。

　　遗憾的是，MEGA¹并没有出齐，即使在已经发表的卷次中，也未做到完整刊印摘录笔记，而仅限于列举被摘录的段落并刊印马克思的插入语及部分简短评论。"但是，无论如何我们至少做到了不仅编制了马克思摘录过的著作的目录，而且编制了所有被摘录的段落的目录，即使在这些著作和段落中有时并没有马克思自己的评论或插入语。对于研究马克思主义的形成过程，这些摘录笔记本是极其宝贵的辅助材料，它们不可或缺。"①

　　然而，对于大部分仅限于纯粹从形式上描述摘录笔记的做法，人们普遍感觉不够完善。贝内迪克特·考茨基批评说，"从摘录中做摘录"毫无意义，他认为梁赞诺夫选取的方法"根本不合适"。② 当时的编者建议在 MEGA¹中为摘录笔记设立一个共 25 卷的独立部分，由于斯大林的批示，这一建议未能实现，不过它为 MEGA²的设计提供了重要的启示。③

　　MEGA²确定的目标是，完整、系统地发表这些研究材料，并为学术使用全面编写注释资料。为此它设计了一个规模 32 卷的独立部分，即第 4 部分。

　　综观这些材料便可以看出，第 4 部分将把马克思和恩格

---

　　① MEGA¹第 1 部分第 2 卷，第 XIX 页。

　　② 贝内迪克特·考茨基：《〈马克思恩格斯全集〉》，载《社会》1930 年（第 7 卷）第 2 册，第 261 页及下页。

　　③ 保尔·韦勒：《关于〈马克思恩格斯全集〉历史考证版（MEGA¹）对摘录笔记的编辑工作（1935 年）》，载《马克思恩格斯研究论丛》新辑 1994 年卷，第 200—207 页。

斯参考过的百科全书式的原始文献呈现给读者以供研究。第 4 部分记录了从原始文献到他们理论的起始材料的演变过程。如果我们像过去那样，在很大程度上撇开马克思理论的源泉不谈，这必将导致对理论的错误解读，即对某些创造性的成果要么没有根据地评价过高，要么予以否认。与此同时，新的《马克思恩格斯全集》历史考证版虽然在 1990 年之前还不能免于政治和意识形态方面的束缚，但通过发表这些材料，它同时提供了新的参照点，让我们能够更加客观地确定马克思和恩格斯毕生的创作在科学史上的地位。

特别是对于考察马克思和恩格斯的著作的形成过程来说，通过研究摘录笔记和批注，可以获得许多线索。第 4 部分收集的这些原始资料提供了开启进入两位作者的精神创作工场大门的钥匙，从而也提供了了解他们创作的时代背景的恰当途径。对比这些研究材料和以这些材料为基础而产生的著作，我们就可以追踪他们各种认识的起源和形成过程，更准确地把握他们著作的形成过程的根据和细节，以及这些著作的历史背景。

同时，这些研究材料中有的包含一些马克思和恩格斯在著作中没有研究过的思想，或者说没有进一步阐述的思想。有一部分摘录是他们为一些著作而准备的，但这些著作没有保存下来，或者没有完成。例如，1845 年的《曼彻斯特笔记》就使我们了解到，马克思打算怎样着手撰写《政治和国民经济学批判》，而恩格斯又是怎样着手撰写计划中的"英国社会史"的。① 再比如说，恩格斯为《爱尔兰史》所做的摘录构成历史考证版整整一卷的内容，然而恩格斯只写了《爱尔兰史》开头第一章。此外，关于他们的一些学术计划，只有摘录笔记才能揭示其内容，例如《波恩笔记》是马克思为写作一部名为《论宗教和艺术，特别是基督教艺术》的著作而摘录的研究材料。② 马克思晚年所做的大量摘录也同样如此，这些摘录原来被视为马克思围绕《资本论》的工作的延续。

对于传记研究，第 4 部分的材料，特别是保存下来的马克思的 20 个札记本，也提供了许多新的迄今不为人知或不太被重视的事实和细节。

还应该提到的是，这些原始资料让我们得以深入了解马克思和恩格斯的工作方法和研究方法。他们的研究方法包括从确定书目、搜集材料、进行研究、占有材料和对材料进行初步整理等，一直到进行最终阐述的全部学术活动。遗留下来的工作材料代表着一个阶段，这个阶段对于理解作为整体的研究过程不可或缺，用马克思的说法，就是充分地占有材料。而在接下来的更高阶段即在草稿和研究性手稿中，就再也看不到以这种方式呈现出来的这个阶段了。对于方法的阐述，马克思至少像对于理论的阐述一样给予

---

① MEGA² 第 4 部分第 4 卷，第 7—542 页。这一卷发表了马克思的 5 个笔记本和恩格斯的 3 个笔记本。第 4 部分第 5 卷将发表马克思《曼彻斯特笔记》的其余 4 个笔记本。

② MEGA² 第 4 部分第 1 卷，第 293—378 页。

了同等的重视：方法论上的思考往往是新的理论认识的先导。新近的马克思恩格斯研究同样地对马克思的方法越来越感兴趣。

这些摘录笔记表明，马克思和恩格斯能够从篇幅庞大的原始文献中筛选出实质内容并扼要地予以重述，准确地把握复杂的内容和思路，系统地梳理令人费解的论述内容。因此，在大部分情况下，他们的摘录都不是逐字逐句的，而是将内容提炼为重要的论点，换了一种表述，也重新做了归纳。与此同时，他们在摘录的过程中就已经开始批判地加工既有的思想材料。因此，摘录笔记中有相当一部分包含着他们自己的评论、独立的反思或零星的评注。摘录和自己的阐述直接交织在一起，密不可分。

但是，即使那些几乎没有什么独立评论的摘录笔记，也可以作为学术分析的基础，使我们得出进一步的结论，因为在大多数情况下，摘录笔记的选择、整理及特征可以让我们看出，使用这些摘录的目的是什么，或者说作者进行研究的目标是什么。同时，这种具体摘录的方法也是第 4 部分所收材料内容不同、形式多样的一个主要原因，相应地也就需要一种有弹性的编辑框架。

基于上述认识做出了这样的决定，将研究材料作为马克思恩格斯文献遗产中内容丰富的内在组成部分，完整地收入 MEGA^2。由此，《马克思恩格斯全集》历史考证版没有屈从于类似圣徒传记的规定，而是在做了必要调整的情况下，采用了其他与之类似的全集（莱布尼茨、康德、费希特、谢林和黑格尔的考证版全集）中的常见做法。①

二、为研究材料设立一个独立部分的根据

在决定把保存下来的研究材料全部收入 MEGA^2 之后，又出现了一个问题，这就是将这些材料编排在什么地方最妥当。其他具有可比性的全集提供了两种方法：

一是将摘录材料收在以其为准备材料而写成的各自著作的后面，大部分情况下作为相应卷次的增补或附录，通常称为《补遗内容》或《遗稿》。

二是将其纳入一组特定的卷次，也就是设立一个独立的部分。

这两种方法既有优点，又有缺点。经过深思熟虑，最终决定不采取 MEGA^1 的做法，即把对摘录笔记的描述和部分摘录内容作为附录，附在著作卷部分相应卷次后面，而是在 MEGA^2 中设立一个专门收录摘录、笔记和批注的独立部分。

做出这个决定，主要是基于如下考虑：

第一，出发点是 MEGA^2 的根本原则，即按照著作种类（类型）将这一版本分为不同部分。按照这种思路，各类

---

① 例如，1991 年出版的《黑格尔全集》（历史考证版）第 3 卷《早期摘录（1785—1800 年）》。在这里，值得注意的是，黑格尔在青年时期对阅读过的文献所做的、一直保存下来的摘录，被卡尔·罗森克兰茨称为"黑格尔的教育的摇篮时代"。

著作、文章被归于一个种类，书信则归于另一个种类，而研究材料则归于这两者之外的一个特殊种类。可以这样来表述最后这类文稿的共同标准，即对于这类文稿而言，"相对于阐述作者自己的立场，占有既定的思想材料起着支配作用"。① 这一标准作为一般特征起着指导作用，但具体的文本分析工作表明了它的不足之处，因此在一些成问题的、模棱两可的情况下，有些编排存在争议。

第二，将研究材料收入一个单独部分的做法十分清楚地表明，一般来讲，这里的文稿在性质上不同于作者自己的阐述，因此应该有另外的考察标准和评价标准。马克思恩格斯自己为某些著作、文章或书信撰写的准备稿，一律归到了本版的其他部分。这样就可以避免把基本性质不同的各类材料混合在一起，有些全集的"补遗内容"就出现了这种情况。

第三，保存下来的研究材料数量极其庞大，倘若将它们收入 MEGA² 的第 1 部分和第 2 部分，就会使这些部分在篇幅卷次上不堪重负，导致它们的结构划分和内在联系混乱不清，并且会破坏其按时间顺序编排的框架，或者将结构变得极其复杂。

第四，许多材料并不是专属于某部著作，而是作者在不同时期，为了不同目的而多次使用过的。如果编者将这些材料归属于某部著作，这必然使我们难以认识到这些材

---

① MEGA²第 1 部分第 1 卷，第 36 页。

料跟其他著作之间还存在联系。再有，一些材料就其特点来说主要是为了知识储备和占有某些科学领域的知识，作者时常将其作为资料备查，因此它们不能直接归于任何著作。最后，还有一些材料是为计划撰写某些著作而摘录的，但后来这些著作并未写成。

第五，研究材料的特殊性质要求对它们的编辑采用特殊的形式和方法，这既包括对正文的呈现和编排，也包括对正文加以考证和评注的资料卷。将研究材料专门列为一个单独的部分，将便于采取一种与此完全相匹配的编辑方法，可以方便这些卷次的编辑、印刷和使用。

第六，MEGA^{2}的读者无疑会获得巨大便利，由于著作文本和摘录文本分属于不同卷次，因此可以将它们摆在一起阅读并互相比对，而不必总是在同一卷书中前前后后地翻看。

最后，当时还有一个非常实际的理由，即对研究材料所做的预备研究相比著作和书信要少得多。因此，不仅在编辑方面，而且在研究方面，编者不得不广泛涉足新的领域，花费大量的时间和精力。这样便又和出版机构宣称的如下目标相冲突，也就是将第 1 部分和第 2 部分的卷次置于优先地位，努力使其迅速出版。这种编辑战略上的侧重是可以理解的，但同时也要看到，不同部分之间相互联系的卷次如果不能同时进行编辑，就会导致对正文加以考证和评注的资料卷中出现缺陷和不足。我们不能单纯地将MEGA^{2}第 4 部分看作是对前三个部分的补充，因为前三个部分较完备的注释，要以对第 4 部分研究材料的科学分析为前提。当然，反过来也是一样。在任何情况下，为研究资料设立一个单独的部分都不应误导人们将这些研究材料看成独立的东西，从而有意无意地对其做出过高评价。

三、《马克思恩格斯全集》历史考证版（MEGA²）第 4 部分的编辑进展

考虑到 MEGA² 的四个部分都处于较成熟的编辑阶段，如果还要像在 1992 年制定新版编辑方针时那样再来讨论单独设立第 4 部分是否合适，那么这种讨论也只具有学术性质，因为要从根本上改变《马克思恩格斯全集》历史考证版现有的结构划分原则几乎是行不通的。但再次明确如下这一点似乎是重要的：单独设立一个收入摘录、笔记和批注的部分是一个恰当的并且仍然站得住脚的决定。

在普罗旺斯地区艾克斯召开的国际马克思恩格斯基金会会议上，将来如何编辑第 4 部分成了一个热烈讨论的话题，讨论的结果确认了下述基本原则：

第一，摘录、书目笔记和批注这组原始资料构成了马克思恩格斯精神世界和著作的材料基础。对于马克思恩格斯著作的研究和编辑来说，它们成为开启两位友人精神创作工场大门的钥匙；而对于编者来说，它们则是设身处地了解作者所处历史的时代背景的必要途径。这组原始资料可以汇入 19 世纪科学迅速发展的进程之中，这个进程的特

点是各个门类的新学科不断涌现，信息数量不断增加。这组原始材料也使我们看到，个人在参与这个发展进程时有时可以大显身手，有时也无能为力。

第二，不管这些研究材料（摘录笔记和批注）怎样值得重视，都不能将它们与作者自己的著作和书信相提并论，后者在全集中处于中心地位。这一点与其他与之类似的全集版本的情况一样，在编辑时要相应加以重视，并且通过层次化、差异化的编辑方法加以体现。1989 年之前追求的解决方案是最大限度收入材料，即将摘录、批注（不管是文字内容还是标识）连同其上下文，逐字逐句全都收入 MEGA^2，这种绝对化做法与这些材料的特殊性质不相符，因为这种做法事实上把它们与作者的著作置于同等地位。

通过对摘录和批注的具体分析，针对不同情况应分别选取以下一种刊印形式：

——完整地刊印文稿；

——将刊印部分文稿和描述文稿其余部分的做法结合起来；

——详细描述文稿内容而不是逐字刊印。

第三，这些材料是马克思恩格斯的生活和工作中不可分割的组成部分，这一特点不允许将 MEGA^2 第 4 部分看作留待以后解决的事情，或仅仅看作是对这一版本前 3 个部分的补充。要想为第 1 部分、第 2 部分和第 3 部分中编辑的正文提供关于语境的规范注释，一个必不可少的前提就是对第 4 部分收入的材料进行科学整理，在思想上完整彻底地进行研究。忽略这一点，就是否定和严重背弃所宣称的"历史考证"的原则，实际上在这个领域，以前的出版者和编者在构想和实施上都犯了一系列错误！

第四，对于在 MEGA² 中编辑收入摘录、笔记和批注的一般批评，我们举出如下事实进行反驳：就第 4 部分而言，这一版本并没有屈从于类似圣徒传记的规定，而是在进行必要调整的情况下，采用了其他与之类似的全集（例如莱布尼茨、康德、费希特、谢林和黑格尔等人的考证版全集）中的常见做法。

《马克思恩格斯全集》历史考证版（MEGA²）摘录笔记的编辑特点*

一、第 4 部分的结构问题以及各卷内容划分和卷内材料编排问题①

为研究材料设立一个单独部分绝没有使所有的编辑问题都得到解决。要合理地规定这一部分的内部结构以及每一卷的结构还需要进行若干年的大量思考。因而也可以理解第 4 部分的"总编目"直到 1984 年才得以完成。

---

* 本文是 2012 年黑克尔教授在中央编译局所做"马克思的实验室一瞥：MEGA 中的摘录笔记的编辑"系列报告的第二讲，曹浩瀚译。

① Richard Sperl："*Edition auf hohem Niveau*". *Zu den Grundsätzen der Marx-Engels-Gesamtausgabe（MEGA）*, Hamburg 2003（*Wissenschaftliche Mitteilungen des Berliner Vereins zur Förderung der MEGA-Edition e.V.*, Heft 5）, S. 74 – 82.

这个总编目主要是基于以下几个原则：

1. 人们很快就认识到，最初的设想，即在每一卷内将摘录、笔记和批注按照时间先后顺序整合起来，是无法实现的。首先，就对马克思恩格斯私人藏书的调查和确认以及对这些书中的阅读痕迹的科学研究而言，还远远没有达到可以出版一个可靠的批注版本的地步。在确定这些材料的日期并由此按照时间顺序将其进行排序时常常碰到无法解决的困难。其次，关于材料的呈现形式和对材料如何加以评注的问题也没有找到合适的解决方案。因此，第 4 部分的卷次被进一步分成了两大组：

（1）摘录和笔记，这部分的工作当时很快就开始了；

（2）批注，按照计划这部分的编辑工作应该在稍后的一个时间点开始。[①]

然而，这样做并不是要抛开摘录与马克思恩格斯私人藏书中的自用本彼此具有同等地位的认识。它们代表着马克思和恩格斯的科学工作的两大支柱，只有将它们联系起来，才能完整地了解二人的原始文献资料及其学习和研究过程。[②]

[①] 由于批注编辑的复杂性，1983 年出版了一个试编本，该试编本将第 4 部分框架内有关批注的呈现和评注的进一步设想提交给学术界讨论并引起了人们强烈的兴趣。Richard Sperl：*"Edition auf hohem Niveau"*. *Zu den Grundsätzen der Marx-Engels-Gesamtausgabe*（*MEGA*），Hamburg 2003（*Wissenschaftliche Mitteilungen des Berliner Vereins zur Förderung der MEGA-Edition e.V.*，Heft 5），S. 200 – 207。

[②] 同上，S. 185 – 193。

2. 马克思和恩格斯在 1844—1883 年撰写的著作和书信在 MEGA^2 中一般按时间顺序混编在一起，而在第 4 部分中，他们的研究材料都是完全分开呈现的。也就是说，这些卷次分成第 1 部分——马克思的摘录和笔记，以及第 2 部分——恩格斯的摘录和笔记，两部分都按照时间顺序排列。这样做是有道理的，因为尽管马克思和恩格斯之间的合作十分密切，但从狭义上看，即与摘录相关联的研究过程，展现的是各自的研究过程。这种编排规则同时也为清晰的编排顺序和分组带来了极大的便利。部分地由于这个规则才使得对笔记本系列进行持续的、相互关联的编辑成为可能。

3. 为了确保科学上具有重要性的材料，即大量的专题摘录整体不必总是被那些更多地带有私人性质的个别札记所打断，第 4 部分的卷次又进一步细分成正文和附录。在附录中计划收入带有个人性质的文献和札记。

4. 第 4 部分文本编排的既定原则与全集一样是按时间顺序。不过这里的时间顺序原则会和笔记本原则结合在一起。摘录本和札记本分别都会作为单独**一个**文本单元来对待，这个文本单元的内容和排序会予以保留。时间顺序和笔记本单元相结合自然会使一些卷次在内容排列上产生一定程度的时间重叠，不过这种结合能让历史的先后顺序和主题联系起来，从而弥补时间重叠所带来的不足。在今后的工作中，应更加重视塑造主题群。

5. 在一些情况下按时间顺序的基本原则编排会很复杂，

例如马克思恩格斯针对某个主题群制作了整整一系列笔记本，而且通常是连续地进行数字编号。这些笔记本在内容上构成一个整体，但同时又跨越了一个较长的时间段，这期间他们还会进行其他的研究。这种情况下，编者会尽量优先考虑作者确定的笔记本顺序（通常是后来才确定的）——这展现了一种内容上的系统性，而不是先考虑它们的形成顺序——这种顺序并不总是能很有把握地确定，尽管这样做不得不接受由此产生的一定时间顺序上的偏差。所有关于时间顺序的必要说明将在文本的历史中加以交代。在几个笔记本中间插入一系列的其他材料似乎用处不大。

6. 在各个摘录笔记本内，已有的文本排列和次序也不应改变。只有这样，马克思和恩格斯的关联和参看系统，他们对自己笔记本所做的内容目录和索引（例如马克思的"引文笔记本索引"或者"我自己的笔记本的提要"），才能保持它们的基础。不过，摘录的页码顺序并不总是与写作的时间顺序一致，例如，二人可能在空白的页面上进行补充，一些摘录可能是在不同的位置、不同的时间写的。但是如果文本的结构根据时间顺序而改变或者完全取消，后果就会很严重。因此在文本的历史那里必须就摘录内容的实际顺序给予必要的提示。

7. 在少数情况下，笔记本由两个或者三个独立的文本群组成，这些文本群比较完整、篇幅较大，涉及不同主题，产生于不同时间，这时就可以考虑下面这种编排方式，即将这些笔记本相应地分成两个或者三个独立的部分，并在摘录卷中将各部分按照时间顺序排列。例如在马克思《1861—1863 年经济学手稿》的补充笔记本 D 中，由他自己标记为"不属于本笔记本的政治杂记"的一部分文本。在这种情况下，在先产生的那个部分的文本历史中，会对整个笔记本进行介绍，在出版后来的部分时就可以将其作为参照。

8. 如果摘录笔记本中含有一些从性质上看属于其他部分独立的材料（如文章草稿、自己著作的计划或者提纲、信件草稿和信件副本等），那么合适的做法是把这些材料抽取出来，将它们放到全集中相应的专门部分中去。这样做还可以避免文本的重复印刷，而重复印刷正是人们最初想到过，并且已经部分地在一些已出版的卷次上发生过的。将来不仅应在摘录本，而且也应在札记本上将这类材料提取出来，不过到目前为止，还没有对札记本做出这种规定。

二、第 4 部分文本呈现和文本考证资料特有的问题

当人们决定把马克思和恩格斯的研究材料在 MEGA^2 中完整地再现时，还没有定下来以什么样的形式去实现这个目的——是逐字逐句印刷，或者将逐字逐句印刷与描述相结合，或者是按照时间顺序编制文献摘要，还是只是对其进行描述，等等。一个全集版本并不必然要求将全部手写遗稿以印刷的形式再呈现出来。经过一些测试和讨论后——同时也考虑到了对 MEGA^1 中摘录描述的批评性评价，

国际马克思研究的历史和现状

编者决定将摘录本和札记本的文本完整地、不加删减地以原文形式呈现，由此最终产生了 31 卷的可观数字。这样做的理由是：大多数摘录根本没法证实是真正逐字逐句摘录的；如果没有所摘录的上下文，通常无法充分保证能够正确理解马克思恩格斯插入的个人评论；并且对于使用者来说，马克思恩格斯所摘录的文献往往难以获取。将这些研究材料彻底完整予以刊印的基本导向，提供了一个最大限度的解决方案，尽管这种方案可能并不一定是最优的解决方案，它在一定程度上忽略了这些材料的不同价值。这个方案是把完整性原则简化为将全部文本完整刊印这一思路的结果，而这两者并不一定是等同的。

完整性也可以通过不同的呈现形式实现。就第 4 部分来说，具有决定性意义的是对材料进行充分的科学开发，并将其广泛纳入全集的参考资料卷中。

就文本呈现本身而言，这里只能指出摘录再现的几个特别之处。

1. 对于科学使用而言，有必要将马克思恩格斯自己的评论同来自原始文献的文本清楚地区分开。最初的做法是在编辑文本中将相应的段落直接用粗体印刷。这样的处理本应该只适用于原始文本中没有的马克思恩格斯自己的思想。不过，经常有一些难以判断的、要通过对个别单词加粗体来解决的模棱两可的情况。这样一来，那些变动较大或者有所缩减地从原始文献中提取的表述也被作为马克思恩格斯的评论，在排版印刷上加以强调。因此，1993 年修

· 260 ·

改过的编辑原则放弃在编辑文本中对马克思和恩格斯的评论加粗体的做法——这也是为了真正忠实于原稿再现手稿，而是在按照文本行数做出的评注（注释资料）中给予相应的说明，这样就可以通过大为不同的方式阐述事实情况。

2. 在文本呈现上的一个重要简化，是 1985 年确定放弃使用最初的编辑原则中原定的一条规则，即用相应的记号区分逐字逐句摘录的文字和非逐字逐句摘录的文字。对第 4 部分最初几卷的实际经验进行的评估表明，这种做法——在个别情况下并非没有问题——的好处与为之付出的成本不成比例。同样的情况还包括，不再记录原始文献中字词的着重与摘录笔记中字词的着重的区别。马克思和恩格斯采用了自己的强调标识原则，这帮助他们快速地找到特定的内容。这些在编辑文本中应该呈现出来。

此外，不言而喻，在摘录和原始文献之间存在着与内容相关的差异，对于研究而言是值得通报出来的。摘录文本和原始文献之间这些与语义相关的区别（语言形式和文体形式上的区别是很多的）将会在考证资料卷中用相应的索引反映出来。当然，这些"内容上的重要性"可以或多或少严格或宽泛地解释，因此到现在为止已有的索引在内容和规模上的差别非常大。现在的主导趋势是越来越多地将这种"差异表"缩减到只用于摘录内容有根本改变的区别上。此外，今后那些经常重复出现的逐个说明将会由文本历史中对于差异的概括性描述所取代。在第 4 部分的卷次中，要致力于适当缩减资料卷，使其与材料相适应，这一点也将继续受到特别的关注。

3. 摘录本和札记本只是给作者本人使用的，从来不是用于出版的。因此作者在写作的时候很少注意语言及形式上的精确性和规范性。《马克思恩格斯全集》历史考证版（MEGA²）再现这些文本的第一个原则就是必须保留手稿的这些特点，而不是对其进行修饰或"完善"。一些编者出于编辑人员的职业荣誉感，可能对于出版语言上有瑕疵的文本（而且还是"经典著作"）有些不甘心。因此直到1990年出版的卷次都表明，这一编辑原则——研究材料不需要统一和标准化——最初只是半心半意执行的，直到后来人们才慢慢地逐步跟原则一致起来。所有不常见的尤其是不完整的句子结构、作者本人独特的构词和缩略方式，在正字法、语法以及标点符号上的独特习惯，不同语言之间的元素和规则的混合，以及有问题的翻译等，都尽可能地保留了下来。只有在有明确的书写笔误或誊抄笔误的地方，或者出于其他原因（例如，单词遗漏）可能会严重损害对文本的理解时，才会对文本加以干预并在校勘表中给予说明。后者也是唯一可以在方括号中进行编辑上的文本补充的合理理由。

4. 然而，也不能完全忽视读者希望得到一份大致可读且可引用的文本的需求。这样在某方面就会与原稿有一定的偏离，也就是将这些材料中非常丰富、形式多样的单词简写和字母连写（缩写）补充完整，并且——在补写明确无疑义时——在参考资料卷中不再对此逐个进行说明。这种补写是可靠的，因为通过与原始文献进行比对，绝大多数情况下可以有很大把握把摘录中的省略成分补写出来。对于不确定的、有多种可能性的情况，编辑原则规定要在校勘表中加以交代。确实，一直以来都不存在比较重要的理由，表明需要将摘录文本中成百上千个可以确定其原形的减省写法（注意不要与常用的缩写相混淆）全部在参考资料卷中加以说明，或者是在编辑文本中将其特别地标记出来。在文本中所包含的常见缩写（例如 u. , od. , f. ）等情况都原样保留下来，或者通过在字母下加点来表示补充（例如，der，die，das）。因此在后一种情况下，总是可以在呈现的文本中看出马克思的手迹是什么样子。

5. 在第 4 部分的异文表部分，原则上只有手稿中马克思恩格斯自己插入的评注中的文本变动才会予以说明。至于摘录本身的文本变更，则几乎都是对抄写疏漏所做的更正。在摘录文本中只有少数的更正可以推断是马克思恩格斯有意为之（例如，大段删除已经摘录的部分或者后来补充篇幅较大的段落等）。这种情况可以作为例外收入异文表，如果没有必要收入异文表，也可以在注释中予以交代。

三、对第 4 部分科学参考资料部分的特点做几点说明

一是摘录卷的**文本历史**（产生和流传）对摘录笔记本

的起因和形成史、构成和结构、（通常是第一次产生的）确切的日期、目的以及进一步的应用等，提供了许多新的、详细的材料。此外，它还简单地介绍了在笔记本中被摘录的著作及其作者的信息、所摘录文本的特点和重点，不过在这方面，需要更加注意更准确地进行分析，始终做到客观化和差异化处理。通过编写总体的文本历史（汇编性的文本史），总结某一系列的全部笔记本的共同之处，并阐明其内在的逻辑和内在的体系（例如，《克罗伊茨纳赫笔记》《巴黎笔记》以及《曼彻斯特笔记》），这种有效的做法是值得继续遵循的（例如，可以用于马克思 1875 年的俄国笔记）。

二是**资料卷的注释部分**对摘录文本的评论方式和篇幅问题至今仍在讨论当中。原则上很清楚，对其他作者的被摘录的文本所做的注释，在方式和深度上都不能和马克思恩格斯自己的文本相提并论。但是具体的界限应该在哪却并不清楚，因此已经出版的卷次之间存在着显著的差异。最新的思考方向是，将事实性的注释限制在必要的最低限度，而相应增加文本考证性的评注（如指明个别摘录段落的运用情况，将参看体系扩展至其他的摘录和私人藏书中的阅读痕迹，分析马克思和恩格斯自己的评注等）。在这方面，在注释和文献索引中指明二级文献，也就是在被摘录的著作中引用的文献，是一个特殊的问题。对此，原本也要求完整性，直到 1985 年，由于这样做时出现的文献过多和实际困难，最终确定了下面的限制原则：直接被引用且具体提到的二级文献都要指出来；间接地、只是一般地提及的二级文献或者是作者根本没有提及的文献，只有在例外的情况下（如涉及核心理论问题时）才会加以查证并将其列出。

三是在**校勘表**中，1993 年的编辑原则要求完整记录对马克思手稿原件做出的所有重要干预。在此之前只需要列出内容上有重要意义的变动。因此，从现在起对于字母混淆以及其他书写错误的更正、由于疏忽造成的单词的重复拼写、对缺失的引号或括号的补全、对标点符号的添加或者省略等的处理都要列入校勘表中。如果根据被摘录原始文献做了内容或事实上的改动，则应注明其来源。对于多次重复出现的同类更正，可以在文本历史的结尾处或在校勘表开始处通过编辑说明做出概括性的交代，以此代替逐一指明。

四是关于**索引**。对摘录文本编制人名索引和文献索引相对来说并没什么问题——尽管对于许多新出现的人物和文献仍要进行大量的研究，然而第 4 部分卷次的名目索引还没有找到令人满意的解决方案。对被摘录的文本以什么样的形式、程度和详细度编制名目索引，以往各卷都尝试按照各自的方式去解决，因为编辑原则在这个问题上非常含糊。事实表明，在对不同思想流派的各位作者的文本编制关键词索引时，不可以使马克思主义的概念体系受到遮盖；与马克思恩格斯自己的著作不同，对摘录笔记本的内容进行汇编时应该选择一个相当粗略的框架（例如，条目设置到主题领域为止，而不是到具体的关键词），它不必过分详细。以后也可以考虑不再收录名目索引（像第 3 部分一样）。

2011 年 10 月，国际马克思恩格斯基金会的理事会决定着手对 MEGA² 的参考资料卷进行压缩。理事会向 MEGA² 编辑人员提出了如下几点要求：

1. 使用数字化原始文献，不再购置微缩胶卷。

2. 缩短引言、产生和流传史。

3. 压缩排版格式上的技术成本。

4. 规范注释，省去辞典上的通用概念。

5. 人名索引应只限于生平数据以及一行的特征描述。

6. 简化文献索引中的书目描述。

所有这些原则尤其要在第 4 部分的卷次中遵照执行。在第 4 部分第 12 卷中这些原则还没有实现，不过在由日本同事编辑的第 14 卷和第 18 卷中将会考虑进来。因此在第 14 卷——该卷内含马克思的危机笔记——中计划设置公司索引，但是没有名目索引。

马克思研究材料（摘录、批注）主题重点上的多样性和内容上的不变之处 *

马克思的研究材料，就其内容来说，呈现出一幅范围广泛、真正包罗万象的图景。几乎没有一个科学领域没有出现过，只是在研究的深度和广度上不尽一致。全部的摘录和批注就是一部反映马克思那个时代的知识水平及其历史形成的文献汇编，令人印象深刻。① 好几百部来自哲学、经济学、自然与社会、历史、政治、国家与法、艺术与文化、语言与思想等几乎所有领域的著作和论文在这里以一种浓缩的方式得以利用。这些丰富的材料为跨学科综述提

---

　　* 本文是黑克尔教授 2012 年在中央编译局所做"马克思的实验室一瞥：MEGA 中的摘录笔记的编辑"系列报告的第三讲，周思成译。

　　① Aufgliederung der verzeichneten Titel aus den persönlichen Bibliotheken von Marx und Engels nach Wissenschafts- und Sachgebieten. In: *MEGA² IV/32*, S. 729 – 738.

供了一个可靠的基础，而跨学科综述是马克思毕生研究工作的特点，能够引发许多新的、进一步的观点，并使马克思在多个学科的学术史上获得一个合法而持久的地位。这些丰富的材料也迫使 MEGA 第 4 部分的编者们到处追随马克思百科全书式的知识追求。这就使编辑工作变得有趣、富于变化，经常要涉足新领域，当然也对编辑工作提出了更高的要求。

一、主题多样性和科学史

这种主题多样性并不只是反映在材料的全貌上，同样也反映在 MEGA 单个卷次的材料上，甚至在单个摘录本中也有所反映。许多摘录本汇集了数十部来自数十位知名的或是几乎被遗忘的作者的性质和内容极不相同的著作。然而，马克思研究的特点是，不是并列和相继地，而是相互联系、相互渗透地研究各知识领域。他从科学的整体性、统一性和相互联系上考察科学。这种今天被称为"跨学科"的研究方法的做法清清楚楚地反映在他的研究材料中。

这些内容极其多样的研究材料，乍看起来似乎是随机的、不连贯和不成体系的。但是，经过进一步的分析和全面的梳理，很快就可以看出贯穿始终的主线，即对明确目标不懈的、系统的追求。虽然这条主线经常会因为马克思当即研究重要的新现象和重大的历史事件，因为当前的政治要求或是个人和家庭问题，而发生偏离或中断，但总是会被重新拾起、继续下去并不断深化。对 MEGA 第 4 部分相关卷次的前言来说，突出可以在材料中辨别出的系统而坚定的知识追求，并与研究过程的总进程建立相应的联系，是一项绝非容易但又不能放弃的任务。① 虽然在研究各门科学的时间顺序中也会出现偶然和偏离，但是如果抛开这些情形，完全可以看出存在一种目标导向，有一项合乎逻辑的研究计划在不断展开，比如，从地质学和矿物学（地球的形成史）到无机化学和有机化学（物质和生命的构成要素）、进化论（物种的发展史）、生理学（植物、动物和人类的自然特性），最后到人类社会、人类思想和知识的发展史。

一个将所有研究领域——以及建立其上的马克思思想体系——囊括在内的方式，无疑就是把世界看成一个整体和统一体，从总体性、全球性以及历史和辩证发展的角度把握所有现象。

应当区分每一个阶段及其具体的伴生现象和独特的研究重心，但同时也要把整个过程的连续性展现出来。② 为此，在编排 MEGA 第 4 部分时，以研究材料写作的时间顺

---

① 例如，第 4 部分第 31 卷出版的是马克思关于化学的摘录，这是马克思最后的自然科学研究，之前的卷次并未出版，该卷引言对之前的地质学、生理学、人种学等摘录做了总体描述，从中可以看出马克思这种系统化的做法和各单个学科之间的联系（*MEGA*² *IV/31*, S. 634 – 650）。

② 大体可划分为四个阶段：1839—1848 年（第 4 部分第 1—6 卷）、1849—1860 年（第 4 部分第 7—16 卷）、1861—1872 年（第 4 部分第 17—21 卷）、1873—1883 年（第 4 部分第 22—31 卷）。

序为基础就很重要了。

二、第一阶段——19 世纪 40 年代：哲学开端

马克思哲学的开端在 19 世纪 40 年代。他的研究笔记始于摘录古代哲学（亚里士多德、伊壁鸠鲁和德谟克利特）的 7 个笔记本，以及摘录近代古典哲学家著作（黑格尔、莱布尼茨、休谟、斯宾诺莎、罗森克兰茨论康德哲学等）的柏林笔记。马克思终生都保持着对追求认识世界整体的哲学的兴趣，即便是他把主要精力转向政治经济学之后也是如此。这是一个极大的优势，因为资产阶级经济学家——除了马克思多次深入摘录过的斯密和李嘉图这样体系性很强的经济学家外——大都局限在狭窄的专业领域。在马克思的摘录中，从《巴黎笔记》和《布鲁塞尔笔记》（1844—1847）开始，我们可以看到两个过程：一方面是对经济现象的独特的哲学考察方法；另一方面是越来越强调以唯物主义构想为基础的精确的归纳方法。

在这些研究材料中，马克思在一切研究中经常采用的固有的历史方法清晰可见。对每一个研究对象，马克思都从它的历史起源、它的产生前提和它的后续发展进行考察。在马克思看来，历史科学是涵盖人类世界和自然世界的科学，因为人类世界和自然世界彻头彻尾都带有历史特性。以时间顺序来考察马克思的研究计划，当然也就顺理成章了。

"过程中的总体性"原则也表现在马克思的"全球化"思维中，表现在他对世界进程的分析中。一个早期的例子是 1847 年他对古斯塔夫·冯·居利希的五卷本著作《关于当代主要商业国家的商业、工业和农业的历史叙述》所做的大量摘录，[①] 这些摘录作为系统的知识储备，伴随着他后来的研究工作。马克思详尽摘录的不仅有关于他那个时代的经济大国的信息，还有那些欧洲和北美的小国的信息，拉丁美洲、西印度、西亚、中亚、东亚、澳大利亚的新兴国家的信息，甚至还有当时鲜为人知的非洲、内亚的一些地区和太平洋岛国的信息。这些摘录的构想和内容都充分说明，马克思的知识追求从一开始就是广博的，也就是说，没有一点人们经常强加给马克思的欧洲中心主义的痕迹。

三、第二阶段——19 世纪 50 年代：货币、金融政策、危机和欧洲的外交政策

第二阶段以马克思流亡伦敦开始，以他与卡尔·福格特的论战结束。在这一时期，我们首先看到的是包括 24 个摘录本的《伦敦笔记》（1850—1853 年），这也是马克思研究资产阶级社会的最广泛的资料基础。马克思先为他 40 年代的摘录笔记编制了一个一览表，[②] 之后他在第 I 笔记本中着手研究英国经济学家（我在这里不打算详细罗列相关的

---

① *MEGA² IV/6.*

② *MEGA² IV/7*, S. 27/28.

人名）。马克思关注货币、货币流通和价格形成史等具体问题。此外，他还对英国政府在财政政策方面的决策很感兴趣，而自由贸易和保护主义作为世界贸易的经济手段又在其中发挥作用。最后，马克思还研究了商业危机和金融危机。在第 VI 笔记本之后，马克思以《金银条块。完成的货币体系》为标题汇总了约 80 位他摘录过的著作家关于货币和银行体系的观点。① 值得注意的是，马克思同时定期分析《经济学家》（*The Economist*）这一最重要的，也是当时全世界最著名的经济学刊物，并记录关于交易所发展的重要报道。

在随后的笔记本中，马克思再次转而详细地研究政治经济学原理。尤其是他重新研究了斯密、李嘉图和詹姆斯·斯图亚特。他逐步地、更仔细地研读了关于社会问题和工资形成的相关文献（凯里，霍吉斯金）。②

在第 XIV 笔记本、第 XXI – XXIII 笔记本这 4 个笔记本中，马克思对欧洲以外的地区进行了详细的研究，尤其是殖民体系，这是当时资本主义关系进行国际扩张的主导形式。在这组笔记中，马克思主要集中研究了亚洲地区。这些研究为马克思阐发关于"亚细亚生产方式"的观点奠定了基础。③

---

① *MEGA² IV/8*, S. 3 – 76.

② *MEGA² IV/8 und IV/9*。后面的笔记本尚未出版（*MEGA² IV/10 und IV/11*）。

③ 关于亚细亚生产方式的性质，至今仍有各种不同观点：认为它是原始社会的最后阶段，是作为整体的前资本主义社会形态的一个阶段，是一种封建制或奴隶制的特殊形式，是奴隶制和封建制的要素的混合形态，或者是包括官僚贵族在内建立在灌溉系统上独立的对抗性的阶级社会，等等。

当马克思开始担任当时世界上最大的报纸《纽约每日论坛报》的通讯记者时，他认为要关注欧洲各个强国之间的各种政治冲突。此外，19 世纪 50 年代中期爆发的克里木战争也给马克思和恩格斯带来了大量的工作：马克思埋头研究英国和俄国的外交政策，而恩格斯则研究军事问题。在克里木战争爆发前，马克思就已经写了两组笔记本（1853—1855 年），即关于外交史的摘录笔记和关于西班牙历史的摘录笔记。①

1857 年，第一次世界性经济危机爆发，马克思为此写了 3 个笔记本，在这些笔记本中汇集了按照主题和时间顺序整理的关于危机进程的剪报和重要的统计资料。② 这就赋予了这些笔记本特殊的性质。在这些笔记本中，马克思未加评论地粘贴了来自《经济学家》《每日新闻》等报刊的剪报。直到 19 世纪 70 年代为止，马克思主要以笔记本的形式，但也以文件夹的形式对另外一些重要事件做了类似的主题剪报搜集。这些危机笔记的独特之处在于，马克思也将它们作为工作本来使用，他将数据编制成表格，将重要的事实强调出来，并做了简短的综述，这是真正的景气数据分析。剪报汇编就是这些摘录笔记不同于此前比如摘录《经济学家》笔记本的特别之处，在此前的摘录笔记里，马克思是以概括的，甚至将绝大部分内容翻译出来的形式再现文段的，这部分摘录已经发表在 MEGA 第 4 部

---

① *MEGA² IV/12.*
② *MEGA² IV/14*。该卷由仙台 MEGA 编辑小组负责编辑出版。

分第 7—9 卷。马克思所分析的交易所、信贷和资本流通领域的事件，是生产过剩危机的现象。资产阶级统计学虽然广泛而具体地掌握了关于货币危机的所有事实，但对工业中发生的危机没有充足的信息。马克思记录了危机进程中的重要事实，并在同一时期的《1857—1858 年经济学手稿》①框架内"对实现问题和危机问题做了一个极佳的插入论述"（罗·罗斯多尔斯基语）。此外，马克思还利用这些材料来撰写《纽约每日论坛报》的社论和评论文章。

四、第三阶段——19 世纪 60 年代：政治经济学的体系化

面对卡尔·福格特的诽谤，马克思展开了激烈的论战，这在某种程度上构成了从第二阶段到第三阶段的过渡，这一论战耗费了马克思整整一年的时间。② 马克思在他的论战著作《福格特先生》中，详尽地叙述了共产主义者同盟的活动和 1848—1849 年《新莱茵报》的出版活动。为此，马克思在一个札记本和两个摘录本中对书信和剪报进行了汇总整理。③ 同时，他再度与流亡各国的老战友加强了联系。我们甚至可以说，这次论战为国际工人协会的成立（1864

---

① 《马克思恩格斯全集》中文第 2 版第 30—31 卷。
② *MEGA² I/18.*
③ *MEGA² IV/16.*

年）做了准备。①

显然，经济学理论的体系化及其逻辑叙述构成了马克思 19 世纪 60 年代创作的重点。巅峰就是《资本论》第 1 卷的出版（1867 年）。在此之前，马克思就计划撰写的《资本论》三卷及一部理论史写成了两大手稿群，这些手稿现在已经在 MEGA 第 2 部分得到了完全的呈现。② 不过，与这些卷次相关的还有第 4 部分的 4 卷书，迄今尚未出版。一方面，在与福格特论战之前，马克思从他之前的笔记本中汇编了一些摘录和摘要，写成两本笔记（《政治经济学批判。第 VII 笔记本》和《引文笔记。1859—1860》），借此对手头的材料有一个总概念。③ 此外还有《1861—1863 年经济学手稿》的"补充笔记本 A—H"，这些笔记是马克思在 1863 年 5—6 月写成的，是对《剩余价值理论》的一个补充。④ 接下来是 1864—1869 年的大量摘录，这部分摘录将

---

① 关于国际工人协会活动的材料大多将在 MEGA² 第 1 部分（第 19 卷至 24 卷）中发表，与此相关的文献将汇编在第 4 部分第 21 卷中。

② MEGA² 第 2 部分第 3 卷（分为 6 个分册）和第 4 卷（分为 3 个分册）［见《马克思恩格斯全集》中文第 2 版第 32—37 卷、第 38—39 卷、第 40 卷（上）］。

③ *MEGA² IV/15*。上述两个笔记本总共近 300 张手稿页，其中涉及的引文主题是：资本、货币、商品、劳动力、劳动生产率、剩余价值、农业、利润和工资的情况、生产费用、资本积累、利润率、机器、工业和农业的历史、固定资本和流动资本、资本的再生产、生产劳动与非生产劳动、资本流通、剩余价值理论史，等等。

④ *MEGA² IV/17.*

编成两卷。①

　　从这些摘录笔记中可以看出，马克思在这一时期对农业发展、包括农业化学在内的农业科学发展的问题进行了深入研究。一方面，这并不是偶然的，马克思在 1864 年夏到 1865 年 12 月撰写的《资本论》第 3 册手稿中，就针对"超额利润转化为地租"写了 120 多页的手稿，② 在他看来，这一问题肯定还是没有论述清楚。他在这部手稿中就提到了几位德国农业学家，如尤斯图斯·冯·李比希和海尔曼·马龙。1866 年 2 月 13 日，马克思写信给恩格斯说，对于论述地租问题，"德国的新农业化学，特别是李比希和申拜因，对这件事情比所有经济学家加起来还要重要"。③ 借此，马克思将注意力转向了 19 世纪上半叶与农业科学或者说农业化学中的重要发现有关的一场学术争论，其中涉及植物营养问题，也就是为植物的生长提供物质的问题。植物是否仅仅从腐殖质层吸收养分（腐殖质理论），或者说，矿物养分对于植物营养是否具有决定作用，由此产生了旷

---

　　① *MEGA*² *IV/18 und IV/19*。例如，第 4 部分第 18 卷（东京编辑小组已经开始这一卷的编辑工作）所收录的仅仅一本马克思写于 1867—1868 年的摘录笔记本，就包含了近 30 种著作的摘录，其中涉及数学史、英国工人的经济状况、法国耶稣会历史、穆勒关于社会问题的观点、罗雪尔关于国民经济的不变自然规律的观点、自然、农业史、工联的作用，当中还穿插了对孟德斯鸠和欧根·杜林著作所做的札记。另外同一时期的一个笔记本用 364 页手稿汇集了 30 多种原始文献的摘录，涉及经济学、农业、技术、化学、人口学、立法和历史等主题。

　　② 《马克思恩格斯全集》中文第 2 版第 39 卷，第 818—1036 页。

　　③ 《马克思恩格斯文集》第 10 卷，第 234 页。

日持久的争论。马克思在两年的时间内对两派代表人物的观点做了详细的摘录。① 1868 年 1 月 3 日，他还请求恩格斯询问一下卡尔·肖莱马，"矿肥派和氮肥派之争现在进行得怎样了？"②

另一方面，这些研究已经远远超出《资本论》中地租问题的范畴。马克思总是反复研究自然科学中关于结构和有机体（有机过程）的思想，这对于他分析社会结构和形式来说，既是一种推动，也是一种确认。这些研究在 19 世纪 70 年代更加深入了。

五、第四阶段——19 世纪 70 年代：社会、经济和自然的统一

我们已经说过，社会与自然的统一问题、人文科学和自然科学之间的相互作用问题，贯穿马克思和恩格斯的毕

---

① Justus von Liebig：*Die organische Chemie in ihrer Anwendung auf Agrikultur und Physiologie*，Braunschweig 1840。早在 1851 年 7—8 月，马克思就在《伦敦笔记》的第 XII 笔记本和第 XIII 笔记本上摘录了该书的 1842 年第 4 版（见 *MEGA² IV/9*，S. 172 – 213），弗兰茨·克萨弗·冯·赫卢贝克在一本论战著作中反驳了李比希的观点（《对尤·李比希博士在农业和生理学中应用的有机化学的说明》1842 年格雷茨版）。此外，马克思还详细地摘录了卡尔·弗腊斯的著作：《农业史》1852 年布拉格版、《农业的性质》两卷本 1857 年慕尼黑版、《各个时代的气候和植物界》1847 年兰茨胡特版），马克思在 19 世纪 70 年代末又重新研读这些著作。

② 《马克思恩格斯全集》中文第 1 版第 32 卷，第 5—6 页。

生研究。① 这也是因为自然科学在物质生产发展中的作用急剧增长，比如化学的巨大进步，其革命性的成果构成了马克思最后一组大摘录（1877—1883 年）的对象。②

马克思一再研究最新的经济进程，不论是 19 世纪 60 年代末的货币危机和信贷危机，③ 还是 1873 年紧随创业潮之后的公司崩溃潮。④ 之后不久，马克思甚至摘录了贝特尔·亨利·施特鲁斯堡的自传，他是起起落落的柏林工业家中最闪耀的人物之一。国际银行业和金融业迅速发展。因此，马克思自 1877 年起对这一领域的最新国际文献进行研究也就不足为奇了。⑤ 他对汇率的变动以及与此相关的货币操作越来越感兴趣。在这方面，他还阅读了一本 20 年前出版的关于商业算术的书（弗·恩·费勒和卡·古·奥德曼著），

---

① 参见安内利泽·格里泽为 MEGA² 第 4 部分第 31 卷《马克思恩格斯自然科学摘录和笔记。1877 年中到 1883 年初》撰写的引言，载于该卷第 627—650 页。并见 Dieter Wolf: Die Einheit von Natur-und Gesellschaftswissenschaften. Ein modernes interdisziplinäres Projekt von Marx und Engels. In: *Karl Marx und die Naturwissenschaften im 19. Jahrhundert*, Hamburg 2006 (*Beiträge zur Marx-Engels-Forschung: Neue Folge 2006*), S. 92 – 133。

② *MEGA² IV/31.*

③ *MEGA² IV/19.*

④ *MEGA² IV/25.*

⑤ G. Ricca-Salerno: *Sulla teoria del capitale*, Milano 1877; A. Walker: *Our national currency and the money problem*, New York, Chicago, New Orleans 1876; J. P. Gassiot: *Monetary panics and their remedy*, *with opinions of the highest authorities on the bank charter act*, 2. ed., London 1867. 此外，还有马克思用俄文对考夫曼关于银行业的实践和理论的两卷本著作所做的详细摘录，马克思从圣彼得堡的尼·弗·丹尼尔逊手中得到了这些书，因此这些书连同许多批注流传了下来（MEGA² 第 4 部分第 32 卷第 658 号）。

他还研读了一些数学书籍。① 与此同时，马克思还对德国（卡·迪·休耳曼）和意大利（彼·罗塔）金融史的著作做了摘录。

除了金融界的"全球化"，"生态学"是马克思和恩格斯研究谱系中另一个到今天仍特别具有现实意义的领域。关于人类活动对地球面貌、气候和动植物世界的影响的最初研究就引起了他们的密切关注。他们的研究材料能提供许多这方面的例子，在这里仅举几例，② 并指出这一问题在马克思的地质学研究（1878 年）中的特殊地位。③

马克思自 1868 年起与圣彼得堡的丹尼尔逊通信，后者是《资本论》的俄译者，与俄国民粹派运动关系密切，马克思靠他来获得俄文的政治文献和经济学文献。通过这一方式，马克思搜集了 115 册书，马克思称这些书为"我的藏书中的俄国书籍"。④ 从 1875 年 1 月到 1876 年 2 月，马克

---

① 这些数学摘录将汇编成一个专题卷（MEGA² 第 4 部分第 30 卷）。

② C. Fraas: *Klima und Pflanzenwelt in der Zeit, ein Beitrag zur Geschichte beider*, Landshut 1847；J. C. Houzeau: *Klima und Boden. Die Lehre von der Witterung, die Veränderungen des Wetters und die Gestaltung der Erde*, Leipzig 1861；J. F. W. Johnston: *Elements of agricultural chemistry and geology*. Edinburgh, London 1856；A. A. Mühry: *Klimatographische Übersicht der Erde*, Leipzig, Heidelberg 1862；ders.: *Klimatologische Untersuchungen oder Grundzüge der Klimatologie in ihrer Beziehung auf die Gesundheits-Verhältnisse der Bevölkerungen*, Leipzig, Heidelberg 1858；M. J. Schleiden, E. E. Schmidt: *Encyclopädie der gesammten theoretischen Naturwissenschaften in ihrer Anwendung auf die Landwirthschaft*, Bd. 1 – 3, Braunschweig 1850.

③ *MEGA² IV/26.*

④ *MEGA² IV/32*, S. 39 – 42. 俄文摘录笔记将汇编成一卷（MEGA² 第 4 部分第 22 卷）。

思就俄国在 1860—1870 年改革之后的社会经济和政治发展问题撰写了 7 本摘录笔记。其中也有关于俄国公社土地所有制的重要著作。[①]

在 19 世纪 70 年代中期，马克思对土地所有制的历史做了进一步研究。[②] 他研究了格·路·毛勒和格·汉森的著作，紧接着研究了国际上关于农业发展和农业危机的最新著作。

马克思在他生命的最后几年里完成了内容丰富的"世界历史编年摘录"，[③] 从而完成了一个循环，绕了一大圈儿又回到了他早年的居利希摘录。当时他关注的是世界范围内的经济状况，而现在他最感兴趣的是社会状况、国家形势和社会学—政治学的发展。借助这种对世界历史素材的同时可见的整理，马克思致力于获得哪些新的理论认识，可能还涉及社会形态、其可能的过渡形式和特殊形式（亚细亚社会在这里也再次发挥了特殊作用），这一点至今尚未得到研究，因为对这些摘录笔记的编辑才刚刚开始。

---

① MEGA² 第 4 部分第 27 卷中有对马·马·柯瓦列夫斯基《公社土地占有制，其解体的原因、进程和结果》1879 年莫斯科版所做的摘录。

② *MEGA² IV/24, 27, 28.*

③ *MEGA² IV/29.*

对选编《马克思恩格斯全集》中文第2版 笔记部分11卷的编目草案的 几点意见和建议 *

一、开场白

我下面的意见依据的是里夏德·施佩尔博士2011年8月的审读意见，应该被视为建议，而**不是**为了发表。中文第2版与MEGA相应，也分为4个部分，也就是第1部分（著作、文章：第1—29卷）、第2部分（《资本论》及其手稿：第30—46卷）、第3部分（书信：第47—60卷）和第4部分（摘录、笔记），而第4部分计划从此类研究文献材

　＊　本文是黑克尔教授2012年在中央编译局所做"马克思的实验室——瞥：MEGA中的摘录笔记的编辑"系列报告的第四讲，李朝晖译。

料中选编出 11 卷——这个决定值得特别地重视和肯定。这样，中文第 2 版出齐后，它可能会是世界上规模最大的依据所有文本都用原文发表的历史考证版全集（MEGA^2）的翻译版本，它将成为中文语言区内一个内容丰富且不可或缺的学习和研究基础。

马克思恩格斯遗稿的这一组成部分是重要的，但了解和利用的人总是很少。这一部分的编译工作会有一些特殊的要求，需要在方案和方法上做好长期的准备。因此，特别值得强调的是，应该及时着手工作。因此，可以设想，MEGA 第 4 部分第 5 卷（计划于 2013 年出版）出版后，就可以开始对相关的选编摘录进行翻译了。

这种可以确保在成熟的基础上对相关文献资料进行扎实和周密的编辑的工作方式，一直都得到遵循。中央编译局已就此问题于 2003 年 10 月和 2011 年 5 月举行了两次专门会议，里夏德·施佩尔参加了会议。他根据从会议中了解的情况，对详细的编目草案提出了自己的审读意见。我在此使用了他的意见，也会在有些地方提出我的不同看法。

现有的第 4 部分的具体编目在文献的选择上确实是经过仔细考虑的，它被合理地分为 11 卷，每卷都给出了详细的目录。这份编目的基础就是 1995 年发表的 MEGA^{2}第 4 部分 32 卷的总编目（在第三讲中已经具体介绍过），以及这一部分已经出版的卷次。

二、关于选文

对手里的文献资料进行筛选无论怎样都是一件很难办的事情。选取的内容即使经过深思熟虑、面面俱到，也往往会遭到批评，不能满足可能的使用者的愿望和要求。他们会觉得这儿少了那儿多了，所提出的意见又彼此截然相反。对于像马克思和恩格斯这样百科全书式的思想家的遗著，情况尤其如此。因为使用者从自己的期待出发，想要看到，所选的文献一方面能尽可能详细地表现马克思恩格斯的整个思想世界，另一方面又能尽可能详细地表现使用者本人特别感兴趣的专业领域。因为选编的篇幅总是有限的，所以编者即使竭尽全力也不可能把所有这些反对意见都考虑在内。编者必须接受这一点，但是在这个过程中还是应该始终照顾到各个领域的使用者群体的需求。

一种选编本收文越多，对它提出的要求就越多。在收文很少的选编本中，有些被视为重要的文献往往无法收入，这是可以接受的。选编本的篇幅越大，对缺失或考虑不足之处的批评也就越多，而且这种批评在某种意义上也更合理。

中文版中有关马克思恩格斯的研究文献要筛选出 11 卷的篇幅，约占他们保存下来的材料总篇幅的 1/3。这 11 卷希望提供一个有代表性的总体情况，而从手头的编目草案来看，这个选编本已经尽可能地达到了这一目的。

编选工作应该以下列一般标准为依据：

一是时刻注意反映两位学者的科学兴趣和科学研究的广博性，反映他们的毕生努力，反映他们的各主要研究领域的科学进展及这些领域的最新状况。应该通过有代表性的例子来体现他们研究领域的多样性，进而表明它们在两位学者自己的思想大厦的形成和发展中的作用。是连续的还是断断续续的，是全面开放的还是已经完成的（人们常常声称已经达到完成状态，而实际上这种状态从未达到过，也是不可能达到的），是自发的（偶然的）还是有目的有计划的，马克思和恩格斯总的研究过程中相互影响、相互阻碍或相互促进的这些因素应该在选文中体现出来，当然这一点最终只有在出版全部文献材料时才能以可靠的方式实现。马克思和恩格斯的全部研究文献整体上是对 19 世纪科学史和思想史的一种反映，当然这种反映是从他们特殊的视角呈现的。因此，在此着重提出一点：在选编的文献之前加上一个所有摘录的总目录是很有意义的，这个总目录以简短的形式展现了这样一个整体概貌，同时还可以表明所选的文献在总体中的位置。

二是可以考虑将各个创作时期及其各自的重点，从最初的研究到最后的记录，按照时间顺序来编排。

三是包含较多马克思和恩格斯自己的评论和思想的摘录，这些摘录已经处于对所读材料进行过初步加工的阶段。里夏德·施佩尔认为，来自教科书等的纯摘录首先是为了占有材料，大致可以**不用考虑**。他的这个意见我**不能**同意。

对那些十分重要的、能够反映马克思接受情况的典型摘录也应加以考虑。

四是马克思恩格斯为自己计划写但没有写成的著作准备的研究材料是有关主题及其表述的唯一证据。

五是从专门论述东亚和东南亚的著作中所做的摘录。值得注意的是，这类研究材料目前缺少一部分，如马克思对马龙有关日本农业的报告的摘录。①

六是已有中译文的研究文献在选编时不能不考虑在内。

在看了编目草案后，我认为有一个方面的重点应当作一定的调整：没有反映在马克思恩格斯自己的著作中的摘录，相对于在他们的著作中已经大量使用的摘录（主要是为《资本论》而做的大量摘录）来说，应该优先收入，因为这些摘录在一定程度上对本版本其他部分卷次内容提供了额外的补充信息，而其他摘录的内容已经包含在其他部分的卷次中了。从时间顺序上，以下做法已被视为一项重要原则：1848 年以前的早期以及 1870 年之后的晚期在选编本中占有的篇幅更多。而十九世纪五六十年代的摘录，其中主要是马克思的摘录，在他自己的著作中的利用要多得多。在这一点上，遗憾的是，我不同意里夏德·施佩尔的意见。这一时期的摘录无论如何也是对经济学手稿的补充，

---

① Rolf Hecker: Hermann Maron – Land- und Betriebswirt, Agrarexperte in der preußischen Ostasien-Expedition und Journalist. In: *Das Kapital und Vorarbeiten. Entwürfe und Exzerpte.* Hamburg 2011, S. 173 – 194（Beiträge zur Marx-Engels-Forschung: Neue Folge 2010）.

它们更清楚地说明，马克思为什么决定选取这种或那种原始材料。此外，在《资本论》第1卷出版时期所做的摘录有很多后来也没有被使用。

如果把选编的重点放在"早期的摘录"和"晚期的摘录"上，一方面来说我是赞同的，但另一方面应该对"中期"的摘录进行仔细的研究，这是我与里夏德·施佩尔不同的地方：

1. 1848年以前的摘录可以使我们借助青年马克思的研究文献来了解他思想的发展过程。从这些重要的原始材料中可以看出他汲取了哪些知识，是如何获得这些知识的。每一个研究这些文献的人都可以在一定程度上了解马克思和恩格斯通过占有现有科学思想的成果在认识上取得具有质的区别的进步的过程。

2. 马克思在其生命的最后25年全力以赴地继续这一研究过程，因为他从来没有把自己的研究视为已经完成了的，也从来没有把自己的研究成果视为最终有效的。但是他没能把这种从广泛的研究中获得的认识在自己的著作比如《资本论》中加以阐述。因此，要了解他晚期研究的科学目的是什么，有哪些主要方向和重点，这一时期的摘录在大多数情况下是唯一的依据。

手头的这份编目编选的是从笔记本里挑出的单个摘录，没有对一部著作的摘录进行删减，这是值得肯定的。有几种情况是例外，如马克思对居利希的经济史所做的篇幅很大的摘录是选编（将这些摘录全部付印得占整整两卷的篇幅），这确实是不可避免的，也是有道理的。

　　一般来说，粘贴在笔记本中的剪报应该放弃，因为马克思本人显然没有对这样的文本施加影响。而且把报刊版面转化为卷次格式会占用很大的篇幅。

　　对还没有 MEGA 对应卷次的材料应该如何进行合适的选择，现在还很难给出具体的建议。因为除了总编目之外，相应手稿的复制件以及对它们（在莫斯科的）辨认稿大都还不在手边，只有所摘录的原始资料的标题以及各个摘录的篇幅，而摘录的内容还不清楚。对所摘录段落的内容的意义还无法做出可靠的评判。这主要涉及第4—8卷的内容。再过一些年对这几卷的了解就会更多，到时候无疑就能对编选提出一些建议。

三、关于马克思和恩格斯的文献的比例以及对它们的编排

　　在保存下来的摘录中，马克思的占绝大部分，恩格斯的份额相对来说很小（在篇幅上大约是8：1）

　　这种明显的差别是这两位作者不同的研究方式造成的。马克思这样的作者通常只有在对大量原始资料或材料进行过研究，留下大量摘录、札记、图表和计划后才会完成一部著作，而著作的写作过程基本上都反映在手稿中（在纸上写作的人），也就是说，在写作过程中不断有改动（异文）；像恩格斯这样的作者则从对原始资料的研究开始，通

常只留下很少的笔记，在头脑中对原始资料和主题进行构思加工，直到一篇文章在头脑中预先构想好或完成得差不多了，可以真正一气呵成为止（用头脑写作的人），在写作时几乎没有什么改动。

马克思恩格斯的研究文献在篇幅上的不同也应该在编选时相应地反映出来，这一点在现有的编目草案中处理得基本得当。但是似乎恩格斯所占的份额相对于保存下来的文献来说还是显得少了点儿。不过我认为可以保留现在的比例。

由于他们在著述上终身保持着多方面的亲密合作关系，他们的著作在 MEGA 第 1 部分的各卷次中是按时间顺序统一编排的。而他们两人的研究过程、对所读材料做摘录和笔记却是各自独立进行的。因此在 MEGA 第 4 部分每一卷中都把他们分开编排（第一部分：马克思的摘录；第二部分：恩格斯的摘录）。根据中文版的编选原则，一卷书集中了好几卷 MEGA 的内容。因此在编目中，马克思和恩格斯被分成**好几个部分**，这就使编排复杂化了，让人有混乱的感觉（如第 5 卷和第 11 卷）。应该在一卷里（只要两位作者都出现）**一次性地**把马克思的摘录和恩格斯的摘录分开。

在这方面，我们建议（在这一点上我和里夏德·施佩尔是一致的）通过进一步的审议，考虑是否可以再进一步，在 11 卷的选编本中有 9 卷收马克思的摘录（第 1—9 卷），2 卷收恩格斯的摘录（第 10—11 卷）。在很多方面看来，这样做无论对编辑（一些有关联的文献在目前的版本中被分开了）还是对使用都更有益处，而两位作者各自特有的兴趣点，以及他们不同的占有知识和加工知识的方法也能得到更加明确的体现。特别是能够用这种方式厘清现在第 10 卷和第 11 卷有些混乱的结构。因此，以这种方式开展工作似乎是非常有益和可行的。

四、关于摘录中属于其他部分的文献的收录

在摘录笔记本中还有一些段落不是马克思恩格斯从所阅读的著作中摘录的，而是他们自己写的。这些段落应该收入其余 3 个部分（即文章草稿、书信草稿、文章或书信的抄件，我已经在第二讲中谈过这个问题）。

MEGA^{2}刚开始曾经决定，这样的文献在摘录材料中保留，但也相应收入其他部分。根据新的原则，不再重复收文，而应该把这样的文献挑出来，归入第 1、第 2 或第 3 部分。在第 4 部分只加一个相应的说明，表明这一文献的位置（这一点我在第二讲中已经谈到过）。在中文版中，应该注意尽可能把这样的文献收入适当的卷次。如果前三部分相应的卷次已经出版，已经不可能把它们收进去，那么**无论如何都应该收入第 4 部分**。

五、关于卷次的划分及标题

在 MEGA^{2}第 4 部分对摘录进行编排时，在时间顺序原

则之外，笔记本原则是同等重要的。尤其是，马克思的研究文献几乎全都集中在笔记本里（恩格斯的摘录和札记往往更零散）。原则是，不应把集中在同一笔记本里的文献分开，同时应保留它们的内在顺序。只有笔记本的大部分内容在时间上或主题上相差很远、具有完全不同的用途时，才能将其分开，这一点我在第二讲时已经阐述过。笔记本对马克思来说是一个体系，可以让他很方便地查找特定的资料。他手稿中的出处给的是各个笔记本及其页码。如果将保存下来的全部文献付印，那么这种做法是要完全保留的。

但是，一个选编的版本却不能简单照搬这一做法，而是不得不常常摒弃这一做法。一个选编的版本必须有自己的结构，MEGA 的结构编排对它并不具有约束力。说明所选文献在 MEGA 中的位置，这虽然是必要的，但只能也只应该具有次要的意义。卷次的划分以及各卷的内部结构必须从选编方法以及所选内容的内在关系和特点出发。因为只有这样，从好几卷 MEGA 中挑选出来的文献才能整合到选编的一卷中。

这对如何确定每篇付印文献的标题也同样适用。在 MEGA 中笔记本是第一位的。但选编本的情况不一样，这里采取了多种做法：

（1）将一组笔记本全部付印；

（2）将一组笔记本中的几本笔记付印；

（3）将整本笔记全部付印；

（4）将一本笔记中的多篇文稿付印；

（5）将一本笔记中某一篇文稿单独付印；

（6）将一篇摘录中的某一片段付印（这种情况很少）。

因此，应使用不同的标题拟定体系，这套体系既要与不同的选编方法相适应，同时又要尽可能地表现出统一性。标题一般来说要点明内容是什么（**如关于土地所有制的历史的摘录、关于世界史的编年摘录、关于波兰问题的历史的研究**），当然还应该尽可能与已经出版的 MEGA 卷次的相应标题保持一致。至于一篇文献是来自哪一个笔记本，这个笔记本的标题是什么，这样的信息可以放在上述标题之下，例如以可视化的形式（小字），也许还可以把它们放到各篇刊印稿的结尾。总编目当然可以保留现在的样子（方便查找），但是在编辑时可能应该做相应的调整。

六、同一部著作的摘录编在一起，属于同一个文献的片段不能因为分散在不同的笔记本里就把它们分开

通过对编选计划深入思考后，还找到了一个可以接受的处理方法：对同一部著作的摘录或者说同属于某一专题的摘录，尽管在笔记本中因为插入其他文本而被分开了，或者分散在两个笔记本里，但还是可以把它们编在一起。在 MEGA 中这么做大致是不行的，但是在一个选编版中，

在个别适合的情况下，这么做是完全合理的。运用这种做法的前提是，各个部分的写作时间离得近（大体的原则是，中间相隔的时间不超过 1 年），笔记本中插入的对其他著作的摘录并不是遵循一个已经完全确定的研究方向，而理解这个研究方向对读者有用。

在这种背景下，如果没有明确的内容和方法上的理由或一定的目的使编选顺序已经确定，那么在一定的情况下，还可以考虑改变对同一部著作的摘录的顺序（例如，在摘录首先从第 2 卷或第 2 章开始，然后才摘录第 1 卷或第 1 章的情况下）。

七、总结

中文第 2 版第 4 部分（共 11 卷）的最后编目应该把所有必要的意见都考虑到，现有的编目草案为此提供了一个经过深思熟虑的详细基础。总的来说这份编目的选文是合理的，划分方式是得当的。在细节上可能有一些决定需要再考虑考虑，也许要把更多的文献补充进去，或者用其他文献来替换所选的文献。

上述内容只是一些建议，最后应该采取怎样的做法，决定权在中文版的编者手中。筹划工作首先应该把重点放在**对摘录本身的选择和编排**上，这一工作已经具备了取得最佳结果的良好前提条件。

在今后的工作中还应该对正文后面的**学术资料部分的**

结构进行思考。在这方面，也应该从 MEGA 提供的丰富材料（前言、文本史、注释、索引）中进行合理的筛选，同时根据中国读者的特殊需要加以补充。

卡尔·马克思：针对世界经济危机所做的摘录、笔记和剪报 [《马克思恩格斯全集》历史考证版（MEGA版）第4部分第14卷（《危机笔记》）][*]

卡尔·马克思《针对世界经济危机所做的摘录、笔记和剪报》包括写于 1857 年 11 月至 1858 年 2 月的 3 个大笔记本。这些笔记本的内容涉及国际经济发展，尤其是 1857 年的金融危机和生产过剩危机。这 3 个笔记本通常被称作《危机笔记》，马克思都给它们加了标题，分别是《1857 年法兰西》《1857 年危机笔记本》和《商业危机笔记本》。马克思向恩格斯提及这些收集的资料时称之为"笔记本"："我备了 3 个大笔记本——英国、德

---

* 本文是黑克尔教授 2015 年在中央编译局所做的报告，张贤佳译。

国、法国。"①

一、《危机笔记》的资料来源

收集资料主要依据交易所的消息，它们发表在周刊《经济学家》的"银行家新闻"或"外国通讯"栏目上，日报《泰晤士报》的"货币市场和城市学界"或"外国学界"、日报《晨星报》的"外国新闻"或"货币市场与城市新闻"、日报《曼彻斯特卫报》的"生产者市场"或"外国通讯"等栏目上（所提及的是马克思主要使用过的栏目）。这些资料来源在摘录和剪报中所占的份额分布如下：

报刊 笔记本	《经济学家》	《曼彻斯特卫报》	《泰晤士报》	《晨星报》	其他报刊	尚未识别来源	总计
1857 年法兰西	102	7	23	24	13	23	192
1857 年危机笔记本	277	59	77	169	63	134	779
商业危机笔记本	250	81	25	75	19	35	485

4 份报刊在各个笔记本中所占的份额都超过了 80%。马克思使用过的其他报纸有《旗帜报》《每日电讯》《自由新

---

① 马克思 1857 年 12 月 18 日致恩格斯的信，《马克思恩格斯全集》中文第 2 版第 50 卷，第 273 页。

闻》《曼彻斯特观察家报》《雷诺新闻》《每周快讯》《每日新闻》和《先驱晨报》。在总共 1456 份摘录和剪报中有 192 份无法识别其来源。马克思通常并不说明资料的来源，有时候则使用缩写符号，比如用"M. St."指代《晨星报》，"Econ."指代《经济学家》。

马克思的剪报大多数是按照时间顺序或者主题顺序进行编排。最早的剪报来自《经济学家》，日期是 1857 年 11 月 7 日；最后一份剪报同样来自《经济学家》，日期是 1858 年 2 月 20 日。按照主题编排分为两种情况：一种是按照有价证券交易、货币交易和产品交易的地点进行编排，马克思粗略地划分为"英国、德国和法国"部分，具体而言主要指的是伦敦、巴黎和汉堡；另一种是按照金融市场、原材料市场、工业市场和劳动市场的划分进行编排。

除了按照时间顺序描述有价证券交易、货币交易和产品交易外，马克思还经常摘录已发表的统计数据并且以周为单位进行补充。通常第一周是指 1857 年 11 月 7—14 日，接下来是 11 月 15—21 日（第二周），11 月 22—28 日（第三周），11 月 29—12 月 5 日（第四周），12 月 6—12 日（第五周）。马克思也不总是坚持把已经部分准备好的各周的表格都全部填满。

就像针对各份报刊所做的那样，马克思也经常把伦敦的某些街道名称用作相应的交易场所的同义语。针线街（Treadneedle Street）的交易所是股票、有价证券以及金银的交易场所；此外，马克街（Mark-Lane）是谷物交易场所；

明辛街（Mincing-Lane）是殖民地商品的交易场所，包括从咖啡、糖直到茶叶和稻米的交易；阿珀利街（Apperley-Lane）是羊毛商的交易场所。而伦巴特街（Lombard-Street）则是若干信用机构的所在地。所有这些街道构成了伦敦最重要的交易中心。

还不完全清楚马克思通过什么途径得到了这些周刊和日报。根据马克思当时的家庭经济情况，似乎不可能订购得起其中的某份或者某几份日报。此外，朋友或者熟人可能帮了很多忙——恩格斯提供帮助的情况就流传了下来；另外，马克思的朋友，在伦敦以银行代理人为职业的斐迪南·弗莱里格拉特可能也提供了帮助，既然他有时会送戏票给燕妮·马克思，为什么就不会"赠送"《经济学家》给马克思呢？抑或是马克思自己、他的夫人或者某个女儿可以去伦敦的报纸街弗利特街获取免费报纸？

二、历史事件的时间顺序和笔记本写作时间的确定

关于 3 个笔记本写作时间的确定，除了所使用的剪报上的时间外，马克思自己也标注了一些时间：在《1857 年法兰西》这个笔记本上标注了"1857"，在《1857 年危机笔记本》上标注了"伦敦，1857 年 12 月 12 日（开始）"，在《商业危机笔记本》上标注了"1858 年 1 月"，时间分别标在 3 个笔记本的扉页上。关于这 3 个笔记本的制作时间，可以归纳出以下几点：

从 1857 年 8 月起，马克思有 3 项任务要做。首先，他要给《纽约每日论坛报》（《论坛报》）撰写通讯，直到 10 月份之前每周为其写 2 篇文章①；其次，他和恩格斯受查理·德纳委托，要给《美国新百科全书》编写词条②；最后，马克思开始撰写关于资本主义批判的手稿。他先写了《导言》（笔记本 M），然后写了后来被编者称作《政治经济学批判大纲》的"货币"章和"资本"章（第 I 笔记本和第 II 笔记本）③。

在此期间，从 1857 年 9 月初开始恩格斯在怀特岛的赖德休养，后来在布赖顿短暂休养。从 1857 年 10 月初开始，他在英吉利海峡靠近法国海岸的泽西岛上的圣赫利尔待了大约 1 个月。虽然恩格斯邀请马克思去访问，但马克思谢绝了："我的情况不允许我去布赖顿，更不能陪你去泽西岛。"④（《马克思年表》（*Marx-Chronik*）和《马克思恩格斯全集》德文版（MEW）写道，1857 年 10 月初马克思在泽西岛，但这的确是不可能的。此外，1857 年 10 月份的第一周（大概是从 1 日到 8 日），他要陪从特里尔来的 13 岁的卡尔·伊曼特游览伦敦这座国际大都市。

1857 年 10 月 13 日，纽约爆发交易所恐慌，有 2 万人涌进了银行。《论坛报》的主编查理·德纳同一天通知马克

---

① 《马克思恩格斯全集》中文第 2 版第 16 卷。
② 同上。
③ 《马克思恩格斯全集》中文第 2 版第 30 卷。
④ 马克思 1857 年 9 月 21 日致恩格斯的信，《马克思恩格斯全集》中文第 2 版第 50 卷，第 211 页。

思，要他以后每周只写 1 篇文章，主题集中于两方面，即印度的战争和经济危机。这份报纸的其他欧洲通讯员被解雇，这个噩耗对马克思影响很大——他虽然可以继续写文章，但是数量变少了，这等于是"报酬的缩减"。他是这样利用这种局面的：委托恩格斯撰写关于印度的文章，而自己则专门研究经济危机。此外，在 1857 年 10 月 30 日之前，马克思还要为百科全书撰写《布吕歇尔》[①] 这篇文章。

马克思在 10 月 20 日给恩格斯的信中对经济形势的估计如下：

> 美国危机妙极了（我们在 1850 年 11 月的述评中就已经预言过它一定会在纽约爆发）。它直接影响到法国工业，因为目前纽约出售的丝织品比里昂生产的更便宜。英国的金融评论员悲叹说，他们英国的贸易是健康的，不健康的是国外的顾主，这个说法既独出心裁又十分可笑。曼彻斯特的工厂主们情况怎样？现在发现，格拉斯哥的厂主把许多商品运到国外委托出售。[②]

但是恩格斯可能没有估计到形势的严重性，因为他 11 月 5 日才急着从泽西岛前往曼彻斯特，由于火车晚点，他没

[①] 《马克思恩格斯全集》中文第 2 版第 16 卷，第 365—382 页。——编者注

[②] 马克思 1857 年 10 月 20 日致恩格斯的信，《马克思恩格斯全集》中文第 2 版第 50 卷，第 229 页。

能在伦敦和马克思会面。

11 月 6 日，马克思首次将他对危机的正式意见寄给纽约的《论坛报》，这就是《1844 年银行法和英国金融危机》① （发表于 11 月 21 日）。在他 1857 年的札记本中，在这个日期下记的是："英国金融危机（罗·皮尔的法案）。"② 在这篇文章中，他回顾了 1844 年银行法的历史并分析了当前的货币危机。他的预言是，英国政府很快就会废除银行法。为了写这篇文章，他还再次研究了托马斯·图克的《价格史》③。接下来的两篇文章，也是写于 11 月，涉及英国的"贸易危机"（《英国的震荡》④ 和《英国的贸易危机》⑤）。

同时，在他看来，显然需要做更全面的考察，以便掌握所有联系。总之，他在大概同期的《大纲》第 II 笔记本中，提出了一个关于全球化的假说："最后，世界市场。资产阶级社会越出国家的界限。危机。以交换价值为基础的生产方式和社会形式的解体。个人劳动实际成为社会劳动以及相反的情况。"⑥

11 月 13 日，马克思告诉恩格斯：

---

① 《马克思恩格斯全集》中文第 2 版第 16 卷，第 475—480 页。
② RGASPI 1. 1. 5868.
③ IISG B 89.
④ 《马克思恩格斯全集》中文第 2 版第 16 卷，第 481—487 页。
⑤ 同上，第 500—504 页。
⑥ 《马克思恩格斯全集》中文第 2 版第 30 卷，第 221 页。

虽然我现在经济上很窘迫，但是从 1849 年以来，我还没有像在这次危机爆发时这样感到惬意。此外，你可以安慰鲁普斯说，现在全部材料都摆在我们面前，我在《论坛报》写的一篇详尽的文章中仅用一张 1848—1854 年的贴现率表就证明，在正常情况下，危机早在两年前就应该出现。……

请你现在像以前开始做的那样，尽量多寄些曼彻斯特的报纸来。不只是为了《论坛报》，我打算为祖国写写关于危机的文章。[①]

这些话差不多可以说明马克思已经开始为经济危机收集材料。这种收集可能既包括获得各种报纸，也包括剪下各种重要的消息和评估。他尤其期待法国爆发金融危机和经济危机。因此他持续关注巴黎交易所行情的发展和波拿巴政府的金融政策。11 月 7 日的《经济学家》看来正合他意，于是他剪下了第 1240 页和第 1241 页的段落。他把这些剪报分门别类，以下列标题放在一个笔记本的前五页中：《法国。交易所行情》《巴黎。〈通报〉上的财政部报告》《巴黎。法兰西银行和铁路公司之类》和《法国的贸易》。然而是否在那时，也就是 11 月 7 日之后马克思就已经开始写作《1857 年法兰西》这个笔记本，尚存疑问。

恩格斯不断寄来《曼彻斯特卫报》：11 月 15 日 "今天

---

① 马克思 1857 年 11 月 13 日致恩格斯的信，《马克思恩格斯全集》中文第 2 版第 50 卷，第 238—239 页。

再寄上两天的《卫报》"①，17 日 "一大包"②，12 月 7 日
"我只能寄给你《卫报》，而没能给你写信"③。在此期间危
机也蔓延到了曼彻斯特，恩格斯要全力应对自己公司面临
的危机事务。棉花价格暴跌，但是曼彻斯特的欧门—恩格
斯公司避免了破产。11 月 16 日，恩格斯在他的信中附上了
一张 1857 年棉花价格走势图（在马克思的 3 个笔记本中没
有发现这种图表）。此前一天他写信给马克思说："你收集
关于这次危机的材料，这很好。"④ 在寄来的《曼彻斯特卫
报》中，马克思在《1857 年法兰西》这个笔记本中首先使
用的是 11 月 27 日的那一期。恩格斯在 12 月 17 日也对危机
进行了分类："危机还会在以下 4 个不同的方面发生：（1）
殖民地商品，（2）谷物，（3）纺纱厂厂主和织布厂厂主，
（4）国内贸易——这方面最早在春季才会发生。"至于他自
己的行业，他嘲讽地评论道："在各羊毛产区危机现在已经
开始，而且十分可观。"⑤

在此期间危机也在英国蔓延。虽然 10 月中旬以前还没

---

① 恩格斯 1857 年 11 月 15 日致马克思的信，《马克思恩格斯全集》
中文第 2 版第 50 卷，第 244 页。
② 恩格斯 1857 年 11 月 17 日致马克思的信，《马克思恩格斯全集》
中文第 2 版第 50 卷，第 246 页。
③ 恩格斯 1857 年 12 月 7 日致马克思的信，《马克思恩格斯全集》中
文第 2 版第 50 卷，第 253 页。
④ 恩格斯 1857 年 11 月 15 日致马克思的信，《马克思恩格斯全集》
中文第 2 版第 50 卷，第 244 页。
⑤ 恩格斯 1857 年 12 月 17 日致马克思的信，《马克思恩格斯全集》
中文第 2 版第 50 卷，第 271 页。

有出现"不安的迹象"，但 10 月 27 日就发生了利物浦市银行的破产，接着在 11 月初又有苏格兰的银行破产。11 月 10 日，桑德森公司（伦敦的一家票据经纪公司）破产。11 月中旬，英格兰银行的金银储备降至 65%，而银行券储备则降至 31%。这时，政府采取措施进行干预，在 11 月 12 日取消了 1844 年银行法。此后一天，马克思将他的《英国的震荡》一文寄往纽约。

马克思在 11 月 24 日断言，银行法的暂停生效"本身所能起的作用，只是减轻了这个法令人为加剧的恐慌"。① 他还进一步认为，英格兰银行的银行部在第二天就得宣布没有支付能力。3 天后，马克思在他的札记本中写下：**"金融危机**。（货币市场。英格兰银行的恢复。贸易报告。）"关于这个问题的文章（《英国的贸易危机》）发表于 12 月 15 日的《论坛报》。财政大臣刘易斯勋爵 12 月 4 日向下院解释取消银行法的理由时说——"不管危机的原因是什么"——政府及时正确地进行了干预。

前面已经提到，马克思在《1857 年法兰西》这个笔记本的前几页利用了 11 月 7 日、14 日和 21 日这 3 期的《经济学家》。第一页上关于交易所行情的表格是马克思剪自 11 月 7 日的杂志，然后他先是把接下来两期的数据手写添加进去。后来他又扩展表格，把接下来 4 周的数据添加进去。第一批剪报来自 11 月 24 日的《晨星报》、11 月 26 日的《泰

---

① 马克思 1857 年 11 月 24 日致恩格斯的信，《马克思恩格斯全集》中文第 2 版第 50 卷，第 249 页。

晤士报》和 11 月 27 日的《曼彻斯特卫报》。如果马克思是在相近的时间使用（即剪贴）了这些表格和剪报，那么他可能是在 11 月 22 日至 27 日之间开始写作这个笔记本的。这个笔记本可能也帮他自己解开了法国应对危机的政策之"谜"。对此，他在 12 月 4 日撰写的下一篇文章中这样写道："另一方面，法国还在对这种传染病进行某种抵抗，这就像一个比普遍危机本身更难解的谜，使一些政治经济学家感到困惑。"①

　　但是他首先在 11 月 27 日撰写了《英国的贸易危机》，这篇文章参考了 11 月 26 日的《泰晤士报》。马克思在一张蓝色纸上记录下这一期《泰晤士报》上关于英国出口的数据并和 1857 年 1—10 月的利率变化做对照。这些关于出口的数据也包含在给《论坛报》的这篇文章中。

　　那张"蓝色纸"很有意思，因为在它的反面，燕妮·马克思抄写了 11 月 24 日《泰晤士报》上的长段引文。该引文来自当月 17 日发自马德里的一篇通讯，它描述了危机在西班牙造成的影响。马克思把这张纸插入笔记本的"**西班牙马德里**（57 年）11 月 22 日"这个标题下面。

　　12 月马克思给《论坛报》撰写了 4 篇关于欧洲经济危机的文章。12 月 4 日，他在 1857 年的札记本中写下："汉堡灾难。普鲁士、英国和法国的危机。"汉堡已经在星期五，也就是 11 月 20 日发生银行恐慌。在接下来的星期一和

_____

① 《马克思恩格斯全集》中文第 2 版第 16 卷，第 505 页。

星期二，不久前才建立的保证贴现公司（马克思称其为"防止恐慌协会"①）筹集了 1300 万银行马克，用以在接下来的 5 天为 4600 张票据担保。12 月 7 日，恩格斯对马克思说："像汉堡现在这样普遍而典型的恐慌，还从来没有过。除了白银和黄金，**一切都不值钱**，根本不值钱。"②

12 月 8 日，马克思给恩格斯写的一封颇具启发的信流传了下来，马克思在信中说，他将继续研究危机。他对前面提到的那篇关于 1844 年银行法的文章表示"惬意"，因为银行法确实暂停生效了。他还说："我现在发狂似地通宵总结我的经济学研究，为的是在洪水之前至少把一些基本问题（Grundrisse）搞清楚。"③

12 月 11 日，马克思写了一篇文章谈论英国的生产和英国即将来临的工业危机，（札记本上写的是："英国的生产和即将来临的工业危机。"）12 月 26 日，这篇文章作为社论发表在《论坛报》上，其开头是"英国的贸易和工业状况……"（该文未被收入《马克思恩格斯全集》德文版!）他可能已经清楚，应该对英国金融市场的发展以及原材料市场和工业市场的发展进行专门研究并且为此收集材料。

---

① 马克思 1857 年 12 月 8 日致恩格斯的信,《马克思恩格斯全集》中文第 2 版第 50 卷, 第 259 页。

② 恩格斯 1857 年 12 月 7 日致马克思的信,《马克思恩格斯全集》中文第 2 版第 50 卷, 第 255 页。

③ 马克思 1857 年 12 月 8 日致恩格斯的信,《马克思恩格斯全集》中文第 2 版第 50 卷, 第 259—260 页。

马克思在第二个危机笔记本的扉页上写的是:"伦敦。1857 年 12 月 12 日"。这个星期六确实就是马克思开始写作这个笔记本的日期吗?这一天他收到了恩格斯写于 12 月 11 日的一封信。恩格斯在信中关于"空头期票"的表述——它"掩盖生产过剩"——立即被马克思记到了这个笔记本的第一页上。同时,他接受了恩格斯稍后提出的建议:"你别忘了记录……破产公司的资产负债表"(12 月 17 日)。①为此,恩格斯在信中列举了破产公司的名字,马克思同样也把这些公司的债务记录在笔记本的第一页并且逐一进行了编号(1 至 22),并且计算了前 9 家公司的债务总和(138 万镑)。他在发表于《论坛报》上的文章中提到:"伦敦发生于 12 月 3—10 日的破产绝非无关紧要,因为数量达到了 21 家,而仅仅是其中 9 家的债务总和就达到了 130 万镑。"

后来马克思继续列举破产的公司。通过这种方式,有数百家公司的名称经马克思之手流传了下来,这一卷②制作了一个专门的"公司索引"。通过这个索引除了能够获得公司史方面的信息外,还能查到在报刊上何时何地提到过哪些公司。

12 月 18 日,马克思告诉恩格斯:

---

① 恩格斯 1857 年 12 月 17 日致马克思的信,《马克思恩格斯全集》中文第 2 版第 50 卷,第 271 页。

② 即 MEGA^2 IV/14 卷。——编者注

我的工作量很大，多半都要工作到早晨 4 点钟。工作是双重的：（1）写完政治经济学原理。……

（2）**当前的危机**。关于这个问题，除了给《论坛报》写的文章外，我只是做做笔记，但是花费的时间却很多。我想，到春天，我们可以**合**写一本关于这个问题的小册子……我备了 3 个大笔记本——英国、德国、法国。至于美国，全部材料《论坛报》上都有。这些材料可以以后整理。此外，希望《卫报》尽可能**每天**寄来。一下子整理一星期或五六天的报纸，往往事倍功半，而且会出差错。①

马克思那时在撰写他的经济学手稿——在此期间他写了《大纲》（*Grundrisse*）的第 III 笔记本和第 IV 笔记本。此外他制作了两个笔记本，在其中收集了法国、英国和德国（汉堡）——因此对他来说就是 3 个笔记本——的材料。很显然，他并不是每天都从恩格斯那里得到《曼彻斯特卫报》和其他报纸，也就是说，他必须根据所得到报纸的情况对材料加以鉴别，并对材料进行归类。因此同一页上的剪报经常是源自不同的报纸。他在 1857 年 12 月 18 日撰写的文章《欧洲的危机》的开头是这样的："……我们对一批英国报纸的一份仔细研究，都完全证实了我们最近对英国危机

---

① 马克思 1857 年 12 月 18 日致恩格斯的信，《马克思恩格斯全集》中文第 2 版第 50 卷，第 273 页。

前景的看法。"①

12月25日，马克思再次写信跟恩格斯谈论危机对法国的影响。他仍然抱有真正的危机很快会在法国爆发的期望。他在同一天写的文章中也这么说过："当法国的危机由于受到来自这些国家的日益增长的压力而日趋成熟的时候，它必然会打击那帮赌徒或者说商业冒险家……危机将猛烈冲击证券市场并危及它的主要支柱即国家本身。"② 那时候英国的各家报纸都宣称法国的危机已经过去。随后12月28日的《泰晤士报》表示"金融危机几乎已经结束"，马克思在他在《1857年危机笔记本》中对此的评论是："《泰晤士报》据此（利率从10%降至8%）宣称，危机几乎已经结束。（!）"（笔记本第41页）

马克思可能在1858年1月2日就已经制作了第三个大笔记本《商业危机笔记本》。这是一个带结实硬质封面的账本，就像那时账房里经常使用的那种账本一样。开头处剪贴的是1月2日《晨星报》关于"英格兰银行赢利"的内容，数据按周的频率补充，1月9日和16日各一次。现在他密切关注货币市场如何回升以及之后经济和贸易如何走出危机。1月7日左右，他撰写的《英国的贸易》③ 发表在2月3日的《论坛报》上。他在文中参与了一场讨论，这场讨论是由反对派领袖德比勋爵在1857年12月4日的上院演

---

① 《马克思恩格斯全集》中文第2版第16卷，第511页。
② 同上，第517页。
③ 《马克思恩格斯全集》中文第1版第12卷，第388—397页。

说引发的，他在演说中使用了关于英国进口额的错误数字。马克思密切关注这场讨论并且把《自由新闻》相应的剪报，包括公布的统计数据，贴在《1857 年危机笔记本》中。他在撰写文章时谈到了这一点。顺便提一下，不久之后，1858 年 2 月 20 日，德比勋爵接替帕麦斯顿勋爵担任首相。

借助《商业危机笔记本》所贴的剪报，马克思在 1 月 22 日对即将发行的印度公债进行了阐述。他兴致勃勃地指出，东印度公司债台高筑，它需要更多的资本以弥补赤字："谁都知道，东印度公司需要的不是 800 万或 1000 万英镑，而是 2500 万到 3000 万英镑，甚至这个数目也还只是第一笔开销……"① 接着马克思引用了来自 1 月 9 日《晨星报》的东印度公司过去 3 年赤字的剪报。

法国的政府体制没有英国的那么灵活。2 月 12 日，马克思又写了一篇关于"法国经济危机"的文章（发表于 3 月 12 日的《论坛报》）。他在文中声称，商业危机和农业危机一旦在法国达到自己的顶点，路易-拿破仑皇帝的政权就要大吃苦头，这一点是不必证明的了。② 他预言"破产还在前头"③，并得出结论："农业的这种困苦状况，加上贸易的萧条，工业的停滞以及仍然在威胁着的商业灾难，必定会使法国人民处于他们通常起来进行新的政治试验时的思想状况。随着经济繁荣的消失以及通常相随而来的对政治的

---

① 《马克思恩格斯全集》中文第 1 版第 12 卷，第 409 页。
② 同上，第 423 页。
③ 同上，第 424 页。

漠不关心的消失，第二帝国继续存在的任何借口也将消失。"① 然而这种预期暂时并没有实现。

从某种程度上说，马克思在 1858 年 1 月是同时写作 3 个笔记本的。3 个笔记本都有 1 月初开始的剪报，不过首先是《1857 年危机笔记本》中有 1 月 9 日的剪报；其次，笔记本《1857 年法兰西》中也有 1 月 9 日、16 日和 23 日的剪报。1 月 23 日的《经济学家》促使马克思按照主题将这期杂志剪贴到 3 个笔记本上：《1857 年法兰西》这个笔记本涉及的是对 1 月 14 日奥尔西尼刺杀拿破仑第三所造成影响的评论以及关于法国经济状况的其他剪报，《1857 年危机笔记本》是关于英国发展情况的几份较长剪报，《商业危机笔记本》是关于货币市场发展情况的各类表格。后来马克思只继续补充最后一个笔记本。

马克思获得 2 月 20 日的《经济学家》之后，很快就把上面关于货币市场发展的数据补充进了《商业危机笔记本》。"总的来说，危机像一只能干的老田鼠那样掘得好。"② 马克思在 2 月 22 日给恩格斯的信中这样间接引用了莎士比亚的《哈姆雷特》，很显然他对危机事件的关注到此暂时告一段落。因为同一天，他在写给拉萨尔的著名信件中宣布了他的经济学著作的六册计划："应当首先出版的著作是**对经济学范畴的批判**，或者，也可以说是对资产阶级经济学

---

① 《马克思恩格斯全集》中文第 1 版第 12 卷，第 427 页。

② 马克思 1858 年 2 月 22 日致恩格斯的信，《马克思恩格斯全集》中文第 2 版第 50 卷，第 331 页。

体系的批判叙述。这既是对上述体系的叙述，又是在叙述过程中对它进行的批判。"①

三、对《危机笔记》的使用

在紧接着的时期，马克思并没有详尽使用这 3 本《危机笔记》。在 1857 年 11 月 27 日至 1858 年 1 月 22 日撰写的 7 篇关于经济危机的文章中，马克思依据的主要是最新的《泰晤士报》以及少数几份其他日报，部分依据《经济学家》。11 月 27 日、12 月 4 日和 11 日的文章只是引用了"蓝色纸"或者是《1857 年法兰西》中很短的段落。他在 12 月 18 日撰写的社论中添加了恩格斯 12 月 17 日信中的一句话，并且报告了汉堡危机所引发的破产的数据，他在《1857 年危机笔记本》中以"六 汉堡等"为题对这些数据做了记载。能够证实，下述 3 篇文章广泛采用了《危机笔记》中的信息：《法国的危机》②，写于 1857 年 12 月 25 日，发表于 1858 年 1 月 12 日的《论坛报》，马克思在这篇文章中采用了《1857 年法兰西》这个笔记本中的许多段落；《英国的贸易》③ 这篇文章写于 1858 年 1 月 7 日，发表于 2 月 3 日，几乎全部是依据《1857 年危机笔记本》的内容所摘录

---

① 马克思 1858 年 2 月 22 日致拉萨尔的信，《马克思恩格斯全集》中文第 2 版第 50 卷，第 327 页。

② 《马克思恩格斯全集》中文第 2 版第 16 卷，第 514—519 页。

③ 《马克思恩格斯全集》中文第 1 版第 12 卷，第 388—397 页。

的材料，尤其是马克思从 1857 年 12 月 23 日的《自由新闻》剪贴到笔记本上的关于英国进出口的表格；《即将发行的印度公债》这篇文章写于 1 月 22 日，发表于 2 月 9 日，使用了《商业危机笔记本》的内容。但是，为《论坛报》所写的下一篇经济类文章，也就是写于 1858 年 2 月 12 日，作为社论于 3 月 12 日发表的讨论法国经济危机的那篇文章①，已经包含了 2 月 6 日和 13 日《经济学家》的数据，这些数据没有出现在任何一本《危机笔记》中。

马克思在《危机笔记》中收集的关于货币流通、金银进出口和破产公司债务额度，以及关于伦敦和巴黎中央银行各种措施的资料和数据，原本可以成为他在《1857—1858 经济学手稿》(《大纲》) 和 1859 年出版的著作《政治经济学批判。第一分册》中说明自己理论见解的丰富材料。但是马克思没有这么做，而是在引用例如《经济学家》时，采用新近出版的各期，或者摘引官方的议会报告。

关于 1857 年（实际上是 1856—1859 年）危机的影响，马克思后来会偶尔提到，比如在《政治经济学批判。第一分册》的序言（1859 年 1 月）中："无论哪一个社会形态，在它所能容纳的全部生产力发挥出来以前，是决不会灭亡的；而新的更高的生产关系，在它的存在的物质条件在旧社会的胎胞里成熟以前，是决不会出现的。"② 1859 年 9 月

---

① 指的是马克思《法国的经济危机》，见《马克思恩格斯全集》中文第 1 版第 12 卷，第 423—427 页。——编者注

② 《马克思恩格斯全集》中文第 2 版第 31 卷，第 413 页。

23 日，马克思在发表于《纽约每日论坛报》（写于 9 月 5 日）的文章①中说："这个规律就是：虽然由于生产过剩和过度的投机活动而发生了危机，可是国内的生产力和世界市场的容量毕竟增长到了这样的程度，以致它们只是暂时离开已经达到的最高点，经过持续几年的若干波动以后，在商业周期的一个时期中繁荣的最高点所达到的生产水平就成为下一个时期的起点。"②

1857 年 11 月至 1858 年 2 月期间马克思为《纽约每日论坛报》撰写的有关经济危机的文章概览

写作时间	在 1857 和 1858 年札记本（日历本）中的记录	发表时间	标题（有时是编者加的标题）	与《危机笔记》的关系
1857 年 11 月 6 日	英国金融危机（罗·皮尔法案）	1857 年 11 月 21 日	1844 年银行法和英国金融危机	
1857 年 11 月 13 日	英国金融危机。皮尔法案的暂停实行	1857 年 11 月 30 日	英国的震荡	
1857 年 11 月 27 日	金融危机（货币市场、英格兰银行的恢复、贸易报告）	1857 年 12 月 15 日	英国的贸易危机	《1857 年法兰西》（第 25a 页，"蓝色纸"），《1857 年危机笔记本》（第 39 页）

---

① 指马克思《工厂工业和贸易》，见《马克思恩格斯全集》中文第 1 版第 13 卷，第 555—559 页。——编者注

② 《马克思恩格斯全集》中文第 1 版第 13 卷，第 556 页。

（续表）

写作时间	在 1857 和 1858 年札记本（日历本）中的记录	发表时间	标题（有时是编者加的标题）	与《危机笔记》的关系
1857 年 12 月 4 日	汉堡灾难。普鲁士、英国和法国的危机	1857 年 12 月 22 日	欧洲的金融危机	《1857 年危机笔记本》（第 25—26 页）
1857 年 12 月 11 日	英国的生产和即将来临的工业危机	1857 年 12 月 26 日	社论，开头是："英国的贸易和工业状况……"	《1857 年危机笔记本》（第 1 页）
1857 年 12 月 18 日	危机（英国、德国和法国）	1858 年 1 月 5 日	欧洲的危机	《1857 年危机笔记本》（第 42、25、26 页）
1857 年 12 月 25 日	法国的危机	1858 年 1 月 12 日	法国的危机	《1857 年法兰西》（第 1、10、11、18、23 页）
1858 年 1 月 7 日左右	（没有与该文相关的记录）	1858 年 2 月 3 日	英国的贸易	《1857 年危机笔记本》（第 34—35 页）
1858 年 1 月 22 日	印度公债	1858 年 2 月 9 日	即将发行的印度公债	《商业危机笔记本》（第 5、65、69、70 页）
1858 年 2 月 12 日	法兰西银行等	1858 年 3 月 12 日	法国的经济危机	

马克思怎样以及为什么研究地质学?[*]

　　地质学涉及普遍历史，这是真正的、根本意义上的普遍历史：在人类出现和能够创造历史之前，需要经历一个超过 40 亿年的发展过程，地球在此过程中得以形成；而说到底只有在地球上人类才能创造历史——如果幸运的话，人类还能继续在地球上创造历史。因此，一部真正科学的"世界史"应该从简要叙述太阳系从而还有地球从各种尘埃和气体的云团中形成开始，过渡到地质史，之后是生命的起源史，最后是人类的形成史。

　　这完全符合马克思的下述观点："科学只有从自然界出发，才是现实的科学。……历史本身是自然史的一个现实

　　*　本文是黑克尔教授 2015 年在中央编译局所做的报告。根据作者介绍，本文以《马克思恩格斯全集》历史考证版第 4 部分第 26 卷的引言和马丁·洪特教授在柏林莱布尼茨科学学会的一次演讲为基础写成，谨以此文纪念安内利泽·格里泽教授。此次收入本书的中译文，由赵梦同译，张红山校。

部分，即自然界生成为人这一过程的一个现实部分，"①
《1844 年经济学哲学手稿》这样写道。两年后，我们在
《德意志意识形态》的开头发现了同样的、对马克思来说显
而易见是极其重要的思想："任何历史记载都应当从这些自
然基础以及它们在历史进程中由于人们的活动而发生的变
更出发。"② 马克思提到的自然基础有"地质条件、山岳水
文地理条件、气候条件以及其他条件"。

当时马克思用"工业"一词概括人类改变自然界的活
动，而他对这种活动的强调表明他超越了费尔巴哈，这一
点也反映在大约同一时期写成的《关于费尔巴哈的提纲》
中。在政治经济学领域的毕生工作中，马克思的出发点始
终是：所有劳动，即便是机械化和自动化程度最高的劳动，
都是人与自然之间的过程；自然界是劳动的一般对象，劳
动始终受自然条件的约束。这一结论不允许从原则上将自
然科学和社会科学分割开。

年轻的马克思——当时他 26 岁——由此形成了对科学
的理解和他毕生坚持的工作纲领。在这个工作纲领中，对
地质学进行研究不是"误入歧途"，也不是"异想天开"，
而是他研究的核心。在刚才提到的《1844 年经济学哲学手
稿》引文后面的页面，我们发现他提到了地球构造学的重
要性，这并非偶然，我马上就会谈到这一点。因此，这位
60 岁的老人花了数月时间深入研究地质学，这不仅一点也
不奇怪，而且是前后一致的。

---

① 《马克思恩格斯文集》第 1 卷，第 194 页。
② 同上，第 519 页。

与此同时，他用了一个明确的地质学术语即形态（Formation）来描述社会历史的较长阶段，也就不足为奇了。[1] 从那时起，我们开始谈论社会形态。我认为这样做的一个必要条件是：马克思假定，无论是在地质学上还是在社会中，发展都呈现出规律性。[2]

顺便说一下，1978 年，汉斯·彼得·耶克在论文集《形态理论和历史》中曾经质疑过形态概念的类比用法。他认为，马克思的形态概念"仅仅具有进行解释说明的类比功能"，并且不是基于地质学，而是基于黑格尔的一般"塑形"（Formierung）概念。[3] 通过指明马克思的地质学研究和证明黑格尔是他生活时代的地质学的内行——黑格尔在他的《自然哲学》中写道："这一形态序列的一般规律是能够看出来的……这就是本质的东西"[4] ——，安内利泽·格里

---

[1] 另一方面，他又将"革命"这一术语用于地质过程。我们在这里无法进一步探讨这个问题。

[2] Martin Guntau: Zu den Beziehungen zwischen Naturgesetz und Historizität in der Geschichte des geologischen Denkens. In: *Philosophie und Wissenschaft in Vergangenheit und Gegenwart. Festschrift zum 70. Geburtstag von Herbert Hörz.* Hrsg. von Gerhard Banse und Siegfried Wollgast, Berlin 2003, S. 153–164.

[3] Hans-Peter Jaeck: Die materialistische Erklärung des gesellschaftlichen Formationsprozesses. Zur Entstehung des Kategoriensystems der dialektisch-materialistischen Geschichtsauffassung von Karl Marx und Friedrich Engels. In: *Formationstheorie und Geschichte. Studien zur historischen Untersuchung von Gesellschaftsformationen im Werk von Marx, Engels und Lenin*, hrsg. von Ernst Engelberg und Wolfgang Küttler, Berlin 1978, S. 76/77.

[4] Anneliese Griese: Die geologischen, mineralogischen und agrochemischen Exzerpte von Marx. In: *Beiträge zur Marx-Engels-Forschung. Neue Folge 2006.* Hamburg 2006. S. 47.

泽反驳了这一点，这也让我更贴近今天的主题。

　　与此同时，遗憾的是，从未有人注意到，即使在这里马克思也提供了指向地质学的线索。就在《德意志意识形态》的开头部分，有一句被广泛引用的话：

　　　　我们谈的是一些没有任何前提的德国人，因此我们首先应当确定一切人类生存的第一个前提，也就是一切历史的第一个前提，这个前提是：人们为了能够"创造历史"，必须能够生活。

　　马克思在这句话旁加了批注："黑格尔。地质、水文等等的条件。"[1]

　　就《马克思恩格斯全集》历史考证版（MEGA）的出版而言，过去和现在所涉及的问题不仅仅是每一个文本考证版本都不可或缺的准确性，而是远远超出这一点，涉及全面把握如下事实：在马克思和恩格斯的观点——无论人们现在是否称之为马克思主义——的发展过程中，自然科学和数学自始至终都发挥着重要作用。[2] 而这绝不应该"仅

---

　　[1]　《马克思恩格斯文集》第1卷，第531页。

　　[2]　相关研究的最全面综述参看 Kurt Reiprich：*Die philosophisch-natur-wissenschaftlichen Arbeiten von Karl Marx und Friedrich Engels*, Berlin 1969, und Peter Jäckel/Peter Krüger：Aktualisierte Übersicht über die naturwissenschaftlichen Exzerpte von Karl Marx（1846 bis 1882）. In：Anneliese Griese/Hans Jörg Sandkühler（Hrsg.）：*Karl Marx – zwischen Philosophie und Naturwissenschaften*, Frankfurt a. M. etc. 1997, S. 93 – 104。

仅"作为通识教育的材料，作为"副业"（即使马克思本人曾在给恩格斯的一封信中使用过这种表述），而是属于他研究的核心，除此之外，甚至应该作为一种社会理论研究能够从中获益良多的方法论范本。MEGA 第 4 部分第 26 卷的编者安内利泽·格里泽已经遗憾离世，她曾多次强调过她与不来梅哲学家赞德库勒教授在共同思考中阐述过的这一方法论思想①。

这些共同思考的出发点是马克思的如下观点：自然科学和社会科学实际上只是一门科学，或者必须（重新）成为一门科学。《1844 年经济学哲学手稿》中有这样的文字："自然界的社会的现实和人的自然科学或关于人的自然科学，是同一个说法"②。

马克思和恩格斯的自然科学研究的广阔范围和意义对于理解整体是不可或缺的事实，但这一事实在 20 世纪却没有得到足够的重视，这不仅是对马克思和恩格斯的观点的教条式歪曲的原因之一，而且是对他们的观点的实质从根本上产生误解的原因之一。因此，重新解释的任务之一过去和现在都必定在于：最终完整出版这些长期被"遗忘"、几乎下落不明、被斯大林主义有意不让发表的文本；同时至少开始指明与马克思和恩格斯的历史学研究、经济学研

---

① Hans Jörg Sandkühler: Zwischen Philosophie und Wissenschaften. Eine epistomologische Kritik der Marxschen Bezugnahme auf die Naturwissenschaften, ebd. , S. 45 – 89.

② 《马克思恩格斯文集》第 1 卷，第 194 页。

究和政治学研究的联系，以及与他们的理论观点的联系。[①]

　　哲学家罗尔夫·洛特尔教授甚至在《马克思主义历史考证大辞典》[②] 中的"灾变论"这一词目中赋予地质学在马克思和恩格斯思想中"指导性科学"的地位，同时提及安内利泽·格里泽的文章并引用了她的如下观点："以当今对马克思地质学研究的规模和深入程度的认识，我们无疑必须给予地质学对他思想的影响以更高的评价。"[③]

　　关于地质学家和历史学家工作的共同点，洛特尔极为鲜明地阐述了他的观点，我在这里一定要加以引用："马克思明确地将他研究人类历史的途径与地质学和古生物学的研究方法进行了比较，地质学和古生物学从地壳的各个分层的顺序推断出关于地球发展历史过程的结论，从当代生物和古生物的同质结构推断出它们的种系发生史，而标准化石则用于确定地层的时间归属及其相对年代。马克思原则上以同样的方式研究人类历史。劳动资料就是这里的'标准化石'……，它使我们能够将单个的人类社会归于特定的经济社会形态，正如将某种沉积岩归于某种地质形态。'手推磨产生的是封建主的社会，蒸汽磨产生的是工业资本

---

　　① Anneliese Griese: Die geologischen, mineralogischen und agrochemischen Exzerpte von Marx im Vergleich mit seinen chemischen Manuskripten. Ein Beitrag zu ihrer wissenschaftshistorischen Einordnung. In: *Karl Marx und die Naturwissenschaften im 19. Jahrhundert. Beiträge zur Marx-Engels-Forschung. Neue Folge 2006.* S. 31 – 48.

　　② *HKWM*, Bd. 7/I. Hamburg 2008. Sp. 453 – 466.

　　③ 同上，Sp. 459。

家的社会'，马克思在《哲学的贫困》（1847 年版）中这样写道。《资本论》中还有这样的文字：'动物遗骸的结构对于认识已经绝种的动物的机体有重要的意义，劳动资料的遗骸对于判断已经消亡的经济的社会形态也有同样重要的意义。'"[1] 这意味着，马克思在《资本论》中也非常明确地提到了地质学。

到这里，我们至少应该顺便再次指出，马克思的目标显然是——在这一点上他遵从了亚里士多德和费尔巴哈——将自然科学和社会科学视为一个整体。关于这一点，安内利泽·格里泽在她的文章《卡尔·马克思的自然科学研究》中指出：卡尔·考茨基和麦克斯·阿德勒在这方面看到了马克思的巨大功劳；而弗里德里希·阿德勒和弗兰茨·梅林则错误地坚持认为马克思将自然科学和社会科学严格分开，梅林在 1919 年出版的大部头《马克思传》中没有提到马克思的自然科学研究。[2] 这都是一百年前的事情了。

虽然在这里不能详细说明，但需要指出的是，这种对科学整体的广阔视野也有助于克服将黑格尔和整个德国古典哲学视为马克思和恩格斯的认识来源的某种狭隘看法。荷兰、英格兰—苏格兰和法国的启蒙运动哲学家，包括培

---

[1]　Rolf Löther: Karl Marx und die Geschichtlichkeit der Natur. In: *Beiträge zur Marx-Engels-Forschung. Neue Folge 2006*, S. 89.

[2]　Martin Koch 在 Marx und die Naturwissenschaften. Ein Literaturbericht über die marxistische Diskussion 中对围绕这一问题的争论进行了综述，该文载于 Anneliese Griese/Hansjörg Sandkühler（Hrsg.）: *Karl Marx-zwischen Philosophie und Naturwissenschaften*, S. 205 – 219。

根、斯宾诺莎、洛克、笛卡儿、爱尔维修、霍尔巴赫、皮埃尔·培尔、拉美特利、伽桑狄，还有早期社会主义者傅立叶和圣西门，他们中的大多数同样以自然科学和社会科学的统一为出发点，马克思——部分地遵从了费尔巴哈——对他们进行了研究。大家可以读一下1845年出版的《神圣家族》中"对法国唯物主义的批判的战斗"这一小节，① 看看马克思对自己观点的这些来源的态度是多么严肃认真。

提到培根和爱尔维修这些名字时，会不自觉地让人想到那些漫长的早已过去的旧的世纪。但与此同时，马克思的自然科学研究证明了他对自己时代的最新趋势、对各门学科中当时初现端倪的范式转变的敏感。安内利泽·格里泽觉察到了这一点，并指出马克思的自然科学研究主要集中于当时出现具有根本意义的新事物的领域：生理学、热力学、有机化学、进化论、电磁学，还有地质学。而对发展节点的这种敏感说到底是基于对这些科学的历史的准确认识，马克思的地质学摘录的编者强调，这些摘录反映出"地质学历史中的重要环节"。②

在我详细介绍马克思1878年的地质学摘录之前，必须先简单说一下直到马克思的中学时代的前期情况。马克思在特里尔中学的自然课老师是研究埃菲尔和洪斯吕克的地质学家约翰·施泰宁格，他从1812年起在巴黎师从居维叶、

---

① 《马克思恩格斯文集》第1卷，第326—338页。
② *MEGA*² *IV/26*, Einführung, S. 713.

拉马克、拉普拉斯和亚历山大·冯·洪堡，听过他们的报告，并为特里尔中学收集了化石收藏品——对此马克思一定有所了解——，他还于 1848 年参与创立了第一个全德自然科学家协会——柏林的德国地质学会。① 中学时马克思可能很早就上过地质学课程，我们对这一点的认识要归功于彼得·克吕格尔的研究。顺便说一下，他在编辑 MEGA 收入地质学摘录的这一卷的过程中也发挥了非常积极的作用。②

提及地质学的内容贯穿在马克思的全部著作中，最早提到的地方可以在《1844 年经济学哲学手稿》中找到：

> 大地创造说，受到了地球构造学即说明地球的形成、生成是一个过程、一种自我产生的科学的致命打击。自然发生说③是对创世说（Schöpfungstheorie）的唯一实际的驳斥。④

---

① Peter Krüger：Johann Steiniger（1794－1874）－europaweit bekannter Geologe, Naturkundelehrer des Gymnasiasten Karl Marx. In：*Beiträge zur Marx-Engels-Forschung. Neue Folge 2000*, S. 144－146；ders.：Vor-Lesen und Nach-Schreiben：Zur Methode der Marxschen Rezeption geologischer Literatur. In：*Karl Marx und die Naturwissenschaften*, a.a.O., S. 149.

② Innovationen in der Geologie um 1860 und die späten Geologie-Exzerpte von Karl Marx. Zu einigen möglichen Motiven seiner naturwissenschaftlichen Studien nach 1870. Anhang：Geologische Skizzen von Marx. In：Anneliese Griese/Hansjörg Sandkühler（Hrsg.）：*Karl Marx-zwischen Philosophie und Naturwissenschaften*, a.a.O., S. 151－188.

③ "自然发生说"的原文为 generatio aequivoca，表示无性繁殖的这个生物学概念在这里用于转义，表示不需要上帝的推动。

④ 《马克思恩格斯文集》第 1 卷，第 195 页。

（这当然是指《旧约》的创世故事即《摩西五经》第一卷《创世记》第 1 章和第 2 章，这是圣经的开篇。）

当马克思在 1844 年提到地球构造学时，这还是一门新兴科学，由亚伯拉罕·哥特利布·韦尔纳于 1785 年在弗赖贝格创立，年轻的亚历山大·冯·洪堡也听过韦尔纳的课（地球构造学这个概念后来消失了，因为关于地球的自我产生过程的观点成为普通地质学的一部分）。我们大概可以确定的是，年轻的马克思在努力探索自己的世界观时偶然了解到地球构造学（或者由他的老师施泰宁格教授给他）。这里涉及的根本问题是：究竟是像《圣经》所教导的那样，上帝仅仅在 6 天内就创造了世界，从那以后——同样可以从《圣经》中推断出来——，只过去了大约 4000 或 6000 年①；还是需要有一段漫长的时间来完成物质的自我发展过程，而多次发现并被科学家解释过的古代动植物的化石，以及由于采矿业和地质勘探而迅速增加的关于地球构造的知识，使这一点成为科学上确定的真理。（我们决不能忘记，这里涉及世界观的一个根本问题，即使在今天，仍有数百万信仰圣经的人和狂热的创造论者，特别是在美国，不愿承认这个事实。）

马克思不仅完全意识到承认自我创造过程有多困难，

① 关于基督教纪年的 6000 年说的"时间界限"，见 Rolf Löther: Wie die Vergangenheit erkannt wird. Die historische Methode in der Naturforschung. In: *Philosophie und Wissenschaft in Vergangenheit und Gegenwart*. Berlin 2003, S. 283 – 287; ders.: Karl Marx und die Geschichtlichkeit der Natur. In: *Beiträge zur Marx-Engels-Forschung. Neue Folge 2006*, S. 82 – 91。

而且他正好联系地球构造学提到了这种自我创造过程。他写道，每个人都知道，他的存在归因于他们的父母而不是他自己的创造。马克思写道，创造的想法

> 因此是一个很难从人民意识中排除的观念。自然界的和人的通过自身的存在，对人民意识来说是不能理解的，因为这种存在是同实际生活的一切明显的事实相矛盾的。[①]

紧接着这句话，马克思就提到了地球构造学。

在《德意志意识形态》中，马克思也顺带使用过"观念形态"[②]（Ideeformation）这一概念。在这部著作中列举社会生活的既定前提时，马克思多次提到了地质学。因此，地质学始终处于马克思的意识之中。自 1850 年起，马克思流亡英国。在此期间，马克思通过写作《伦敦笔记》重新开始他的研究工作，在其中也第一次做了关于地质学的大量摘录。顺便说一下，他所摘录的著作家中也包括约瑟夫·朱克斯，我们在马克思 1878 年的摘录中会看到，马克思更加详细地摘录了这位作者的著作。

1851 年 12 月底，马克思在他的著作《路易·波拿巴的雾月十八日》的开篇首次使用了"社会形态"（Gesell-

---

① 《马克思恩格斯文集》第 1 卷，第 195 页。
② 同上，第 544 页。

schaftsformation) 的概念——非常自然，没有进一步说明。① 此前几周，他从农业的角度摘录了詹姆斯·芬利·约翰斯顿关于化学和地质学的两部著作，其中出现了"地质的层系构造"（geologische Formation）这一概念。②

1853 年，马克思在《不列颠在印度统治的未来结果》一文中写道："资产阶级的工业和商业正为新世界创造这些物质条件，正像地质变革创造了地球表层一样。"③

然后在 1859 年 1 月的《政治经济学批判》的《序言》中，我们看到了"社会形态"概念一定意义上的经典表述④，而且既有单数形式也有复数形式：马克思将"亚细亚的、古希腊罗马的、封建的和现代资产阶级的生产方式"称为仅仅是一种"经济的社会形态"（即阶级社会）的不同"时代"，但在同一段落中，他又将"资产阶级的生产关系"单独称为"人类社会的史前时期"以其告终的一种社会形态。⑤

接着在《政治经济学批判（1861—1863 年手稿)》中再次出现了地质学："正像各种不同的地质层系相继更迭一样，在各种不同的经济社会形态的形成上，不应该相信各

---

① 《马克思恩格斯文集》第 2 卷，第 471 页。
② *MEGA² IV/9*, S. 312, 383.
③ *MEGA² I/12*, S. 252f；《马克思恩格斯文集》第 2 卷，第 691 页。
④ 《马克思恩格斯文集》第 2 卷，第 592 页。
⑤ 这样一种提法促使有人提出观点认为，马克思实际上仅仅区分了三种社会形态：1. 没有私有财产的原始社会；2. "阶级社会"；3. 未来的"无阶级社会"。

个时期是突然出现的，相互截然分开的。"① 他以此间接驳
斥居维叶的灾变论。这是一个尚未从根本上被彻底思考的
极其重要的提示：按照这里的观点，在马克思看来，作为
无阶级的社会形态的开端，即使社会主义也不能被理解为
"突然出现的、相互截然分开的时期"。

1863 年，马克思研读了查理·赖尔刚刚出版的著作
《人类古代史的地质学证据，兼评关于物种的变异起源的理
论》。相应的摘录尚未发表。② 马克思可能知道，正是赖尔
最终说服达尔文发表了他的跨时代认识。

马克思对地质学的热情如此之高，以至他不仅在伦敦
参加了几次关于当时最新的争论问题的公开课程（1867 和
1868 年，赖尔《地质学原理》修订过的、备受关注的新版
本问世），而且于 1869 年参加了由约翰·洛奇·达金斯带
队在约克郡进行的为期三天的地质探险活动③。马克思的朋
友赛米尔·穆尔也是地质学家，他介绍马克思认识了达金
斯。达金斯不仅成为国际工人协会的成员，还成为马克思
一家人的朋友，并因此出现在马克思女儿燕妮著名的《自
白》册子中。19 世纪 60 年代，身处英国的马克思始终对地

---

① 《马克思恩格斯文集》第 8 卷，第 340 页；《马克思恩格斯全集》
中文第 2 版第 25 卷，第 453—480 页。

② RGASPI, Moskau, f. 1, op. 1, d. 6286.

③ 马克思 1869 年 6 月 10 日致燕妮·马克思的信，《马克思恩格斯全
集》中文第 1 版第 32 卷，第 600 页。Peter Krüger, Uta Puls: Eine bisher un-
bekannte handschriftliche Notiz von Marx in einem Geologie-Lehrbuch von
1872. In: *MEGA-Studien* 1995/1, Berlin 1995, S. 115。

质学保持着兴趣，了解一下其中的社会背景是极有趣的。那时自然科学教育在社会上广受追捧，其中包括参加关于地质学、化石、灭绝动物骨骼等内容的公开课程，马克思的妻子和女儿们也参加过这样的课程。① 在研读了毛勒的著作后，马克思在 1869 年 3 月 25 日给恩格斯的信中这样写道："在人类历史上存在着和古生物学中一样的情形。由于某种判断的盲目，甚至最杰出的人物也会根本看不到眼前的事物。"②

在 1878 年进行地质学摘录之后，马克思也肯定在对这些摘录的回顾中再次回到过对比地质层系更迭和历史形态顺序这一问题，例如 1881 年在致维拉·查苏利奇复信的三份草稿中。③ 马克思在复信的初稿中写道：

> 正像在地质的层系构造中一样，在历史的形态中，也有原生类型、次生类型、再次生类型等一系列的类型。

在二稿中我们读到：

> 地球的太古结构或原生结构是由一系列不同年代

---

① Peter Krüger: Innovationen in der Geologie..., a.a.O..

② 《马克思恩格斯全集》中文第 1 版第 32 卷，第 51 页。

③ 《马克思恩格斯全集》中文第 2 版第 25 卷，第 453—483 页。下面的引文见第 467—468、472、478 页。

的叠复的地层组成的。古代社会形态也是这样，表现为一系列不同的、标志着依次更迭的时代的类型。

最后，在第三稿中还有：

> 农业公社既然是原生的社会形态的最后阶段，所以它同时也是向次生的形态过渡的阶段，即以公有制为基础的社会向以私有制为基础的社会的过渡。不言而喻，次生的形态包括建立在奴隶制上和农奴制上的一系列社会。

我们在这里不能更加详细地探讨马克思的社会形态理论，不过很清楚的是，他的这一理论自始至终都与他的地质学研究密不可分。

除此之外，在经过仔细研究后必定也很引人注意的是，马克思研究地质学的每个时期都直接地或近似地与他的研究过程的重要发展节点相吻合，这些发展节点总是与大量进行新的摘录和制订长期出版计划联系在一起。1844 年春，《1844 年经济学哲学手稿》的情况无疑就是如此；流亡伦敦的早期，通常所称的《伦敦笔记》的情况同样如此；接下来是 1857 年《政治经济学批判大纲》的撰写，这促成了《政治经济学批判（1861—1863 年手稿）》的写作，并最终促使产生了《资本论》三卷本计划；最后是 1878—

1882 年的人类学摘录①、地质学摘录和对施洛塞尔的《世界通史》的摘录。

在最后这个主要工作阶段中，正如 MEGA 第 4 部分第 26 卷的引言所表明的那样，马克思研读了恩斯特·马赫的划时代著作《论功的守恒定律的历史和起源》1872 年布拉格版。马克思的藏书中有这本书，书中有大量批注。结合这些批注，马克思就机械热力学和原子论做了笔记，这些笔记尚未发表。

在所有这些进行完善（探索）的阶段中——歌德将这样的工作阶段称为进行完善的阶段，众所周知，歌德也研究过地质学，并收集了大量岩石——，马克思都会将历史学、经济学作为依托，而每次同样也会将地质学作为依托。而与这些重要节点联系在一起的，往往是指向完全不同的研究方向的大胆计划。例如，他在 1851 年 4 月 2 日给恩格斯的信中写道："我已经干了不少，再有五个星期我就可以把这整个经济学的玩意儿干完。完成这项工作以后，我将……从事别的科学研究。"② 当时，马克思的好友、科隆的医生罗兰特·丹尼尔斯建议他，在完成经济学著作后完全转向自然科学和工艺学的研究。顺便指出，迄今为止所有的马克思传记都没有对这些清楚的科学研究的完善阶段彻底地专门阐述过，这不利于理解这些完善阶段。

---

① *The ethnological notebooks of Karl Marx*. Transcribed and ed. with an introduction by Lawrence Krader, Assen 1972.
② 《马克思恩格斯全集》中文第 2 版第 48 卷，第 237—238 页。

MEGA 第 4 部分第 26 卷的引言超出该卷的主题范围，对马克思的自然科学研究的全部情况、相应摘录以及地质学研究的历史进行了出色的概括。由于有 679 个印刷页的摘录，给人的第一印象是惊讶，惊讶于马克思对材料的最小细节的钻研；马克思并没有浮于表面，也没有遗漏看起来次要的单个问题——他完全是耐心地、饶有兴趣地感受和把握事实。

马克思研究的重点是约瑟夫·朱克斯的《地质学学生手册》1872 年爱丁堡第 3 版。朱克斯曾与达尔文保持通信，于 1869 年去世。朱克斯这部著作的最新版本由阿奇博尔德·盖基等人编辑，是这一时期最好的教科书之一。[①] 马克思知道，最新版本的这些作者与查理·赖尔有合作关系，而赖尔的《人类古代史的地质学证据》在 1863 年一经出版就被马克思注意到了，因为这本书在内容上与达尔文的理论有着密切的联系。

马克思对朱克斯的教科书的研究比几乎其他任何自然科学著作都更深入，而在这里他并没按照书中的顺序进行摘录——顺便说一下，马克思经常这样做——，他也将大约在同一时期所做的化学摘录考虑进来，记下要相互参照的地方。安内利泽·格里泽在谈到马克思的摘录时说：

---

① 1870 年，恩格斯在研究爱尔兰历史的过程中就已经使用过这部著作 1862 年的第 2 版；在 1863 年的书信中，恩格斯向马克思提到过这部著作。

马克思抄下了朱克斯提到的很多化学公式。他经常补充一些化学公式，使用矿物的化学公式而不是文字名称，并通过列出化学方程式的方式来运用这些公式。他对经验数据、对这些数据的系统化或分类、对制作表格和一览表——即使在原著中并没有出现这样的表格和一览表——的敏感是极为突出的。①

在许多地方，马克思表现出对从地质过程中产生的土壤结构对土地肥力的重要性的兴趣。他甚至在某一章中跟随叶芝深入了解了英国渔业的细节，最终深入到地球的气候带和它们与农业的联系。这是因为，尽管今天的话题集中在地质学上，但不能忘记马克思首先始终是政治经济学家，他的地质学问题经常来源于地租这一主题，因为地质过程的最终产物是耕地。例如，他只研究了约翰·哥特利布·考普1873年出版的《农业和畜牧业教程》一书中关于可耕地形成的内容。

因此，在他的地质学摘录的专业内容中，也直接出现了美国俄亥俄州劳工统计局1877年的一份报告，其中有罢工、农业、人口统计等方面的内容。这促使马克思转而研究上面提到的《农业和畜牧业教程》一书，不过他使用了该书1873年的新版本，此后他转而研究施莱登的更为基础性的著作即《全部理论自然科学的百科全书》，以及弗里德

---

① A. Griese, a.a.O., S. 35.

里希·舍德勒的《自然之书》①，然而他从后者中只摘录了
关于脊椎动物的几页内容。舍德勒的这本书第一次出版于
1846 年，已经采取了地球构造学的立场，马克思使用的是
这部著作的 1852 年第 6 版。这本书以其对矿物学、植物学
和动物学的整体概述给人留下深刻印象。随后，马克思研
究了约翰斯顿的《农业化学和地质学讲义》②，他在 1851 年
的研究中已经了解了这本书的早期版本。

但是，他很快又回到在同一个摘录笔记本中占据最大
篇幅的《地质学学生手册》，其中他不仅对地震和火山感兴
趣，也对包括珊瑚礁和冰川在内的许多其他过程感兴趣。
《海洋对气候的影响》（第 185 页及以下几页）这一节很短，
它表明马克思还不知道亚历山大·冯·洪堡的相关著作。
而马克思对古生物学非常感兴趣，在"物种起源"这个关
键词旁边自然用括号插入了"达尔文"的字样。马克思从
始至终对化石都抱有兴趣，还绘制了许多素描图。可能马
克思已经知道当时刚产生不久的岩石显微术。③ 辅之以许多
图表、笔记和素描图，马克思对材料进行了简要总结，大
部分情况下是用自己的语言，而不是逐字逐句的引文，不
过英文和德文交织在一起，这样的总结证明了他对所研究

---

① Friedrich Schödler: *Das Buch der Natur, die Lehren der Physik, Astronomie, Chemie, Mineralogie, Geologie, Physiologie, Botanik und Zoologie umfassend.* 6. Aufl. , Braunschweig 1852. ——舍德勒曾有三年时间是李比希的助理。

② 1856 年爱丁堡、伦敦第 7 版。

③ *MEGA² IV/26*, S. 173.

材料的透彻思考和充分理解。

第 4 部分第 26 卷的编者指出，马克思摘录过的一些书籍是其私人藏书的一部分，包含着马克思特有的侧划线和批注。不过，马克思肯定是在英国图书馆使用了《地质学学生手册》这部主要著作。彼得·克吕格尔在图书馆的这本书中发现了马克思特有的铅笔标记，其中包括一个批注，不过现在被擦掉了，因此只能辨认出几个不连贯的词句。[1] 远比这个疏忽更重要的是应该知道，即使自己藏书中有的一些书，马克思也做了摘录；也就是说，他首先将摘录看作是充分理解和真正占有材料的方式。因此，对于马克思来说，摘录首先并不意味着节录或对部分内容进行抄写，而是意味着用自己的语言对材料进行复述。马克思在地质学摘录中也表现出远见卓识，例如，这表现在他顺带提到了当今非常具有现实意义的物种灭绝问题："物种的灭绝仍在持续（人本身就是最活跃的灭绝者）。自从人类存在以来是否有新物种，这还是一个无法解决的问题。"[2]

在目前现有的许多马克思传记中，1878 年的地质学研究完全没有被提及，或者只是一笔带过；这些地质学研究不符合人们广为接受的对马克思这个人的公式化描述。

考虑到《资本论》第 2 卷和第 3 卷尚未出版，平静地

---

① Peter Krüger und Uta Puls: Eine bisher unbekannte handschriftliche Notiz von Marx in einem Geologie-Lehrbuch von 1872. In: *MEGA-Studien* 1995/1, S. 109 – 116.

② *MEGA*² *IV/26*, S. 233.

坐下来，写下数百页的地质学摘录，这表明了马克思在精神上的独立自主。从这些所谓的"辅助"研究中获取的知识同样也不是"书呆子"性质的，而是为了广泛地、跨学科地获取知识。此外，将马克思的自然科学研究与政治经济学研究对立起来是完全错误的：在 1878 年进行地质学摘录之前、期间和在此之后，马克思做了大量关于政治经济学的摘录，特别是关于贸易史、金融史和银行史的摘录，这些摘录尚未发表。

但是，根本性的、本质的东西是对全面获取知识的追求。马克思并不是仅仅在年老时才有这种态度。早在 1846 年，在布鲁塞尔的一次非常激烈的辩论中，他就用下面的主要论据回应威廉·魏特林："无知从未使任何人获益！"[1]问题超出了作为一个细分领域的地质学，这从根本上涉及马克思在一般意义上对科学的理解。与 20 世纪狭隘的党派理解相反，马克思主张绝对不带偏见地进行研究。对于科学，世界观的、政治的或经济的观点或要求不应该从利益出发施加任何影响。

马克思曾将"自由时间"称为财富的最高形式。但是，人们应该利用自由时间做什么呢？特别是要用于研究，用于获取知识和发展个性。并不是以直接保证日常生活或掠夺物质财富为目的的知识，而是自由的科学知识——与文化兴趣、人际交往一起——才是真正的财富。

---

[1] *Der Bund der Kommunisten. Dokumente und Materialien.* Bd. 1，Berlin 1970，S. 305.

不过，即使这种最高的追求也伴随着矛盾和危险，马克思很早就意识到了这一点。1856 年 4 月，他在伦敦一家宪章派报纸的创刊纪念会上发表了简短的演说，他阐明了当今、恰好是当今也极具现实性的思想：

> 一方面产生了以往人类历史上任何一个时代都不能想象的工业和科学的力量；而另一方面却显露出衰颓的征兆，这种衰颓远远超过罗马帝国末期那一切载诸史册的可怕情景。……财富的新源泉，由于某种奇怪的、不可思议的魔力而变成贫困的源泉。技术的胜利，似乎是以道德的败坏为代价换来的。随着人类愈益控制自然，个人却似乎愈益成为别人的奴隶或自身的卑劣行为的奴隶。甚至科学的纯洁光辉仿佛也只能在愚昧无知的黑暗背景上闪耀。我们的一切发明和进步，似乎结果是使物质力量成为有智慧的生命，而人的生命则化为愚钝的物质力量。现代工业和科学为一方与现代贫困和衰颓为另一方的这种对抗，我们时代的生产力与社会关系之间的这种对抗，是显而易见的、不可避免的和毋庸争辩的事实。①

因为今天谈论的是地质学，所以我以下面的话作为结语：马克思在他 1856 年的真正具有预言性质的演说中，开

---

① 《马克思恩格斯文集》第 2 卷，人民出版社 2009 年版，第 579—580 页。

始时简要提到了 1848 年革命，用他的话来说，1848 年革命只不过是"欧洲社会干硬外壳上的一些细小的裂口和缝隙"，但是"在看起来似乎坚硬的外表下面，现出了一片汪洋大海，只要它动荡起来，就能把由坚硬岩石构成的大陆撞得粉碎"。显然，这位当时 38 岁的演讲者不仅已经开始以某种方式研究地质学，而且已经开始将地质学的基本概念内化于心；并且正如他在 1878 年做的摘录所表明的那样，他一生都沿着这条道路坚定地前行。

第四部分

《马克思恩格斯全集》历史考证版的最新研究成果和西方马克思研究的新近趋势

M&E

关于若干与《马克思恩格斯全集》
历史考证版有关的最新研究成果[*]

在这篇报告中要探讨马克思思想的各个方面，并与MEGA 的编辑相联系。[①] 我在上一讲[②]中已经提到，自 1993年以来，已经按照新的 MEGA 编辑准则出版了 17 卷（总共出版了 57 卷）。其中包含很多新的研究成果，相关评论对此已做出评价。每一卷新的 MEGA 都越来越清晰地表明，

　　[*]　本文是黑克尔教授在 2010 年和 2017 年在中央编译局所做的报告汇编。2010 年报告题为《关于若干与 MEGA 有关的最新研究成果》，是黑克尔教授在中央编译局举办的题为"马克思恩格斯遗著的历史、出版和接受"系列讲座的第六讲，金建译，蒋仁祥校，中译文发表于《国外理论动态》2011 年第 3 期。2017 年报告题为《MEGA 对马克思主义有何影响?》，孙晓迪译，金建校。

　　[①]　罗·黑克尔:《马克思是思想家。1990 年以来关于生平和传记研究的新成果》马克思逝世 125 周年纪念，"海勒·潘克"协会编，2008 年柏林版（《潘克会议报告集》第 116 号）。

　　[②]　即本书第一部分第 VI 篇文章。——编者注

马克思博学多才。与亚里士多德、莱布尼茨、康德和黑格尔一样，他不仅对世界历史、外交政策、数学和自然科学、地质学和化学、公法、艺术和文学感兴趣，而且还在这些领域进行深入研究，并试图将许多单独的知识融入他的整体工作中。马克思着眼于这些学科的整体性、统一性及它们的相互关系。这种"跨学科"的方法清楚地反映在他的研究材料中。马克思的著作一直是未完成的状态——总是在探求和分析新的东西，这正是科学的基本特征。马克思思想的综合性、他的百科全书式的研究以及他的政治和学术活动都越来越清晰。下面不应、也不可能全面介绍马克思的认识，只是略做说明。

一、马克思是批判的经济学家

鉴于当今全球化资本主义的发展，有时会出现这样的问题：在学术史上首次使用"资本主义"这一概念是什么时候。已知的是，"资本主义"这一概念是皮埃尔·勒鲁在1848 年、路易·勃朗在1850 年第一次使用的。马克思不经常使用这个概念，手稿中只用过两次，1885 年出版的《资本论》第 2 卷中只出现过一次。在书信中出现过三次。他使用得较频繁的概念是"资产阶级生产"（bürgerliche Produktion）、"资本主义生产"（kapitalistische Produktion）、"资产阶级"或者"资本主义""生产方式"，"资产阶级"或"资本主义""社会"——这些概念明显是指资本关系，也就是指资本和劳动之间的关系。资本化的财产的占有者是资本家,这在 150 多年前就清楚了。不久前(2008 年)汉堡地方法院讨论了"资本家"这一概念。一家机器制造公司因遭到"侮辱和诽谤"而向一名员工和一家网站提出控告。这家公司的律师认为,"资本家"这个词明显带有"负面判断",是恶言谩骂。

这个例子表明,马克思对资本主义的分析和批判是有活力的,社会史上几乎没有一部与之可比的著作。当今世界的全球化是同对冲基金、"蝗虫式投资"和涡轮资本主义这些概念联系在一起的——按照马克思的理论翻译,这些会转化为剩余价值、超额剩余价值和利润率等概念:一个商品的价值由不变资本、可变资本和剩余价值共同构成。利润率是剩余价值和投入的不变资本和可变资本的比率。为了保证利润率不下降,人们可以节约资本,更确切地说,节约可变资本,以进一步获得高额利润。那么,"诺基亚还没有赚取巨额利润吗?"这句话是什么意思呢?2008 年,德国的一家工厂尽管赢利 72 亿欧元,从而使利润率达到25%,但还是不得不关闭,因为那里 2300 名员工耗费的可变资本(v)高于罗马尼亚的劳动力商品的价值。当然,每一种因素,也包括不变资本(c)都作用于利润率,因为可变资本在总资本中平均只占 5%。面对持续不断的金融危机,我们一再意识到《资本论》的现实意义,许多人,不仅仅是左翼人士,都在探讨这一意义。

MEGA 第 2 部分马克思《资本论》和经济学手稿的编

辑已经完成。这是一件具有重大学术和政治意义的事情，也是因为有些卷次是由德、俄、日的学者合作完成的。特别是近年来首次完整出版的《资本论》第 2 卷和第 3 卷手稿，使我们现在可以深入研究马克思的"实验室"了。新出版的 MEGA 各卷引言说明了马克思是如何认识到关于社会再生产和资本主义生产的总过程的，同时错误和矛盾也得到揭示。

尽管 MEGA 的基本原则是，评注只介绍马恩生前的马克思著作传播史，但收入《资本论》第 3 卷的 MEGA 第 2 部分第 15 卷的引言突破了这一原则，这篇引言的作者是法兰克福的理论历史学家贝特勒姆·舍福尔德，他引用皮埃罗·斯拉法的观点反驳马克思，也就是说，正如柏林的政治学家米夏埃尔·亨利希在一篇评论中提到的，MEGA 同时也提供对马克思的批判。存在各种对马克思及其著作的批判性分析是很自然的事，但是大部分批评者都毫无争议地认为，在拥有全集的经典作家中，马克思称得上是经典作家中的经典作家。

很明显，每一代人都需要分析《资本论》的"起源"。直到现在，"68 年那一代"的观点始终彼此针锋相对。越来越多的年轻学者介入讨论，柏林的政治学家米夏埃尔·亨利希根据在最近的《资本论》研讨班上得出的经验评价说："讨论虽然还远没有达到 20 世纪 70 年代在西方所达到的强度，但是从表面上看，年轻一代政治上积极的人们，不管他们来自东方还是西方，根据不同的联系，似乎都学会了马克思的政治经济学批判。"①

上述争论的主题围绕着对第一篇的基本理解。这里的问题不仅在于,关于商品和货币的叙述是历史的叙述还是逻辑的叙述占主导,或者说是逻辑—系统的叙述占主导还是逻辑—历史的叙述占主导;马克思是否或者说在什么时候改变了叙述层次;商品是一开始就是作为货币的价格决定因素来分析还是抽象掉货币来分析的;考察的是简单商品生产还是简单商品流通。而且还要讨论,随着对价值形式的叙述,在第 2 版中是否进行了通俗化,马克思是否"隐藏"了自己的辩证方法。所有的讨论都不能忽视,马克思希望以《资本论》为无产阶级反对剥削的斗争奠定理论基础——"这件最可怕的武器":"我希望为我们的党赢得科学上的胜利。"②

同样,这部巨著的第 2 卷和第 3 卷自 19 世纪末以来也引起了很多讨论。这里的问题主要涉及马克思对再生产图式的阐释、价值向生产价格的转变和平均利润率的形成。马克思制定国民经济交换的总体模式、分析社会生产和资本再生产的形式比恩格斯编辑的这两卷的付印稿要复杂得

---

① 米·亨利希:《怎样读马克思的〈资本论〉——关于阅读和评论〈资本论〉开头部分的指南》,2008 年斯图加特版,第 12 页。
② 马克思 1859 年 2 月 1 日给约瑟夫·魏德迈的信,见《马克思恩格斯全集》中文第 2 版第 50 卷,第 461 页。后来,1866 年 2 月 20 日,马克思给恩格斯写信说:"亲爱的,你明白,在像我这样的著作中细节上的缺点是难免的。但是结构、整个的内部联系是德国科学的辉煌成就,这是单个的德国人完全可以承认的,因为这绝不是他的功绩,而是全民族的功绩。"见《马克思恩格斯全集》中文第 1 版第 31 卷,第 185 页。

多。马克思用数学方法分析剩余价值率的方案，表明他建立了直到 20 世纪才开始得到应用的模型。鉴于这些材料，综合关于作者马克思和编者恩格斯之间的关系的讨论，现在可以毫无争议地说，这是一部"没有完成的"《资本论》。

随着这些材料在 MEGA 中发表，我们对马克思所用资料来源的认识不断加深。他这一生从经济学文献中做了大量的摘录笔记。他计划在关于理论史的《资本论》第 4 册中总结这项研究。这一计划未能实现，不过留下了一部手稿，并以《剩余价值理论》（MEGA 第 2 部分第 3 卷，《马克思恩格斯全集》德文第 26 卷）这个标题而著称。

2008 年，马克思英文传记作者和新闻工作者弗朗西斯·惠恩描述《资本论》成文史的书出版，这本书现在已经译成中文。① 这本新出的小册子属于"撼世之书"系列，将马克思的著作列入了亚当·斯密、查理·达尔文和柏拉图等人的著作之列。惠恩撰写了《资本论》的"孕育""诞生"和"来生"。作者否认马克思的劳动价值理论，并认为剩余价值的生产是形而上学的思考，马克思失去了简单明了地表达的天赋。这本写得非常流畅的书（没有资料出处）在滔滔不绝的同时，却避而不谈《资本论》的初读者不了解的难点。比如，在"孕育"一章，避而不谈马克思 1850—1853 年在英国博物馆做研究时取得的丰硕成果，其中包括 24 本摘录笔记（目前已收入 MEGA 第 4 部分第

———————

① 弗·惠恩：《马克思〈资本论〉传》，北京：中央编译出版社 2009 年版。

7—9 卷),而是大谈马克思一家非常复杂的私生活;或者在"诞生"一章,在谈到马克思的方法时,直言不讳地断言,那是"辩证法游戏"。众所周知,马克思对黑格尔的辩证法评价很高,在第 1 卷第 2 版跋中曾特别予以强调。如果惠恩轻视了马克思的这个提示,那么他就不能对马克思方法论的最重要的科学源泉之一及其形成的艰难过程做出正确的评价。这个缺憾对盎格鲁—撒克逊的文献而言是典型的,遗憾的是,它们的很多出版物都极为漠视 MEGA 本身以及最新的研究成果。

在结束这个问题的时候还想说几句题外话:不具备圣经和世界文学知识,就不能理解《资本论》——这是一种同列宁的名言有关的思想。雅典的乔吉奥斯·斯塔马蒂斯教授早在两篇笔记(1998 年和 2007 年《新辑》)中就提醒《资本论》第 1 卷的 MEGA 编者注意,有些段落虽然弄不清楚但是可以进行讨论。比如,MEGA 第 2 部分第 5 卷第 94 页第 33—35 行写道:"他们的灵魂渴求货币这唯一的财富,就像鹿渴求清水一样。"[1] 这句话是模仿圣经。但是资料卷并没有注明,这句话来自圣经中的《诗篇》第 42 章:"上帝啊!我渴慕你像鹿渴慕清凉的溪水。"

二、马克思是哲学家

近几年来,与作为哲学家的马克思相关的讨论涉及三

---

① 《马克思恩格斯全集》中文第 2 版第 42 卷,第 123 页。

个方面。第一，上面已经谈过，马克思是《资本论》的作者。第二，他对现代自然科学发展的理解，关于这点我还要谈到。第三，自 1932 年，即《1844 年经济学哲学手稿》发表以来，一直在反复讨论的问题，即马克思的唯物史观在他的早期著作中的阐述问题。①

需要强调的是，近年来出版了马克思早期著作选的新版。首先要提到的是《1844 年经济学哲学手稿》，1932 年由克勒讷出版社分两册出版，1953 年合为一卷再版。2004 年已出版第 7 版。汉诺威教授奥斯卡·内格特就马克思早期著作的强烈现实意义写道："这些早期著作的典型特征是将经济学范畴和哲学—人类学思考融为一体。人的自然化和自然的人化是不可分的。这样一来，马克思所理解的现实性维度就增加了第二个重要因素：历史。没有历史就没有自然，但没有人的内外部天性也就没有历史。在马克思的晚期著作中几乎再也看不到这一点，马克思在这里阐述的是人通过形成自己的生活联系而形成自我的具体过程。"②

我在为《马克思恩格斯全集》德文版第 1 卷新写的前言（2007 年）中也写道：

---

① 沃·比亚拉斯：《围绕马克思早期著作的争论。一个东德人的回顾》，载于《马克思恩格斯研究论丛·新辑》1997 年，第 5—30 页。

② 奥·内格特：《引言》，载于《卡尔·马克思。早期著作》2004 年斯图加特版，第 18 页。

首先是青年马克思的批判性反思具有自己独特的重要性,因为其中明显表现出哲学论证的联系,而在晚期著作中则表现得不太明显。思维探索活动的多样性、多层次同时符合逻辑的认识上的进步,以及这些年与此相关的自己弄清问题的过程,很多思想尚未定型,尚未确定方向,在每一种新的历史情况下都提供了联系点,提出了深刻的问题和思考。

尽管马克思和恩格斯在 1837—1844 年间的基本思想的发展和成熟过程有很大不同,但是他们都发现了这样一个问题:历史和社会的真正决定力量在哪里?他们都认为,具有重要意义的是,实际生活的潜在力量如何能成为革命实践的出发点。

在这个因为资本主义商品生产的发展而急剧变化的世界上,他们看到正在上演一出戏剧:一方面生产着越来越多的社会财富,另一方面则是人的异化和自我异化。同时,这个世界拥有这样一股力量,它们不断地反对现存的一切,并开创废除这种现状的条件。①

我之所以引用这两段长引文,是因为我认为,告诉年轻同志这些早期著作的版本,使他们能设身处地地理解马克思和恩格斯的发展道路,进而也能够理解,马克思是如何履行这些政治义务的,是如何取得这些科学认识的进步

---

① 《马克思恩格斯全集》德文版第 1 卷,柏林 2007 年版,第 XX 页。

的，以及是以什么样的动机为基础的，这是十分有益的。

早期著作的新版本，即 MEGA 第 1 部分第 5 卷的《德意志意识形态》尚未面世。自 1990 年以来，已经出版了三本书，都附有注释和试编的一章，供大家讨论。① 这个场合不适合用来详细讨论《德意志意识形态》非同寻常的编辑史。② 我们所期待的关键一点是：《马恩年鉴》2003 年卷刊登的关于《第一章　费尔巴哈》的一组文本原件清楚地表明，已经找到了一个全新的方案，可为研究和阐释这一章提供新的基础。迄今为止，关于《第一章　费尔巴哈　唯物主义观点和唯心主义观点的对立》的逻辑—系统的结构已经有了 6 种不同的尝试。现在，这部手稿"作为七个独立的文本原件予以收入并按时间顺序编排"。因此，编者赫尔弗里德·明克勒和格拉尔德·胡布曼在编者的话中强调，"对片断的语文学分析可以确定，有些片断的东西曾一度被认为是完成的东西"。③

大家也许还记得，马克思恩格斯自己已经证实《德意志意识形态》手稿的临时性质。回顾起来，未发表的手稿

---

① 《关于马克思第一次滞留巴黎和〈德意志意识形态〉产生过程的研究》1990 年特里尔版（《马克思故居丛书》第 43 期）；《MEGA 研究》1997 年第 2 期；郑文吉：《〈德意志意识形态〉和 MEGA 编辑》2007 年首尔版。

② 英·陶伯特：《〈德意志意识形态〉手稿的流传史和用原文的第一次发表》，载于《MEGA 研究》1997 年第 2 期，第 32—48 页。罗·黑克尔：《卓有成效的合作：法兰克福社会研究所和莫斯科马克思恩格斯研究院。1924—1928 年》2000 年汉堡版专卷第 2 卷，第 68—74 页。

③ 《马恩年鉴》2003 年卷，第 63 页。

主要用于作者相互之间"自己弄清问题","共同阐明我们的见解与德国哲学的意识形态的见解的对立,实际上是把我们从前的哲学信仰清算一下"。① 很久之后(1888年),恩格斯认为关于费尔巴哈的一章始终没有完成:"已写好的部分是阐述唯物主义历史观的;这种阐述只是表明当时我们在经济史方面的知识还多么不够。旧稿中缺少对费尔巴哈学说本身的批判;所以,旧稿对现在这一目的是不适用的。"② 众所周知,马克思从未使用过"历史唯物主义"这个术语。"唯物主义历史观"这个术语恩格斯用过几次。③ 直到1893年,才由弗兰茨·梅林引入"历史唯物主义"的说法。④ 随后,这个术语在第二国际的马克思主义中固定下来。

三、马克思是历史学家、新闻工作者和政治家

对历史学家马克思的研究,2007年底因 MEGA 第4部分第12卷的出版而得到了新的巨大的推动。我选择这卷书为例,是因为它表明,马克思所做的、部分与他的新闻

---

① 卡·马克思:《政治经济学批判》序言,见《马克思恩格斯文集》第2卷,第593页。

② 《路德维希·费尔巴哈和德国古典哲学的终结》,见《马克思恩格斯全集》中文第2版第28卷,第534页。

③ 弗·恩格斯:《论住宅问题》,载于《马克思恩格斯文集》第3卷,第320页;《反杜林论》,载于《马克思恩格斯全集》中文第2版第26卷,第29页;《卡尔·马克思的葬仪》,载于《马克思恩格斯全集》中文第2版第25卷,第599页。

④ 此说不准确。参看本书编后记。——编者注

工作有关的摘录的出版，为我们提供了很多关于马克思对历史及其描述的理解和新认识。该卷收入了马克思在 1853 年 9 月—1855 年 1 月所做的迄今未发表的 9 本笔记，它们记录了马克思在克里木战争前夜和战争期间的读书情况，是关于外交史和西班牙历史方面的摘录。

莱比锡的历史学家、柏林—勃兰登堡科学院 MEGA 工作组的负责人曼弗雷德·诺伊豪斯在由他撰写的引言中引用了很多有趣的例子，并指出，现代历史学可以从中得到启发。我不想讲具体的方面，但诺伊豪斯明确指出，从这些摘录可以看出，马克思如何建立了比如阶级形成和制度发展史之间的联系、政教分离同实施新的民法典之间的联系、现代军事科学的形成与变化了的作战方法之间的联系、变化了的政治力量对比（比如，因为俄国的强大）与外交政策之间的联系。

柏林政治学家和国际马恩基金会董事长赫尔弗里德·明克勒举了一个关于马克思进行分析和新闻加工的典型例子："马克思（还有恩格斯）评论克里木战争的特点在于，他们虽然将沙皇制度看成欧洲所有反动派的庇护所，但是在为《纽约论坛报》所写的新闻报道中……始终以军事和外交事实为依据，而不受当时在英国蔓延的反沙皇主义的十字军心态所迷惑。在这个问题上，马克思始终是一个分析家，和宣传的企图保持距离。"①

---

① 赫·明克勒：《卡尔·马克思的现实意义——针对马克思主义阅读马克思》，载于《卡尔·马克思。他的事业的前景》2005 年特里尔版第 10—11 月（《卡尔·马克思故居政治和对话》第 2 期）。

毫无疑问,还有其他历史事件,比如 1848—1849 年的革命和 1871 年的巴黎公社,马克思都进行了详细分析。此外,还有那些详尽的摘录,比如马克思从国民经济学家古斯塔夫·冯·居利希和历史学家弗里德里希·克里斯托夫·施洛塞尔的伟大历史著作中所做的摘录,都占 MEGA一卷的篇幅。在编辑 MEGA 第 1 部分和第 4 部分的相应卷次时,都可能获得关于所有这些问题的新认识,也就是说,在这一研究领域也还有许多问题有待查明。

MEGA 第 1 部分第 14 卷打开了马克思新闻活动的又一个方面。该卷收入马克思 1855 年的政论文章。这些文章以前显然没有得到和他的著作同等的对待。现在了解到的情况如下:1851—1862 年,通讯员马克思一个人在《纽约论坛报》上发表了 465 篇文章,其中 206 篇是社论。我们应当想到,该报的发行量在 1854 年就已达到约 145 000 份,甚至超过了伦敦的《泰晤士报》。马克思的文章几乎一半是作为社论发表的,这一点就表明马克思得到了编辑部的高度评价。

在柏林《马恩全集》历史考证版编辑促进协会的一次学术研讨会上(2004 年),马克思作为政治新闻工作者和经济新闻工作者的功绩得到充分肯定。历史学家于尔根·赫雷斯在这次研讨会上强调:马克思的新闻作品在他的全部著作中占有独特的地位。"他是当时的批判者,对所有的政治信仰始终充满好奇,对自然和社会感到惊讶。因此问题的关键不仅是要问:马克思想对世人说什么?他试图怎么对自己的周围，尤其是对舆论产生影响？而且提相反的问题也是有意义的：新闻活动和编辑工作如何影响了马克思，影响到他的思想和他对经济、社会和政治进程的分析？"①

众所周知，马克思自己就在《政治经济学批判》的序言中指出："由于评论英国和大陆突出经济事件的论文在我的投稿中占很大部分，我不得不去熟悉政治经济学这门科学本身范围以外的实际的细节。"② 而这是有益的，这也是研究和政论活动的相互作用。

在此我想作为例子请大家记住 1857 年 10 月—1858 年初这段时间，即第一次大规模的世界经济危机时期。随着这次危机的爆发，马克思预期爆发一场革命运动，然而并没有爆发。马克思随后认识到，危机和革命之间不一定存在直接的联系。在此以前，已出版的这一时期的著作有MEGA 第 2 部分第 1 卷的《1857—1858 年经济学手稿》和第 3 部分第 8、9 卷的书信。在接下来的几年中，将准备编辑第 1 部分第 16 卷和第 4 部分第 14 卷，其中包括报刊文章和首次发表的 3 本马克思总结和归纳景气数据的《危机笔记》。③

将来要发表的刊登在《新莱茵报》上的文章（关于这

① 于·赫雷斯：《卡尔·马克思是 19 世纪的政治新闻工作者》，载于《马克思恩格斯研究论丛·新辑》2005 年，第 9 页。

② 《马克思恩格斯文集》第 2 卷，第 594 页。

③ 米·克雷特克：《资本主义的危机。从马克思 1857—1858 年经济学研究看周期性危机的历史和理论》，载于《马克思恩格斯研究论丛·新辑》1998 年，第 5—46 页。

些文章的编辑准备情况弗朗索瓦·梅利斯曾定期在《马恩全集》历史考证版编辑促进协会做报告①），以及将收入第1部分其他卷次（主要是第15—17卷）的很多其他报刊文章，无疑会使人获得很多新的认识，从而将以一种全新的视野即完全不同于以前的马克思传记所用的视野去表现马克思的政论活动。

自1990年以来，重新审核了马克思在共产主义者同盟中的活动、在1848—1849年革命中的活动②，以及在国际工人协会（见MEGA第1部分第20、21卷）中的影响。在第1部分第21卷中，前面提到的我的同事于尔根·赫雷斯这样评价道："马克思的文章引起了人们的兴趣，进行了归纳概括，提供了解释；它们是论证性的，但也具有情感上的激荡性和暗示性。这些文章以其雄辩和分析能力，填充了第一国际开辟的交流空间。然而，在这些文章中，马克思也始终致力于充当各种社会主义思潮和工人团体之间在意识形态上的中间人。"这样，马克思——他曾拒绝在国际工人协会中担任重要职务（如主席）——取得了"主要在

---

① 弗·梅利斯：《重新审视〈新莱茵报〉？关于MEGA²第1部分第7—9卷的编辑》，载于2005年《马克思恩格斯研究论丛·新辑》，第121—140页；《马克思的〈新莱茵报〉编辑手册的历史》，载于《马恩年鉴》2004年卷，第79—117页。

② 马·洪特：《共产主义者同盟的历史。1836—1852年》1993年美因河畔法兰克福版；《〈共产党宣言〉。关于简装本第一版。附托·库钦斯基的编辑说明》1995年特里尔版（《马克思故居丛书》第49期）；《一场变革的参与者。1848—1849年革命中的黑人和妇女》，H. 布莱贝尔、W. 施米特、S. 许茨编，2003年和2007年柏林版。

思想上占主导的地位"。① 对 MEGA 收录的文本的研究将进一步深化这一评价。马克思撰写了这两个组织最重要的文件:《共产党宣言》(1848 年) 和《国际工人协会宣言》(1864 年)。当然,马克思后来还积极参与了正在组建的德国社会民主党的政党政治,比如撰写了《德国工人党纲领批注》(1875 年)。顺便提一下,这个文件直到 1933 年才以《哥达纲领批判》闻名于世。

马克思对上述组织的政治和世界观的影响在研究中始终是一个有争议的问题。如果说人们对马克思的"管理艺术"没有分歧,那么,人们在如何看待马克思对正在形成的工人运动的政治和意识形态的影响的问题上则极具争议。西方的研究强调正在组织起来的工人阶级的组织和思想意识的多样性。相反,马列主义的研究则坚持认为,马克思及其理论在这些组织的形成过程中和政治上起到了突出的、独特的作用。

例如,有人强调指出,国际工人协会是"马克思主义战胜形形色色的小资产阶级社会主义的历史必然性"的例证。与此相关的概念也经常被乱用,比如"工人阶级的历史使命"这个概念。马克思自己将无产阶级对人类历史的影响称为"世界历史的作用""历史的行动""解放世界的行为""历史的任务"或者"历史使命"。将要出版的 MEGA 第 1 部分的几卷将有助于历史地解释有组织的工人运

---

① MEGA 第 1 部分第 21 卷,第 1150 页。

动中的动力，摆脱对马克思的过分中心化，还参与者以公正。

此外，马克思在他的著作（《路易·波拿巴的雾月十八日》，1852 年）、报纸通讯、公开信（比如，1864、1865 年分别给美国总统亚伯拉罕·林肯和安德鲁·约翰逊的信），以及国际工人协会的其他文件中所做的政治分析表明，必须本着最根本的阶级利益坚决为民主和社会进步而斗争。

2007 年，马克思的著作《雾月十八日》重新出版，由弗伦斯堡大学社会学教授豪克·布鲁恩霍斯特作序。布鲁恩霍斯特在序言中强调了这部著作以下几个方面的现实意义：**首先**，它是"20 世纪社会学和历史学革命理论的先驱。革命并不限于公法和政治"。**其次**，它"还是非常具有现实意义的著作，因为它的主题是革命转向反革命和独裁主义。被背叛的革命和专制国家是宏大的主题，……作为更深层的阴影以及不可想象的倒退，伴随着 20 世纪的那些技术、社会和政治进步"。**再次**，"《雾月十八日》不仅对于历史编纂学、社会学和政治理论，而且对宪法理论和议会民主理论来说也是经典的、永远具有现实意义的文献"。① **最后**，"很久以来，《雾月十八日》是被后现代的、后结构主义的、后马克思主义的著作家重新发现的，但是，马克思几乎没

---

① 马克思：《路易·波拿巴的雾月十八日》豪·布鲁恩霍斯特序，2007 年美因河畔法兰克福版，第 138、139、141 页。

有一部著作像这部著作那样，使伟大文献与经验研究相互交叉，以致虚幻和现实之间明确划分的界限动摇了，文本作为社会的语言清晰可见。"

布鲁恩霍斯特尽管开出了一个不长的参考文献清单，但是他的前言未涉及马克思也研究的一些重要问题。马克思的阶级分析在德国西部已经被人遗忘了几十年，现在还管用吗？"工人阶级的历史使命"已经过时了吗？改革和革命的相互作用作为政治行动的指南还具有现实意义吗？工人阶级的斗争不应当针对原因，而只应当针对原因产生的影响吗？——这些问题在社会学分析中已经完全消失，这样，社会学分析使马克思的政治理论"适用于"学术。

四、马克思和自然科学

早在 1925 年，为纪念恩格斯逝世 30 周年而出的纪念文集《马克思主义和自然科学》前言中就有这样一句话："弗里德里希·恩格斯个人，比他的天才朋友更能代表马克思主义的科学伟业（总结自然科学和社会科学的关系）。恩格斯花时间进行了全面的自然科学的专门研究，从而得以撰写了《自然辩证法》。"[1] 应当提醒大家记住的是，就在那一年，梁赞诺夫在《马克思恩格斯文库》中发表了恩格斯的《自然辩证法》，德国自然科学家尤利乌斯·沙克瑟尔在莫

---

[1] 《马克思主义和自然科学》，自然科学家弗里德里希·恩格斯逝世三十周年纪念文集，奥·延森编并作序，1925 年柏林版，第 10 页。

斯科参与了辨认①,而数学家埃米尔·尤利乌斯·龚贝尔则辨认了马克思的数学手稿②。关于马克思的自然科学研究当时几乎无人知晓。

在德国哲学家、原柏林洪堡大学教授安内利泽·格里泽的领导下,不但在 MEGA 第 1 部分第 26 卷重新发表了恩格斯的《自然辩证法》,而且在第 4 部分第 31 卷收入了马克思 1877—1883 年所做的有关有机化学和无机化学的摘录和恩格斯 1877—1883 年的自然科学研究。MEGA 中共有 10 卷发表 1874—1883 年的摘录,其中几乎一半是马克思的自然科学和数学研究,即在 MEGA 总共 435 个印张中占 210 个印张。它们有待进一步的开发利用,上文所引的 1925 年的评价也将进一步修改。

安内利泽·格里泽用下面的话概述了已经开始和即将面临的研究任务:"对马克思的自然科学研究的分析有助于更深刻地理解他的整个创作和他在 19 世纪科学史上的地位。马克思 1870 年以后所做的关于物理学、地理学、矿物学和化学方面的大量摘录,无论过去和现在,都具有特别重要的意义。……特别是根据这些摘录应当弄清,它们是否以及在何种程度上占据了当时的自然科学思想的高峰,他的自然科学研究的重点在哪里,与他的社会理论研究是怎么

---

① 安·格里泽和格·帕维尔齐希:《恩格斯的〈自然辩证法〉。关于编辑史的自然研究》,载于《马克思恩格斯研究》1995 年第 1 期,第 33—60 页。
② 埃·尤·龚贝尔:《探索真理》文选,附安·福格特的序言,1991 年柏林版。

结合的。"① 因此，我们更加关注马克思思想中涉及社会可持续发展、自然史和自然科学与社会科学相统一的问题。

马克思在 19 世纪 70 年代的研究越来越关注社会财富的主要源泉——人的劳动力和土地肥力——的过度开发对社会新陈代谢的连续破坏问题。当马克思阐发他关于资本再生产过程的观点时，这一问题对他来说变得更加重要。通观他的研究，我的印象是，他似乎从资本主义生产不可逆转地发展为大规模生产的过程的过度开发中，为所追求的废除占统治地位的生产方式找到了一个更有分量、实际上更有存在意义的论据。因此，这些材料包含了许多新的论据，证明生态思想是马克思唯物主义的基本特征之一。②

五、"马克思—恩格斯问题"——马克思和恩格斯之间的相互关系

最后，我要回到在第二讲③中已经谈及的所谓马克思—恩格斯问题。柏林的 MEGA 编辑卡尔·埃里希·福尔格拉

---

① 安·格里泽：《马克思的地质学、矿物学和农业化学的摘录与其化学手稿的比较。评它们的科学史分类》，载于《马克思恩格斯研究论丛·新辑》2006 年，第 31 页。

② 约·贝·福斯特：《马克思的生态学。唯物主义与自然》2000 年纽约版，第 VI 页及以下几页；胡·莱特科：《马克思的理论遗产与可持续发展的理念》，载于《卡尔·马克思与 19 世纪的自然科学》，第 75 页；斋藤幸平：《自然反对资本：马克思未完成的资本主义批判中的生态学》2016 年坎普斯版。

③ 即本书第一部分第 II 篇文章。——编者注

夫和于尔根·容尼克尔 1994 年提出的问题 "马克思说的是自己的话吗?"① 首先犯了众怒，然后引发了一场持久的争论。一方面，这个问题并非新问题——考茨基早在 1926 年就表达了这样的想法："恩格斯并没有完全理解马克思的思路，并没有完全按照这种思路来整理和编辑手稿"②；另一方面，MEGA 编者自己也碰上了这个问题，因为在 MEGA 的《资本论》第 1 卷编辑完成之后，就面临如何编辑马克思第 2 卷和第 3 卷手稿的问题，而这些手稿是由恩格斯编辑出版的，因而这是一个新的挑战。但是这个问题已经超出了《资本论》本身。这个问题涉及马列主义中已经固定的教条或关于马克思恩格斯牢不可破的共性的神话，这种看法最终必须去除，在这个问题上必须找到不同的评价，尽管他们的创作在总体上是密切相关的。

在东京的一次《资本论》研讨会（1994 年 11 月）上，纽约大学的波特尔·奥尔曼就此提出了几个问题。他在承认马克思恩格斯具有不同的学术人格的同时，问道：为什么他们能够撰写共同的文章？恩格斯为什么写了一些报刊文章，能署马克思的名字？马克思和恩格斯面对第三者为什么从不发表不一致的意见?③ 英国政治学家、国际马恩基

---

① 卡·埃·福尔格拉夫和于·容尼克尔：《马克思说的是自己的话吗?——评恩格斯编辑的〈资本论〉第三卷手稿》，载于《MEGA 研究》1994 年第 2 期，第 3—55 页。

② 卡·考茨基：《普及版前言》，载于马克思：《资本论。政治经济学批判》1926 年柏林普及版第 2 卷第 2 册，第 XI 页。

③ 波·奥尔曼：《批评恩格斯编辑〈资本论〉的若干问题》，载于《马克思恩格斯论丛·新辑》1995 年，第 58 页。

金会编辑委员会成员特雷尔·卡弗提出这样一个问题："恩格斯的'唯物辩证法'和马克思的'政治经济学批判'之间是什么关系?"① 然后他列举了十种可能性，开始是马克思和恩格斯"用一个声音说话"，然后是产生意见分歧和各抒己见，最后是着迷，即共同着迷于一种思想。他的结论是：必须在对马克思恩格斯和他们的政治世界的同情和认同，以及对他们的言行的怀疑之间找到绝佳的平衡点。

现在已经尝试，在 MEGA 第 2 部分第 11—15 卷做出不同的回答，具体说明，恩格斯是怎样编辑《资本论》这两卷的，他在哪里出了差错和/或者做了补充、细化等。在此，编者得出了不同的结论，这个结论考虑到，一方面，恩格斯只能编辑现有的马克思草稿；另一方面，他在编辑原文时加入自己的解释，而这样的解释不一定能反映作者本人的思想。②

政治学家米夏埃尔·克雷特克在于日本举行的《资本论》研讨会（2005 年 11 月）上，也得出了一个临时性的结论：随着马克思所有手稿的出版，"对恩格斯的过分指责（包括韦尔纳·桑巴特的看法③）才能真正成为过去。只要

---

① 特·卡弗：《马克思—恩格斯或恩格斯对马克思?》，载于《MEGA研究》1996 年第 2 期，第 52 页。

② MEGA² 第 2 部分第 12 卷和罗·黑克尔：《马克思写作的〈资本论〉第二卷。恩格斯的编辑和当时的传播》（关于 MEGA² 第 2 部分第 12、13 卷），载于《柏林莱布尼茨科学协会会议报告》2007 年第 93 卷，第 117—131 页。

③ 恩格斯 1895 年 3 月 11 日给韦尔纳·桑巴特的信，见《马克思恩格斯文集》第 10 卷，第 690 页。

这些手稿没有发表,这种批评就是纯粹推测的,其依据是他们认为很容易证明马克思的原稿被篡改了。现在人们也只能认为这种批评是站不住脚的"①。

六、结束语

我们通过六次讲座②讨论了马克思恩格斯遗著及其发表的历史。我相信大家已经很清楚,马克思恩格斯的著作、文章、书信、手稿和研究材料的编辑不是一个简单顺畅的过程。不仅政治内涵,而且编辑学的发展也起着非常大的作用。遗著和文本不仅保存在研究机构手里,而且还保存在私人手里。很多人都以巨大的热情和责任心参与了这些任务。我在讲座中不能一一列举所有人的名字,但是我非常尊敬所有参与者。我还对世界各地为马克思恩格斯著作的传播而做出努力的人们表示敬意。翻译马克思恩格斯著作是传播他们的著作的基础。在此我不仅要感谢你们的兴趣和关注,而且首先要感谢你们日复一日地将马克思恩格斯著作翻译成中文出版这项不能速见成效的工作。我预祝你们这项编辑出版 60 卷本的工作取得巨大成功!

---

① 米·克雷特克:《马克思恩格斯的问题:恩格斯为什么没有篡改马克思的〈资本论〉》,载于《马恩年鉴》2006 年卷,第 154 页。

② 即本书第一部分。——编者注

西方国家马克思研究的新近趋势：以马克思诞辰 200 周年（2018）和恩格斯诞辰 200 周年（2020）为背景*

在系列讲座的最后，我想谈一谈西方马克思恩格斯研究的当前趋势，以及这些趋势是如何体现在 2018 年"马克思年"（新冠疫情前）和 2020 年恩格斯诞辰周年纪念（新冠疫情中）中的。马克思恩格斯研究经历了显著的复兴。

因此，我还将区分以下几个方面：

第一，马克思和恩格斯研究方面：1. 马克思和恩格斯如何描述自己的生平和著作；2. 对他们的生活和作品进行阐释并将其放入历史语境。

＊ 本文是黑克尔教授 2023 年 10 月 12 日在中央党史和文献研究院所做的报告，赵梦同译，朱毅校。

第二,马克思主义研究方面:1. 研究马克思恩格斯的著作,以探讨当前的哲学、社会和经济问题;2. 研究马克思恩格斯著作的接受和阐释历史。①

一、西方现代马克思研究

在过去 10 年中,它可以被描述为具有现代性、学术性、历史考证性、国际性和去意识形态化,即独立于政治运动和政治组织。

我想回顾一下这些特点在德国的公开表现形式。在过去 10 年中,德国举办了 7 次大型展览,竖立起两座新的纪念雕像,一些封存的纪念碑被重新放回公众场所,对两处故居(位于特里尔和伍珀塔尔)进行修缮并布置了新的常设展览。

(一) 现代性

在过去的 30 年中,德国的语言发生了变化。党派马克思主义的表述已经不复存在。年轻一代受到了良好教育,

---

① 在讲座的讨论环节中,我多次被问到"马克思学"(Marxologie)这一概念的含义。我回答道,它的字面意思是"马克思学"(Marxkunde),即研究马克思主义的科学 [如德语字典(Duden)所述]。然而,在 20 世纪 70 年代和 80 年代,这一概念被用来与马克思主义相对立,指资产阶级思想家对马克思主义的歪曲。Galina Belkina: *Marxismus oder Marxologie. Zur Kritik westdeutscher marxologischer Konzeptionen zur Herausbildung der marxistischen Philosophie*, Berlin: Akademie Verlag, 1975。

并且部分人已专业化，但他们不再了解传统形式的马克思列宁主义，而且大多对社会民主运动的政党历史理解得不够深入。随之而来的是基于主流的语言发展，用英文术语涵盖现代主题。此外，由于现代媒体和社交网络的影响，叙述方式也发生了改变。

这一新的理解可以通过两个示例来阐释：

——危机。2008 年金融危机的爆发将马克思与之直接联系起来。人们不断谈论马克思的危机理论，尽管马克思并未详细阐述危机理论。对于马克思来说，危机是资本主义批判的内在组成部分，因而指向制度变革。而人们通过声称马克思有一种危机理论，根据这种理论，经济衰退之后会出现新的繁荣，从而否定制度变革的可能性。还有人将危机与他们所谓的马克思源自积累理论的崩溃论联系起来。但对马克思来说，资本主义并不存在"自动崩溃"。制度变革只能是社会斗争的结果。

——生态学。当然，这个概念在马克思的著作中并不存在，但他关注人类、社会和自然之间的物质变换。这对马克思来说是一个重要的主题，他在《资本论》第 1 卷中明确写道："资本主义生产发展了社会生产过程的技术和结合，只是由于它同时破坏了一切财富的源泉——土地和工人。"[1]

现在，年轻的日本同事斋藤幸平（几年前他在柏林完

---

① 《马克思恩格斯全集》中文第 2 版第 42 卷，北京：人民出版社 2016 年版，第 519—520 页。

成了关于马克思农业摘录笔记的博士论文答辩）将危机和生态这两个主题结合在一起。① 斋藤呼吁在自然如何战胜资本主义方面发挥更多想象力。对他来说，有魔力的词"去增长"与马克思所理解的共产主义联系在一起，这里的去增长意味着增长的减少。其目标是，要在满足人类所有基本需求即能源、水和土地的这些重要领域，创造公共财产。这里指的是自下而上的社会运动，是国家政策与草根运动之间的紧密联系。为了克服以牺牲人类和自然为代价的无限逐利，有必要慢下来，使生产适应自然界的循环。斋藤强调，在当前的资本主义经济体制下，气候危机是无法解决的。

（二）学术性

现代马克思研究呈现为人文科学的一门分支学科。在德国有一个由国家资助的编辑项目——《马克思恩格斯全集》历史考证版，隶属于柏林—勃兰登堡科学院。此外，一些大学过去和现在都有一些以《马克思恩格斯全集》历史考证版为主题的有时间限制的研究项目（博士学位）。德古意特出版社将出版一套新的论丛（安德烈亚斯·阿恩特和格拉尔德·胡布曼），迄今为止已发表 4 篇与 MEGA 研究相关的博士论文。②

---

① Kohei Saito：*Natur gegen Kapital. Marx' Ökologie in seiner unvollendeten Kritik des Kapitalismus*，Frankfurt/New York：Campus Verlag，2016；derslb.：*Systemsturz. Der Sieg der Natur über den Kapitalismus*，München：dtv，2023.

② https：//www. degruyter. com/serial/dgmf-b/html#overview.

这种学术性的马克思研究不与任何党派机构相联系，也不由它们提供资金支持。对于年轻的同事们需要补充说明的是，从 20 世纪初考茨基和伯恩施坦以来到 1990 年，马克思的编辑和研究一直由政党（社会民主党、共产党）提供资金支持。我稍后将要谈到的展览也得到了公共资助（国家或州文化资助，或者市政资金）。

（三）历史考证性

马克思研究的一个重要原则是历史考证方法，即将文本置于历史背景中，研究马克思的历史源流并对其做出考证性评估。这也适用于马克思本人的政治文本，以及他的通讯类文章。

举例来说，我想提一下人们不断针对马克思提出的反犹太主义（即敌视犹太人）的指责。这在德国是一个非常敏感的话题，任何诋毁犹太人和犹太人生活的言论都会受到严厉谴责。

人们不断指责马克思是反犹太主义者和种族主义者，因而他的纪念碑应该被拆除，包含他名字的街道名称应该被抹去。这些指责是基于各种怨恨和非历史性的看法。[①] 因此有人从马克思 1844 年发表于《德法年鉴》的文章《论犹

---

① François Melis：*Karl Marx und Friedrich Engels：Ihr ambivalentes Verhältnis zum Judentum*，Berlin：Helle Panke e. V.，2019（Philosophische Gespräche，H. 58）.

太人问题》① 中摘取了部分句子。在长达 800 页的《资本
论》中进行仔细查找后,也只能够找到金钱与"行过内部
割礼的犹太人"② 之间的关联性。此外,还有一封马克思
1862 年 7 月 30 日致恩格斯的信,马克思在信中将其战友斐
迪南·拉萨尔称为"犹太黑人"。③ 后来,马克思称他的女
婿、出身于多民族家庭的保尔·拉法格为"非洲人""小黑
人""黑人"或"大猩猩"。④

　　事实上,马克思绝没有摆脱他所处时代的日常反犹太
主义,也从未深入研究过敌视犹太人的问题。甚至恩格斯
在对后来成为最激烈的犹太人敌视者之一的欧根·杜林进
行批判时,也没有充分论及反犹太主义问题。但是,我们
应该知道:马克思本人就是犹太人,他出身于一个犹太家
族。他的父亲亨利希·马克思和整个家族不得不在普鲁士
特里尔从犹太教皈依基督教,这样亨利希才得以从事律师

---

① 《马克思恩格斯全集》中文第 2 版第 3 卷,北京:人民出版社
2002 年版,第 163—198 页。

② 《马克思恩格斯全集》中文第 2 版第 42 卷,北京:人民出版社
2016 年版,第 141 页。

③ 《马克思恩格斯全集》中文第 1 版第 30 卷,北京:人民出版社
1975 年版,第 259 页。——马克思对拉萨尔的爱恨交织还体现在,他的妻
子燕妮将拉萨尔视为他们"最老、最忠诚和最好的朋友"之一(1861 年 4
月初燕妮·马克思致斐迪南·拉萨尔的信,见 Jenny Marx: *Die Briefe*,
hrsg. von Rolf Hecker und Angelika Limmroth, Berlin: Karl Dietz Verlag, 2014,
S. 289)。

④ 例如 1882 年 11 月 11 日马克思致恩格斯的信,《马克思恩格斯全
集》中文第 1 版第 35 卷("黑人部落"),北京:人民出版社 1971 年版,
第 106 页。

职业。此外，马克思还是一位国际主义者，他是 1864 年成立的国际工人协会的思想领袖。他的国际主义精神体现在他撰写的国际成立文件和众多决议中，也体现在他为《纽约每日论坛报》撰写的通讯文章中。归根结底，他的全部作品具有决定性意义：揭露资本主义及其相关剥削，包括殖民扩张，以及把"剥夺剥夺者"作为通向社会主义的途径——这些都是他的主题。

（四）国际性

1990 年后，马克思研究已经国际化，世界各地的研究人员和期刊编辑之间开展了广泛合作。然而，鉴于我在开始时谈到的，我们将重点放在马克思研究上，而不涉及马克思主义代表大会。对我们来说，需要去关注马克思和恩格斯的著作在全球出版了哪些新版本。这方面的数字确实难以掌握，它几乎遍布所有大洲。除德文版和中文第 2 版外，在法国（《马恩大典》）和意大利实际上也在进行著作集版本编辑工作，而韩国也将编辑出版 17 卷小开本《马克思恩格斯全集》历史考证版（主要是关于第 2 部分各卷次，已出版两卷）。芬兰和日本都有马克思学会（日本马克思学会已出版了 50 期《马克思研究》）。在巴西（贝洛奥里藏特大学）和加拿大（多伦多大学）也有研究马克思主题的团体。最后，莫斯科的同事们当然也为《马克思恩格斯全集》历史考证版的出版做出了贡献，尽管在俄罗斯不再存在专门的马克思研究。

1990 年我们曾经有过成立国际马克思学会（像其他大

型人文科学组织一样）的想法，但没有政府资助这几乎不可能独立实现。当然，不同国家在进行阐释和意识形态利用方面也存在巨大差异。当今世界的政治极化是对我们的挑战，但我们不应夸大分歧，而应响应"全世界马克思学者，联合起来！"的呼吁。

（五）去意识形态化

特别是《马克思恩格斯全集》历史考证版的柏林编者们一再强调，与1990年前出版的各卷次相区别，这一版本是去意识形态化的。这既意味着它独立于政党，也包括它的语言、历史考证性评论和国际性特征。

当然，关键在于使用何种意识形态概念，因为确实存在很多分歧。马克思列宁主义所固有的具有阶级性的世界观在当今西方国家的马克思研究中已不再发挥作用。但是，如果把意识形态看作将个体的自我关系和世界关系组织起来的全部方法和实践形式的总和，那么这一点绝对能够在马克思研究中找到。这在公共展览中也得到了体现，我将马上探讨这些展览。

二、最近 10 年的纪念展览活动

迄今为止所描述的马克思研究可以依赖一种在数量和质量上都前所未有的材料基础。有大量的传记文献，涉及各种领域的详细的研究，几十年来出版了各种年鉴，其中挖掘了大量马克思和恩格斯生活和工作的细节。我们越来越能更好地从整体上去评判马克思本人以及他的作品。①

所有这些都反映在最近 10 年的展览中，其中一些展览配有大量的图文目录：

2013 年：特里尔，西缅施蒂夫特博物馆，"偶像马克思。崇拜图像和图像崇拜"②

2014 年：萨尔茨韦德尔，故乡博物馆，"燕妮·马克思。萨尔茨韦德尔和伦敦之间的勇敢女性"③

2017 年：汉堡，劳动博物馆（具有杂志特征的目录），"《资本论》150 周年"④

2018 年：特里尔，西缅施蒂夫特博物馆，莱茵州立博物馆［目录附有德国总统（德国社会民主党）的欢迎辞，由欧盟委员会主席揭幕］，"卡尔·马克思。生平、著作和时代"（两个不同设计的展览）⑤

2020 年：伍珀塔尔，展览大厅［目录附有北威州州长（德国基督教民主联盟）的欢迎辞］，"弗里德里希·恩格

---

① https：//marxforschung. de/literatur-ab-1997/.

② *Ikone Karl Marx. Kultbilder und Bilderkult. Katalog zur Ausstellung im Stadtmuseum Simeonstift Trier*，Hrsg. Elisabeth Dühr，Regensburg：Schnell & Steiner，2013.

③ *Jenny Marx 1814 – 1881. Eine couragierte Frau zwischen Salzwedel und London*，hrsg. von Museen des Altmarkkreises Salzwedel［Ulrich Kalmbach］，Salzwede，2014.

④ *Karl Marx. Das Kapital. Das Magazin*，Hrsg. Rita Müller，Mario Bäumer，Museum der Arbeit，Hamburg：Historische Museen，2017.

⑤ *Karl Marx 1818 – 1883. Leben. Werk. Zeit. Große Landesausstellung 2018 in Trier*，Hrsg. Beatrix Bouvier，Rainer Auts，Darmstadt：Wissen. Buchgesellschaft，2018.

斯。一个幽灵在欧洲游荡"①

2022 年:柏林,德国历史博物馆,"卡尔·马克思与资本主义"(与理查德·瓦格纳展览同期举办)②

特里尔(马克思出生地,2018 年开放)和伍珀塔尔(恩格斯故居,2021 年开放)的博物馆布置了新展览。展览的特点是客观性、新的更现代的设计和更少量的文字描述(语言简洁)。

德国安放了两座新纪念碑:2014 年设立于伍珀塔尔的恩格斯雕像(艺术家:曾成钢);2018 年设立于特里尔的马克思雕像(艺术家:吴为山)。在市议会中进行了公开讨论和决定。马克思诞辰纪念日前后,那些在公共场所有马克思纪念碑或半身像的城市(德国共有 82 座纪念碑)就纪念碑或半身像的保护展开了讨论。③

三、德国的民意调查

为筹备"卡尔·马克思与资本主义"(2022 年)展览,德国柏林历史博物馆委托进行了一次有代表性的民意调查:

---

① *Friedrich Engels. Ein Gespenst geht um in Europa. Begleitband zur Engel-sausstellung 2020* [*in wuppertal*], Hrsg. Lars Bluma, Remscheid: Bergischer Verlag, 2020.

② https://www.dhm.de/ausstellungen/archiv/2022/karl-marx-und-der-kapitalismus/.

③ Michael Driever: *Karl Marx*, *Friedrich Engels. Denkmäler in Deutsch-land*, Berlin: Verlag 8. Mai, 2021.

——应该如何评价马克思？27% 积极，22% 消极，51% 无法确定。

——马克思是 20 世纪专制和暴力的开路人吗？约 33% 是，约 33% 否，约 33% 不确定。

——马克思的共产主义思想是当今指南吗？41% 否，26% 是，33% 不确定。

——马克思的资本主义批判是否有助于更好地理解当今资本主义的问题？43% 是，22% 否，35% 不确定（按年龄组别划分的图表：15～22 岁和 55～64 岁的人超过 60% 回答"是"）。

研究结论为："作为 19 世纪全球最具影响力的德国人之一，马克思一直备受争议。他因为 20 世纪的专制统治意识形态以及社会的和反殖民的抗议性意识形态被冠以他的思想和名字而始终受到强烈抵制。与此同时，马克思作为 19 世纪的社会批判者受到瞩目，作为资本主义批判者重新受到欢迎——无论是在科学、文化领域还是在公共辩论中"①。

四、结论

在本次讲座所概述的西方马克思研究成果基础上，《马

---

① Jürgen Herres, Sabine Kritter: Karl Marx und der Kapitalismus. Einführung in die Ausstellung, in: *Karl Marx und der Kapitalismus*, Hrsg. Raphael Gross, Jürgen Herres und Sabine Kritter für das Deutsche Historische Museum, Darmstadt: Wissen. Buchgesellschaft, 2022, S. 11/12.

克思恩格斯全集》历史考证版将在 2030 年前继续出版其他印刷卷次,MEGA 框架内的所有文本也在不断实现数字化(第 2 部分相关卷次、摘录和书信)。《马克思恩格斯全集》德文版这一学习研究版本,计划在自己的网站上免费提供带有搜索引擎的数字版本。数字化将有助于马克思和恩格斯的著作在未来仍然保持活力。

正如以上调查问卷结果所示,绝大多数受访者对马克思及其作品持否定或不确定态度。在盛行个人主义和观念多元化的资本主义世界,人们也只能期待这样的结果。但气候危机以及政府在承担社会义务方面所面临的其他挑战——诸如教育、卫生和住房,将对资本主义生产关系提出变革要求。世界进步力量应倡导公平地对现有社会财富和自然资源进行分配,遵守实现气候目标的协议,避免新的集团对抗,停止军事行动。只有在和平的世界中,才能为所有人创造更美好的未来。毫无疑问,这也完全符合卡尔·马克思的精神。

人名中外文对照表

A

阿德勒，弗里德里希 Adler，Friedrich

阿德勒，麦克斯 Adler，Max

阿德勒，维克多 Adler，Victor

阿多拉茨基，弗·维 Adoratskij，V. V.

阿恩特，安德烈亚斯 Arndt，Andreas

阿尔努，阿尔图尔 Arnould，Arthur

阿拉瓦纳，克吕瑟雷·安德烈 Alavoine，Cluseret André

埃卡留斯，约翰·格奥尔格 Eccarius，Johann Georg

艾森加尔滕，奥斯卡尔 Eisengarten，Oscar

艾威林，爱德华 Aveling，Edward

爱尔维修 Helvetius

安德烈亚斯，贝尔特 Andreas，Bert

奥德曼，卡·古 Odermann，C. G.

奥尔曼，波特尔 Ollman，Bertell

奥尔索普，托马斯 Allsop，Thomas

奥尔西尼 Orsini

奥里奥尔，让娜 Oriol，Jeanne

奥里奥尔，昂利 Oriol，Henry

B

巴克豪斯，汉斯·格奥尔格 Backhaus，Hans-Georg

巴枯宁，米哈伊尔 Bakunin，Michail

巴罗尼安，洛朗 Baronian，Laurent

白恩士，玛丽·埃伦 Burns，Mary Ellen

白拉克，威廉 Bracke，Wilhelm

保罗，汉斯·霍尔格 Paul，Hans-Holger

鲍威尔，奥托 Bauer，Otto

贝克尔，约翰·菲力浦 Becker，Johann Phillipp

倍倍尔，奥古斯特 Bebel，August

比尔吉，马尔库斯 Bürgi，Markus

比森特，诺埃米·约卡贝斯·埃切维里亚 Vicente，Nohemi Jocabeth Echeverria

比斯利，爱德华·斯宾塞 Beesly，Edward Spenser

彼得森，韦德·奥勒·斯滕德 Petersen，Ved Ole Stender

波克罕，西吉斯蒙德·路德维希 Borkheim，Sigismund

Ludwig

波洛克，弗里德里希 Pollock，Friedrich

波拿巴，路易–拿破仑 Bonaparte，Louis-Napoléon

伯恩施坦，爱德华 Bernstein，Eduard

柏拉图 Platon

勃朗，路易 Blanc，Louis

博伊尔曼，迪特尔 Beuermann，Dieter

博伊斯特，安娜 Beust，Anna

博伊斯特，弗里德里希 Beust，Friedrich

布法尔，阿利克斯 Bouffar，Alix

布哈林，尼·伊 Bucharin，N. I.

布兰德勒尔 Brandler

布劳恩，阿道夫 Braun，Adolf

布鲁恩霍斯特，豪克 Brunkhorst，Hauke

布鲁普巴赫，弗里茨 Brupbacher，Fritz

布伦，卡尔·冯 Bruhn，Karl von

C

蔡特金，克拉拉 Zetkin，Clara

查苏利奇，维拉 Sassulitsch，Vera

D

达尔文，查理 Darwin，Charles

达金斯，约翰·洛奇 Dakyns，John Roche

大村，泉 Omura，Izumi

大谷，祯之介 Otani，Teinoskue

大仲马，亚历山大 Dumas，Alexandre

丹尼尔斯，罗兰特 Daniels，Roland

丹尼尔逊，尼古拉·弗兰策维奇 Danielson，Nikolai
　　　Franzewitsch

德巴普，塞扎尔 De Paepe，Caesar

德比 Derby

德尔沃，阿道夫 Dervaux，Adolphe

德谟克利特 Demokrit

德穆特，海伦 Demuth，Helena

德纳，查理 Dana，Charles

德维尔，加布里埃尔 Deville，Gabriel

狄茨，约翰·亨利希·威廉 Dietz，Johann Heinrich Wilhelm

笛卡儿 Descartes

迪康热，让·努玛 Ducange，Jean-Numa

杜林，欧根 Dühring，Eugen

杜西 Tussy

敦克尔，弗兰茨 Duncker，Franz

E

恩格斯，埃米尔 Engels，Emil

F

菲力浦斯，奥古斯特 Philips，August

菲力浦斯，南妮特 Philips，Nanette

费尔巴哈，路德维希 Feuerbach，Ludwig

费勒，弗·恩 Feller，F. E.

费龙，亚历山大 Feron，Alexandre

费伦巴赫，格尔曼 Fehrenbach，German

费舍，理查 Fischer，Richard

费希特 Fichte

丰杜，纪尧姆 Fondu，Guillaume

弗腊斯，卡尔 Fraas，Carl

弗莱里格拉特，斐迪南 Freiligrath，Ferdinand

弗里施，瓦尔德·冯 Frisch，Ewald von

伏尔泰 Voltaire

福布斯，约翰·马尔科姆 Forbes，John Malcolm

福尔格拉夫，卡尔·埃里希 Vollgraf，Carl-Erich

福格莱西，贝拉 Fogorasi，Belá

福格特，卡尔 Vogt，Carl

福克斯，彼得 Fox，Peter

富克斯，爱德华 Fuchs，Eduard

富拉顿，约翰 Fullarton，John

傅立叶 Fourier

G

盖得，茹尔 Guesde, Jules

盖基，阿奇博尔德 Geikie, Archibald

戈丹，弗朗索瓦 Gaudin, François

戈奇，M. R. Goc, M. R.

歌德 Goethe

格拉韦，让 Grave, Jean

格兰特，延斯 Grandt, Jens

格朗容，雅克 Grandjonc, Jacques

格雷林，安东尼·克利福德 Grayling, Anthony Clifford

格里泽，安内利泽 Griese, Anneliese

格吕伯尔，克里斯蒂安 Grübel, Christian

格律恩贝格，卡尔 Grünberg, Carl

龚贝尔，埃米尔·尤利乌斯 Gumbel, Emil Julius

H

哈茨费尔特，索菲娅·冯 Hatzfeldt, Sophie von

哈根，泰奥多尔 Hagen, Theodor

海涅，亨利希 Heine, Heinrich

汉森，格 Hanssen, G.

赫雷斯，于尔根 Herres, Jürgen

赫卢贝克，弗兰茨·克萨弗·冯 Hlubek, Franz Xaver von

黑格尔，乔·威·弗 Hegel, G. W. F

黑默雷西茨，肯尼斯 Hemmerechts, Kenneth

黑尼施，W. Haenisch, W.

亨利希，迪特尔 Henrich, Dieter

亨利希，米夏埃尔 Heinrich, Michael

亨利希霍芬，威廉·冯 Heinrichshofen, Wilhelm von

洪堡，亚历山大·冯 Humboldt, Alexander von

洪特，马丁 Hundt, Martin

胡布曼，格拉尔德 Hubmann, Gerald

惠恩，弗朗西斯 Wheen, Francis

霍尔巴赫 Holbach

霍吉斯金 Hodgskin

J

吉特施坦讷，汉斯·迪特 Kittsteiner, Hans-Dieter

吉扬，阿利克斯 Guillien, Alix

济贝耳，卡尔 Siebel, Carl

加兰德 Galander

加洛，伊莎贝拉 Garo, Isabelle

加西奥，约·彼 Gassiot, J. P.

伽桑狄 Gassendi

居利希，古斯塔夫·冯 Gülich, Gustav von

居维叶 Cuvier

K

卡弗，特雷尔 Carver，Terell

卡普尔，阿尔伯特 Kapr，Albert

凯里 Carey

康德 Kant

康培，尤利乌斯 Campe，Julius

凯，阿道夫 Quest，Adolphe

考布，查理 Kaub，Charles

考茨基，贝内迪克特 Kautsky，Benedikt

考茨基，卡尔 Kautsky，Karl

考夫曼，伊·伊 Kaufman，I. I.

考普，约翰·哥特利布 Koppe，Johann Gotttlieb

柯瓦列夫斯基，马克西姆 Kowalewski，Maxim

科尔施，卡尔 Korsch，Karl

克莱芒，让·巴蒂斯特 Clément，Jean-Baptiste

克勒纳，阿尔弗雷德 Kröner，Alfred

克雷特克，米夏埃尔 Krätke，Michael

克吕格尔，彼得 Krüger，Peter

孔岑，亨利希 Contzen，Heinrich

库格曼，弗兰契斯卡 Kugelmann，Franziska

库格曼，盖尔特鲁黛 Kugelmann，Gertrude

库格曼，路德维希（路易）Kugelmann, Ludwig（Louis）

库钦斯基，托马斯 Kuczynski, Thomas

L

拉法格，保尔 Lafargue, Paul

拉法格，劳拉 Lafargue, Laura

拉甫罗夫，彼得·拉甫罗维奇 Lawrow, Pjotr Lawrowitsch

拉马克 Lamarck

拉美特利 La Mettrie

拉普拉斯 Laplace

拉萨尔，斐迪南 Lassalle, Ferdinand

拉沙特尔，莫里斯 Lachâtre, Maurice

拉羽尔，路易 Lahure, Louis

拉扎列夫，E. E Lazarev, E. E.

莱布尼茨 Leibniz

赖德 Ryde

赖尔，查理 Lyell, Charles

赖歇尔特，赫尔穆特 Reichelt, Helmut

兰茨胡特，齐格弗里德 Landshut, Siegfried

劳，卡尔·亨利希 Rau, Karl Heinrich

劳拉，Laura

劳舍，吉多 Rausche, Guido

勒鲁，皮埃尔 Leroux, Pierre

雷维荣，斐迪南 Révillon, Ferdinand

李，H. W. Lee, H. W.

李比希，尤斯图斯·冯 Liebig, Justus von

李卜克内西，威廉 Liebknecht, Wilhelm

李嘉图，大卫 Ricardo, David

里厄科，尼古拉 Rieucau, Nicolas

里卡-萨莱诺，G. Ricca-Salerno, G.

梁赞诺夫（戈尔登达赫），达维德·波里索维奇 Rjaza-
    nov（Goldendach），David Borisovič

列昂季耶夫，阿 Leont'ev, A.

列宁 Lenin

列斯纳，弗里德里希 Leßner, Friedrich

林肯，亚伯拉罕 Lincoln, Abraham

刘易斯 Lewis

龙格，保尔 Longuet, Paul

龙格，弗雷德里克 Longuet, Frédéric

龙格，马塞尔 Longuet, Marcel

龙格，马塞尔·沙尔 Longuet, Marcel Charles

龙格，让 Longuet, Jean

龙格，沙尔 Longuet, Charles

龙格，西蒙 Longuet, Simone

龙格，燕妮 Longuet, Jenny

卢格 Ruge

鲁宾 Rubin

卢卡奇，格奥尔格 Lukács, Georg

鲁瓦，约瑟夫 Roy, Joseph

路德 Luther

伦纳，卡尔 Renner, Karl

罗森克兰茨，卡尔 Rosenkranz, Karl

罗舍，玛丽 Rosher, Mary

罗舍，珀西 Rosher, Percy

罗斯多尔斯基，罗 Rosdolsky, R.

罗塔，彼 Rota, P.

罗雪尔，威廉·格奥尔格·弗里德里希 Roscher, Wil-
helm Georg Friedrich

洛克 Locke

洛特尔，罗尔夫 Löther, Rolf

M

马尔萨斯，托马斯·罗伯特 Malthus, Thomas Robert

马赫，恩斯特 Mach, Ernst

马克思，亨利希 Marx, Heinrich

马克思，燕妮 Marx, Jenny

马克思–艾威林，爱琳娜 Marx-Aveling, Eleanor

马龙，海尔曼 Maron, Hermann

迈尔，古斯塔夫 Mayer, Gustav

迈尔，雅各布·P. Mayer, Jacob P.

迈斯纳，奥托·亨利希 Meissner，Otto Heinrich

迈斯纳，奥托·卡尔 Meissner，Otto Carl

迈斯纳，小奥托 Meissner，junge Otto

麦克库洛赫 MacCulloch

毛勒，格·路 Maurer，G. L.

梅奥尔，约翰 Mayall，John

梅利斯，弗朗索瓦 Melis，François

梅林，弗兰茨 Mehring，Franz

门格尔，安东 Menger，Anton

孟德斯鸠 Montesquieu

明克勒，赫尔弗里德 Münkler，Herfried

明特费林，弗兰茨 Müntefering，Franz

莫特纳，特奥多尔 Mauthner，Theodor

莫斯特，约翰 Most，Johann

穆尔，赛米尔 Moore，Samuel

穆勒，约翰·斯图亚特 Mill，John Stuart

穆勒，詹姆斯 Mill，James

穆里，A. A. Mühry，A. A.

N

拿破仑 Napoleon

拿破仑第三 Napoléon III

瑙曼，W. Naumann，W.

内格特，奥斯卡 Negt, Oskar

尼古拉耶夫斯基，波里斯·伊万诺维奇 Nikolaevskij,
    Boris Ivanovič

诺伊豪斯，曼弗雷德 Neuhaus, Manfred

O

欧门 Ermen

P

帕麦斯顿 Palmerston

帕彭海姆，威廉 Pappenheim, Wilhelm

培尔，皮埃尔 Bayle, Pierre

培根 Bacon

佩尔格，汉斯 Pelger, Hans

皮阿，费利克斯 Pyat, Félix

蒲鲁东，皮埃尔·约瑟夫 Proudhon, Pierre-Joseph

普吕当，萨比娜 Prudent, Sabine

Q

切森，N. V. Chesin, N. V.

R

容尼克尔，于尔根 Jungnickel，Jürgen

S

萨洛蒙，F. Salomon，F.

萨伊，让-巴 Say，Jean-Baptiste

桑巴特，韦尔纳 Sombart，Werner

桑德森 Sanderson

沙克瑟尔，尤利乌斯 Schaxel，Julius

莎士比亚 Shakespear

舍德勒，弗里德里希 Schoedler，Friedrich

舍福尔德，贝特勒姆 Schefold，Bertram

舍勒尔，卡罗琳（琳娜）Schoeler，Caroline（Lina）

申拜因，克里斯蒂安·弗里德里希 Schönbein，Christian
  Friedrich

圣西门 Saint-Simon（St. Simon）

施克列多夫，V. P. Škredov，V. P.

施拉德，弗雷德·E. Schrader，Fred E.

施拉姆，康拉德 Schramm，Conrad

施莱登，马·雅 Schleiden，M. J.

施洛塞尔，弗里德里希·克里斯托夫 Schlosser，

Friedrich Christoph

施米德，恩·埃 Schmid, E. E.

施米特，卡尔 Schmidt, Karl

施佩尔，里夏德 Richard, Sperl

施泰宁格，约翰 Steininger, Johann

施泰因，汉斯 Stein, Hans

施特龙，欧根 Strohn, Eugen

施特龙，威廉 Strohn, Wilhelm

施特鲁斯堡，贝特尔·亨利 Strousberg, Bethel Henry

舒伯特，尤利乌斯 Schuberth, Julius

舒尔采－德里奇，弗兰茨·海尔曼 Schulze-Delitzsch,
　　　Franz Hermann

舒尔茨，阿尔弗雷德 Schulz, Alfred

斯宾诺莎 Spinoza

斯大林 Stalin

斯拉法，皮埃罗 Sraffa, Piero

斯密，亚当 Smith, Adam

斯塔马蒂斯，乔吉奥斯 Stamatis, Georgios

斯图亚特，詹姆斯 Steuart, James

苏，欧仁 Sue, Eugène

T

图克，托马斯 Tooke, Thomas

托伦斯，罗伯特 Torrens，Robert

托洛茨基 Trotzki

W

瓦尔泰希，尤利乌斯 Vahlteich，Julius

瓦西娜，柳德米拉 Vasina，Ljudmila

威廉一世 Wilhelm I

威斯特华伦，埃德加·冯 Westphalen，Edgar von

威斯特华伦，燕妮·冯 Westphalen，Jenny von

韦尔纳，亚伯拉罕·哥特利布 Werner，Abraham Gottlieb

韦尔努耶，茹斯特 Vernouillet，Just

韦勒，保尔 Weller，Paul

韦莫雷尔，奥古斯特·若安 Vermorel，August Joan

维尔特，格奥尔格 Weerth，Georg

维尔特，卡尔 Weerth，Carl

维尔特，卡尔 Weerth，Karl

维干德，奥托 Wigand，Otto

维干德，卡尔·胡果 Wigand，Carl Hugo

魏德迈，奥托 Weydemeyer，Otto

魏德迈，路易莎 Weydemeyer，Luise

魏尔，费利克斯 Weil，Felix

魏斯，吉多 Weiß，Guido

魏特林，威廉 Weitling，Wilhelm

文德尔，弗里德里希 Wunder, Friedrich

沃尔夫，迪特尔 Wolf, Dieter

沃尔弗，威廉 Wolff, Wilhelm

沃克，A. Walker, A.

乌布利希，瓦尔特 Ulbricht, Walter

乌佐，J. C. Houzeau, J. C.

X

希尔德布兰德，布鲁诺 Hildebrand, Bruno

希法亭，鲁道夫 Hilferding, Rudolf

席尔格斯，格奥尔格·哥特利布 Schirges, Georg Gottlieb

席勒，弗兰茨 Schiller, Franz

席利，维克多 Schily, Victor

肖莱马，卡尔 Schorlemmer, Carl

谢德曼 Scheidemann

谢尔诺–索洛维耶维奇，亚历山大 Serno-Solovevič, Ale-
    ksandr

谢林 Schelling

辛格尔，保尔 Singer, Paul

休耳曼，卡·迪，Hüllmann, K. D.

休谟 Hume

Y

雅恩，沃尔夫冈 Jahn, Wolfgang

雅科比，约翰 Jacoby, Johann

亚里士多德 Aristoteles

尧赫，乌尔苏拉·皮亚 Jauch, Ursula Pia

耶克，汉斯·彼得 Jaeck, Hans-Peter

叶芝 Yeats

伊壁鸠鲁 Epikur

伊曼特，彼得 Imandt, Peter

伊曼特，卡尔 Imandt, Carl

约翰斯顿，詹姆斯·芬利·韦尔 Johnston, James Finley Weir

约翰逊，安德鲁 Johnson, Andrew

Z

斋藤，幸平 Saito, Kohei

枥田，民藏 Kushida, Tamizo

朱克斯，约瑟夫 Jukes, Joseph

左尔格，弗里德里希·阿道夫 Sorge, Friedrich Adolph

佐拜尔，恩斯特 Czóbel, Ernst

佐默豪森，吕克 Sommerhausen, Luc

编后记

　　《国际马克思研究的历史和现状》是国际知名马克思恩格斯研究专家、德国学者罗尔夫·黑克尔教授（Prof. Dr. Rolf Hecker）作为中央编译局聘请的外国专家在中央编译局工作期间所做学术报告的汇编。

　　黑克尔教授年轻时在民主德国和苏联接受学术训练，先后获得博士学位和教授职称。他对马克思恩格斯著作特别是《资本论》有深入研究，参加工作后投身马克思恩格斯著作编译和研究，取得丰硕学术成果，成为国际知名的马克思恩格斯著作编译研究专家，为马克思恩格斯著作和马克思主义理论在世界的传播，以及为各国马克思恩格斯研究者的日常联络和学术交流，做出了卓越贡献。

　　黑克尔教授自 2010 年起受聘于中央编译局（2018 年中央党史和文献研究院组建后继续受聘于研究院），除新冠疫情三年外，几乎每年到中国工作一两个月，主要帮助解决马克思恩格斯著作编译中的疑难问题，例如语言理解、文献考证、史实稽核、著作编排等；同时在"马列著作编译论坛"按照专题开设学术讲座，从历史、理论和语言上对经典著作编译工作者特别是年轻编译人员进行系统培训。黑克尔教授的辛勤工作对《马克思恩格斯全集》中文第 2版质量的提升，发挥了积极作用。

黑克尔教授在中央编译局开设的学术报告讲座，建立在多年的学术研究、深厚的理论功底、广阔的国际视野基础上，探讨了马克思主义理论和马克思主义发展史上的一系列重点、难点和热点问题，具有理论性、历史性、系统性和前沿性，反映了国际上马克思恩格斯研究领域的最新和最重要的学术成果和趋势，对马克思主义基本理论、马克思主义发展史特别是《资本论》创作史、马克思恩格斯著作编译研究特别是《马克思恩格斯全集》历史考证版的编辑研究，具有重要参考价值。这些报告中有不少曾发表在《国外理论动态》《马克思主义与现实》等刊物上，有些篇章收入到中央编译出版社出版的《马克思主义研究资料》丛书。这些曾发表过的报告，现在已经难以查找，而且不全面不系统。为更好保存学术资料，推动国内学术界的相关研究，我们与黑克尔教授协商决定，将这些学术报告择其重要者按照专题结集出版。

报告集的标题、结构由黑克尔教授自己确定。报告集分为 4 个部分。第一部分"马克思恩格斯遗著的历史、出版和接受"，共 6 篇，以马克思恩格斯著作的编辑史为线索，主要是黑克尔教授 2010 年所做的学术报告；第二部分

"《资本论》的产生、编辑和接受史",共 7 篇,以《资本论》及其手稿的编辑研究为中心,主要是黑克尔教授 2011 年所做的学术报告;第三部分"马克思的实验室一瞥:MEGA 中的摘录笔记的编辑",共 6 篇,聚焦于马克思摘录、笔记在《马克思恩格斯全集》历史考证版中的编辑和研究,主要是黑克尔教授 2012 年所做的学术报告;第四部分"《马克思恩格斯全集》历史考证版的最新研究成果和西方马克思研究的新近趋势",共 2 篇,概括了国际学术界在《马克思恩格斯全集》历史考证版基础上取得的最新学术成果和研究趋势。有的部分增加了后来几年相关主题的报告,其中最新的是 2023 年即疫情之后第一年来研究院做的报告。

这些报告大都不是为了出版而做,而且时间跨度达十几年之久,因此报告原文在规格和风格上并不统一;少数同一主题的报告在中央编译局和国内其他高校曾做过不止一次;报告笔译的初译以及现场口译工作,主要由中央编译局马列部(现为中央党史和文献研究院第五研究部)年轻的经典著作编译者依次承担;报告当年发表在杂志上时,还根据杂志的要求在规格上做了一定的改动。上述种种情况,导致各篇报告的中译文在规格和风格上也存在一定差异。

本次汇编出版,我们主要做了以下工作。首先是再次对照德文原文仔细校对了所有译稿,改正了原来少数误译或者表述不准确、不通顺之处。其次是对各篇报告的人名和专有名词进行了统一。再次是按照出版社的要求,对数字用法等做了统一。最后是更新了经典著作的中译文（顺便指出：我们按照习惯，直接把原文中的经典著作外文版出处替换成经典著作中文版出处）。曾在杂志上发表过的报告，本次汇编时对其规格作了适当统一，以方便读者阅读。未发表过的报告，按照如下规则处理：注释中的论述性文字译为中文，文献出处类文字保留原文；报告后如有参考文献，则保留原文。某些报告根据作者自己的意见做了合并或小幅改动。报告涉及《马克思恩格斯全集》历史考证版和中文第 2 版出版现状时，谈的都是当时的数字。报告提到马克思恩格斯著作编译史和马克思主义发展史上的大量人物和事件，所涉事实和评价不一定都十分准确。比如本书第四部分第 I 篇文章谈到，"历史唯物主义"一词直到1893 年才由梅林引入。实际上恩格斯在 1890 年 9 月 21—22日致约·布洛赫的信中已经使用该词；在 1892 年《社会主义从空想到科学的发展》英文版导言中也使用过。凡此种种，编者并未一一指出，敬请读者注意鉴别。报告集的最后附有人名中外文对照表，收录全书出现人名的中文译名和外文原文，以方便读者做进一步查考。

参加本书编译工作的人员及所做工作如下：

第一部分：I. 关于马克思和恩格斯的传记材料以及马克思恩格斯遗著流传史（张芃爽再校）；II. 几种马克思恩格斯著作集的编辑原则的演变——从恩格斯到《马克思恩格斯全集》历史考证版（MEGA）第 1 版（张芃爽再校）；III. 20 世纪 20—30 年代西欧马克思恩格斯文献的调查与收

集情况及展望（张芃爽再校和翻译）；IV.《马克思恩格斯全集》历史考证版第 1 版在列宁时期的兴盛和斯大林时期的衰败（张芃爽再校）；V.《马克思恩格斯著作集》（MEW）作为学习研究版的出版以及编辑出版历史考证版第 2 版的必要性（曹浩瀚再校）；VI.《马克思恩格斯全集》历史考证版第 2 版和国际合作（曹浩瀚再校）。曹浩瀚作为第一部分负责人审核了全部译文。

第二部分：I. 马克思 19 世纪 40 年代到 1863 年的经济学研究（高杉再校）；II.《资本论》第 1 卷的诞生及其不同版本（肖帆再校）；III. 关于《资本论》第 1 卷研究起点的争论：简单商品生产还是简单商品流通？（高杉再校）；IV. 恩格斯编辑《资本论》第 2 卷和第 3 卷的情况（高杉再校）；V.《资本论》的通俗版和普及版（肖帆再校）；VI. 马克思在汉堡和《资本论》的印刷——纪念《资本论》出版 150 周年（肖帆再校）；VII. 马克思恩格斯与法文版《资本论》（张凤凤再校）。张凤凤作为第二部分负责人审核了全部译文。

第三部分：I. 摘录笔记——《马克思恩格斯全集》历史考证版（MEGA^2）的组成部分还是补遗内容？（姜颖再校）；II.《马克思恩格斯全集》历史考证版（MEGA^2）摘录笔记的编辑特点（姜颖再校，徐洋复核）；III. 马克思研究材料（摘录、批注）主题重点上的多样性和内容上的不变之处（肖帆再校）；IV. 对选编《马克思恩格斯全集》中文第 2 版笔记部分 11 卷的编目草案的几点意见和建议（胡晓琛再校，徐洋复核）；V. 卡尔·马克思：针对世界经济危机所做的摘录、笔记和剪报［《马克思恩格斯全集》历史考证版（MEGA 版）第 4 部分第 14 卷（《危机笔记》）］（胡晓琛再校，徐洋复核）；VI. 马克思怎样以及为什么研究地质学？（赵梦同译，张红山校）。张红山作为第三部分负责人审核了全部译文。

第四部分：I. 关于若干与《马克思恩格斯全集》历史考证版有关的最新研究成果（孙晓迪再校）；II. 西方国家马克思研究的新近趋势：以马克思诞辰 200 周年（2018）和恩格斯诞辰 200 周年（2020）为背景（金建再校）。金建作为第四部分负责人审核了全部译文。

徐洋统看了全部书稿。本书出版前，张贤佳通读了全书。

编完本书后我们感到，读者通过阅读本书，不仅可以了解马克思恩格斯著作编译和马克思恩格斯研究在世界上的进展和现状，可以进一步加深对《马克思恩格斯全集》历史考证版、《马克思恩格斯全集》中文版的性质、特点及使用方法的理解，而且可以进一步加深对什么是经典著作、怎样编译经典著作的理解，从而可以更好地通过学习经典著作来研究马克思主义。

译事无止境。本书内容丰富，涉及面广。参与本书工作的同志平时承担着繁重的经典著作编译工作任务，主要利用下班时间进行编辑工作。因学识有限、时间仓促，错漏之处恐难以避免。请学术界同人不吝赐教。

　　中央编译出版社多年来致力于挖掘、整理、出版和传播马克思主义经典著作编译研究方面的题材，对经典著作编译工作起到巨大推动作用。本书编辑郑菲菲以及装帧设计、排版印制等人为本书的编辑出版贡献了很多智慧和力量，出版社书稿审读人员在文字表述等方面提出了很好的意见，在此表示衷心感谢！

编　者